KLAUS-RÜDIGER MAI
Die Zukunft gestalten wir!

KLAUS-RÜDIGER MAI

Die Zukunft gestalten wir!

Wie wir den lähmenden Zeitgeist endlich überwinden

»Was heute nicht geschieht, ist morgen nicht getan,
Und keinen Tag soll man verpassen.
Das Mögliche soll der Entschluss
Beherzt sogleich beim Schopfe fassen,
Er will es dann nicht fahren lassen
Und wirket weiter, weil er muss.«

Johann Wolfgang von Goethe

© 2021 LMV, ein Imprint der Langen Müller Verlag GmbH, München
Alle Rechte vorbehalten

Satz: Satzwerk Huber, Germering
Druck und Binden: Friedrich Pustet GmbH & Co.KG, Regensburg
Printed in Germany
ISBN: 978-3-7844-3588-6

www.langenmueller.de

Inhalt

Vorbemerkung:
Kampf um die Freiheit

Blicken wir zunächst in die Gegenwart und in die Geschichte der Staaten der Erde, scheint die Demokratie als Regierungsform nicht die Regel, sondern die Ausnahme zu sein, eine Anomalie zwar, aber eine, wirft man den zweiten Blick auf den wirtschaftlichen, wissenschaftlichen und kulturellen Erfolg der demokratisch verfassten Staaten, die sich als ausgesprochen zweckvoll erweist. Die Demokratie ist die politische Form der Freiheit.

In unseren Tagen spricht leider einiges dafür, dass diese »Anomalie« in Deutschland unter Beibehaltung des Begriffs Demokratie Stück für Stück abgeschafft wird, indem die Bürgerrechte und mithin die bürgerlichen Freiheiten eingeschränkt werden. Eingeschränkte Freiheiten sind keine mehr, und die Rechte der Bürger zu beschneiden bedeutet, die Demokratie abzuschaffen, denn in der Demokratie geht die Herrschaft vom Volk, von den Bürgern aus. Wie kann die Herrschaft von den Bürgern ausgehen, wenn ihre Rechte dafür beschnitten werden? Hierzulande wird der Wert der Freiheit unterschätzt.

Es ist Ihnen wie mir selbstverständlich, dass menschliches Zusammenleben nicht ohne Hierarchien funktioniert. Aber bei näherem Hinsehen ist es genauso selbstverständlich, dass Hierarchien zur Verstetigung von Macht tendieren, während ein Ziel der Demokratie im Wechsel der Mächtigen besteht. Die Demokratie bleibt also ihrer Natur gemäß ein fragiles Gebilde, das stets von der Bildung informeller Mächte bedroht wird, die dazu neigen, Demokratie durch bürokratische oder charismatische Herrschaft zu ersetzen. Auch sogenannte herrschaftsferne oder anarchistische Gebilde kommen nicht ohne Macht- oder Hierarchiesysteme aus. Nur weil sie sich anders organisieren, heißt das längst nicht, dass sie keine Strukturen der Herrschaft ausbilden,

Herrschaften übrigens eher charismatischer Art mit emotionalen statt rationalen Gefügen. Das Mittel der Herrschaft nennen wir Macht, denn Macht bedeutet, die Möglichkeit zu besitzen, die eigenen Wünsche und Vorstellungen durchzusetzen. Oder in den Worten von Max Weber ausgeführt: »Macht bedeutet jede Chance, innerhalb einer sozialen Beziehung den eigenen Willen auch gegen Widerstreben durchzusetzen, gleichviel, worauf diese Chance beruht.«[1]

Nun erkennt man eine funktionierende Demokratie an zweierlei, zum einen daran, dass in ihr die Macht stets »rechtfertigungsbedürftig« ist, weil »alle Machtanwendung« »Freiheitsbegrenzung«[2] ist, und zum anderen daran, dass sie sich festsetzende Strukturen von Macht immer wieder durchbricht, denn wo Machtakkumulation und Machterstarrung nicht durchbrochen werden, wird auch Stück für Stück die Rechtfertigungsbedürftigkeit von Macht kassiert.

Wir stoßen hier auf eine zwar sehr einfache, doch enorm wichtige Tatsache, die aufgrund ihrer Selbstverständlichkeit aus den Augen zu geraten droht – und, ist sie in Vergessenheit geraten, alles andere als selbstverständlich sein wird. Die Rechtfertigungsbedürftigkeit von Macht gehört nämlich zu den Grundbedingungen der Demokratie. In dem Moment, indem eine politische Klasse sich der Rechtfertigung enthoben glaubt, verlässt sie auch schon den Boden der Demokratie. Damit würde der stete, für die Demokratie als Balanceakt bestimmende Konflikt, ihr dynamisches Moment von Macht und Freiheit, wegfallen. Dort, wo die Balance sich zugunsten der Freiheit verschiebt, entsteht Anarchie, wenn jedoch die Macht über die Freiheit siegt, bilden sich Oligarchien heraus. Eine Demokratie, die keine starken Elemente von Checks and Balances und keine Institute der Diskontinuität besitzt, sie durch die Kontinuität der Macht ersetzt hat, versteinert. Dieser Staat funktioniert lediglich als Machtmaschine einer Clique. Daraus ergibt sich die Frage, deren Beantwortung für eine erforderliche Reform der Demokratie entscheidende Bedeutung besitzt, ob die Regularien eines demokratischen Staates auf Verewigung und Verstetigung oder auf Veränderung und Wechsel von Macht angelegt sind.

Die deutsche Demokratie befindet sich im Übergang, in einer Verschiebung der beschriebenen Balance, sie wird bürokratischer, sie wird oligarchischer. Ist Ihnen der Ton noch nicht aufgefallen, mit dem Sie von Politikern, von Medien in den letzten Jahren verstärkt angesprochen werden, so, als wären Sie ein Kind? Die Beispiele hierfür sind Legion. Ich nenne nur die Ansprachen in der Pandemie: Weil Sie als Bürger nicht brav waren, sich nicht am Riemen gerissen haben, nicht, wie es der Chef des RKI, Wieler, sagte, die Pobacken zusammengepresst haben, werden Sie nun mit dem Lockdown bestraft. Das haben Sie nun von Ihrer Bockigkeit. Übrigens werden Sie schon lange nicht mehr als Bürger angesprochen, sondern als Mensch, als Sozialstaatsobjekt. Die Ersetzung des mündigen Bürgers durch den medial zu betreuenden Menschen kenne ich aus dem Sozialismus. Glauben Sie mir, ist der »Bürger« erst einmal durch den »Menschen« ersetzt, ist der Tag nicht mehr fern, an dem aus den »Menschen« »unsere Menschen« werden. Wollen Sie Angela Merkels oder Annalena Baerbocks Mensch sein?

Sie können es allenthalben und allerorten beobachten, dass führende Politiker den Bürger nicht mehr achten, sondern ihm mit einer herablassenden Gouvernantenhaftigkeit begegnen, weil in ihren Augen, aber eben auch in der Realität nicht die Wahl, sondern der Listenplatz entscheidet, nicht der Bürger, sondern der Parteivorstand. Volksvertretern, die gestern noch das Grundgesetz gefeiert haben, fällt nicht einmal mehr auf, dass sie das Grundgesetz außer Kraft setzen, wenn sie ein Gesetz beschließen, das die Unverletzlichkeit der Wohnung, die Demonstrations- und Versammlungsfreiheit und das Recht auf Freizügigkeit abschafft.[3] Manche werden einwenden, dass im Gesetzestext das Wort »eingeschränkt« steht, aber das ist nur eine billige Camouflage, denn eine eingeschränkte Freiheit ist eben keine Freiheit mehr. Politiker, die den Bewegungsradius der Bürger auf 15 km im Umkreis begrenzen wollen und Ausgangssperren verhängen, spielen Diktatur, sie drohen einem weitaus schlimmeren Virus, dem Virus der Unfreiheit zu erliegen.

Erschreckender sind für mich jedoch die unverhohlenen totalitären Neigungen, die wieder fröhliche Urständ feiern, die Leichtigkeit, mit der die Freiheit aufgehoben und Wahlen »rückgängig«[4] gemacht werden sollen, die Respektlosigkeit dem Wählervotum gegenüber. Der deutsche Untertanengeist reüssiert, und zur Überraschung besitzt er keinerlei politische Bindung, fühlt er sich rechts so wohl wie links. Der wahre Liberalismus ist in Deutschland unbehaust, weil die Parteiliberalen die Liberalität und die Freiheit in Erfurt und oft auch noch danach verraten haben. Die Parteiliberalen haben das Gespür für Freiheit verloren, wenn sie es denn je besaßen. Die Linken zumindest haben es nie gehabt. So bleibt als Aufgabe des politischen Deutschlands, Ihre und meine und Ihrer Nachbarn Aufgabe, den klassischen Liberalismus zu entdecken, dessen Grundüberzeugung in der nicht verhandelbaren und nicht einschränkbaren Freiheit des Bürgers, Ihrer Freiheit, besteht, zu deren Bedingtheiten das Recht auf das Eigentum und die Verantwortung gehören, denn Freiheit ohne Verantwortung mündet in Verwahrlosung, während wiederum die Übernahme von Verantwortung Freiheit voraussetzt. Ich werde in meinem Buch zeigen, dass der Wert der Freiheit weitaus größer ist, als man gemeinhin annimmt.

Der Kampf für unsere Zukunft wird ein Kampf für die Freiheit sein. Reaktionäres Denken können Sie leicht erkennen, auch wenn es sich jugendlich schminkt und kleidet und jeden Tag die ganze Welt, das heißt nur die Guten in der Welt umarmen will, stets die Phrase von Nachhaltigkeit, von Verantwortung für kommende Geschlechter, vom Ende des Wachstums und vom Umdenken oder Neudenken im Munde führt, wir erkennen es schlicht daran, dass es die Freiheit und die Bürgerrechte einschränken oder aufheben will, was beides auf das Gleiche hinausläuft, nämlich auf die Annullierung der Freiheit und der Bürgerrechte aufgrund höherer, sogenannt ethischer Ziele. Die Zukunft, für die sie einzutreten glauben, von deren Ende sie meinen zu denken, ist in Wahrheit nur die Gegenwart ihres Herrschaftsausbaus.

Reaktionäres, obrigkeitsstaatliches Denken denunziert die grundlegende Prämisse der Aufklärung, nach der sich der Bürger kritisch und mündig verhalten soll, und will stattdessen den Bürger nötigen, sich vorbehaltlos und tief gläubig den »Interpretationseliten«[5], wie von dem Steinmeier-Biografen Torben Lütjen in der *FAZ* gefordert, oder unseren »Wahrheitssystemen«[6], wie der sächsische Ministerpräsident Michael Kretschmer meint, anzuvertrauen, um bloß nicht durch eigenes Denken und Nachfragen auffällig zu werden. John Stuart Mill, den es gerade in unserer Zeit lohnt zu lesen, hat in der Schrift »Betrachtungen über die Repräsentativregierung« die Bürger in aktive und passive eingeteilt. Tiefgläubige Bürger, die den Interpretationseliten oder unseren Wahrheitssystemen folgen, wären nach Stuart Mills Klassifikation passive Bürger, die von den Regierenden bevorzugt werden, weil sie leicht zu leiten sind. Wollen Sie ein passiver Bürger sein, nach neuer Terminologie der »Mensch«? Denn der passive Bürger oder der Mensch der Regierung regrediert zum Untertanen.

Es ist daher vollkommen klar, dass die Forderung, der Bürger habe der Regierung Vertrauen entgegenzubringen und sich nicht etwa der Führung seines Verstandes, sondern der Führung durch die Interpretationseliten anzuvertrauen, schließlich die Demokratie selbst infrage stellt. So bezweifelt der *FAZ*-Redakteur Mark Siemons, dass »die komplexen demokratischen Verfahren überhaupt in der Lage« sind, ernsthafte Situationen zu meistern, beispielsweise »vor außergewöhnlichen Bedrohungen wie der einer weltweiten Seuche zu schützen«[7]. Wer so fragt, plädiert für das Durchregieren einer Regierung, die durch nichts, durch keine Parlamente, durch keinen Föderalismus, durch keine »Diskussionsorgien« mehr gehindert werden kann. Erinnern Sie sich beispielsweise an die Bergwerkunglücke in China oder an den Super-GAU in Tschernobyl. Ein Blick in die Geschichte zeigt, dass eben genau das Krisenmanagement in Diktaturen im Vergleich zu Demokratien weitaus verheerender stattfindet. Nicht die »komplexen demokratischen Verfahren« versagen in der Coronakrise, sondern konkret die Regierung Merkel.

Der Obrigkeitsstaat bereitet seine Neuauflage vor und bekommt durch die Vielzahl der Krisen, der echten wie der Coronapandemie und der propagierten wie der Klimakrise, Wind unter den Flügeln, denn er rechtfertigt sich mit der durchsichtigen Behauptung »Not kennt kein Gebot« und nötigt die Bürger mit Verboten, denn Not ist inzwischen immer. Er reduziert die Freiheit zugunsten der Macht – und bekommt dafür von Kultur- und Medienschaffenden viel Beifall. Das wirkt auf den ersten Blick paradox, weil doch gerade jene Kräfte stets im Namen der Freiheit auftreten, erklärt sich aber aus der einfachen Tatsache, dass der Obrigkeitsstaat diesmal von links kommt. Wenn Sie den Aktivismus der Kultur- und Medienschaffenden zu verstehen wünschen, der die Objektivität zur veralteten und überdies schlechten Angewohnheit erklärt, so schlagen Sie einfach Wladimir Iljitsch Lenins Schrift »Parteiorganisation und Parteiliteratur« aus dem Jahr 1905 auf, denn Aktivismus ist nur ein neuer Name für den alten Begriff der Parteilichkeit. Lenin fordert darin eine strikte Parteilichkeit der Arbeiter des Wortes: »Die literarische Betätigung muss ein Bestandteil der organisierten, planmäßigen, vereinigten sozialdemokratischen Parteiarbeit werden.«[8]

Es droht vor lauter »Kampf gegen rechts« die Tatsache in Vergessenheit zu geraten, dass zumindest im Osten das letzte Mal in Deutschland der Obrigkeitsstaat von links kam, schon einmal sich die Liberalen als Gefolgsleute dieses autoritären Geistes von links erwiesen und die Christdemokraten auch, indem sie mit der SED gemeinsam den demokratischen Block bildeten.

Andererseits macht mir der Soziologe und Theoretiker der Macht Heinrich Popitz Mut: »Wo ein neues, sensibilisiertes Freiheitsbewusstsein durchbricht, werden Machtverhältnisses in Frage gestellt.«[9] Es besteht also keinerlei Veranlassung, die Rolle des Untertans einer Gemeinwohltyrannis anzunehmen und sich der Macht zu fügen, denn niemand besitzt ein Abonnement auf Macht, und es ist doch mehr als fraglich, ob jemand überhaupt die Macht auf Dauer in seinem Besitz zu halten vermag, denn zuerst hat man die Macht, und dann hat die Macht einen. Hat die Macht den Machthaber, unternimmt er alles, um sie zu behalten, wird zum Getriebenen der Macht, das ist exakt der Moment, wo er beginnt, sie zu verlieren. Popitz ist überzeugt – und ich mit ihm: »Macht ist machbar, Machtordnungen sind veränderbar, eine gute Ordnung entwerfbar: es kann getan werden.«[10] Wenn es also getan werden kann, weshalb tun wir es dann nicht, Sie und ich? Mutiger, als für die Freiheit in der Stunde ihrer Verleugnung und Geringschätzung einzutreten, ist nichts, moderner und fortschrittlicher, dabei auch noch uns gemäßer erst recht nichts, denn wir werden nur eine Zukunft in Freiheit haben, weil die Freiheit die Grundbedingung für Innovationen, für Erfindungen, für erfolgreiches Wirtschaften und schließlich für Wohlstand ist.

In einer Situation, in der die Spannung zwischen dem Wirklichen und dem Gewünschten sich in dem Grade steigert und schließlich erhitzt, in dem der Wirklichkeitsverlust der Herrschenden durch ihren Wunschwillen kompensiert wird, erweist sich in einer Welt aus Alternativen nur eins als tatsächlich alternativlos: endlich die Debatte zu eröffnen, die sich nicht in der Kritik oder in einem wehmütigen Blick in die besonnte Vergangenheit erschöpft, sondern in der eine Alternative zur angestrebten Oligarchie mit Blick auf die Zukunft endlich formuliert wird.

Es ist tragisch zu sehen, dass dem Konservatismus in diesem Umbruch Aufgaben aufgebürdet werden, die nicht seiner Natur entsprechen und die er allein zu lösen nicht die geringste Chance besitzt. So notwendig ein progressiver Konservatismus ist, wird er nur ein Teil der Lösung, aber nicht die Lösung in toto sein können.[11] Konservatismus ist ehrbar, reicht aber bei Weitem nicht aus. Wer nur bewahren will, verliert, was er zu behüten beabsichtigt, er muss es im Hegel'schen Sinne aufheben. Er muss Teil einer politischen Vernunft werden, die undogmatisch aus der europäischen Tradition erstens des Konservatismus mit Blick auf unsere kulturelle Identität, zweitens des Sozialismus mit Blick auf die soziale Frage, die von den Linken und von der SPD vollständig vergessen wurde, und drittens des Liberalismus mit Blick auf die Freiheit schöpft in diesem großen Epochenumbruch, in dem wir uns bereits befinden und den ich im Folgenden Paradigmenwechsel nenne. Das Elend unserer Zeit besteht darin, dass der Konservatismus, was er bewahren will, der Sozialismus die soziale Frage und der Liberalismus die Freiheit vergessen haben. Sind die drei großen politischen Ideen Europas, der Konservatismus, der Sozialismus und der Liberalismus, ausgebrannt, leer und überholt?

Von den Linken, den Sozialdemokraten, den Grünen, aber auch von der CDU, selbst vom Weltwirtschaftsforum in Davos wird inzwischen unsere Gesellschaftsordnung infrage gestellt und eine tiefgreifende Veränderung bis hin zum Systemwechsel gefordert, nur glauben all jene, dass sie allein zur Antwort berechtigt seien. Dieses Buch wird die großen politischen Ideen neu lesen und Alternativen zu einem Zeitgeist formulieren, der unsere Gesellschaft transformieren will.

Bevor wir jedoch sagen können, was getan werden muss, haben wir zunächst zu verstehen, wie wir überhaupt in diese Situation geraten sind, denn die Coronapandemie ist nicht die Schöpferin dieser neuen Verhältnisse, sie erzwingt sie auch nicht, wie man uns glauben machen möchte, sie trägt lediglich als effektiver Katalysator zum ohnehin angestrebten Gesellschaftsumbau bei. Es gilt also, diejenigen in den Blick zu nehmen, die einen Gesellschaftsumbau oder einen Systemwechsel vorantreiben, ihre Ziele, ihre Motive und ihre Strategien, wes Geistes und welcher Mächte Kind sie sind.

I. Teil:
Was ist geschehen?

»Man muss jede Sphäre der deutschen Gesellschaft als die partie honteuse der deutschen Gesellschaft schildern, man muss diese versteinerten Verhältnisse dadurch zum Tanzen zwingen, dass man ihnen ihre eigne Melodie vorsingt! Man muss das Volk vor sich selbst erschrecken lehren, um ihm Courage zu machen.«

Karl Marx

»... dass die Freiheit in der Gesellschaft vom aufklärenden Denken unabtrennbar ist.«

Max Horkheimer und Theodor W. Adorno

»Ein Käfig geht einen Vogel fangen.«

Franz Kafka

Unser Leben — nur eine schlechte Angewohnheit?

Die Geschichte im engeren Sinne, die zu verstehen ist, beginnt im Jahr 1990. In jenem Jahr prangte von einer Häuserwand im Osten Berlins der trotzige Spruch:»Der Kapitalismus hat nicht gesiegt, er ist nur übrig geblieben.« Man lächelte darüber, auch ich. Aber die Stunden des großen Sieges sind zugleich Stunden der großen Niederlage, und die wenigsten Triumphatoren hören auf den Sklaven, der im Triumphwagen neben ihnen steht, obwohl er ihnen unablässig warnend ins Ohr flüstert: »Respice post te, hominem te esse memento (Sieh dich um; denke daran, dass auch du ein Mensch bist).«

Im Gefühl des großen Sieges über den Kommunismus feierte sektkorkenknallend der amerikanische Politologe Francis Fukuyama den Erfolg des liberalen Projekts in der ultraliberalen Schrift »Das Ende der Geschichte«, denn sowohl der Sozialismus als auch der Konservatismus waren zu dieser Stunde vollkommen tot.

Nach dem Untergang des Kommunismus durch die friedlichen Revolutionen in Ost- und Südosteuropa sowie in Ostdeutschland und dem Zusammenbruch der UdSSR 1989 glaubte Francis Fukuyama, dass sich Demokratie und Marktwirtschaft im Kampf der Systeme endgültig durchgesetzt hätten und der liberale Westen ungehindert von Erfolg zu Erfolg schreiten würde. Marktwirtschaft und Demokratie hätten deshalb gesiegt, weil sie letztlich den größten Wohlstand für die meisten Menschen, allen die größte Freiheit und soziale Anerkennung brächten.

Im Sinne Hegels, meinte Fukuyama damals, habe die Geschichte mit dem Sieg des Westens, der liberalen Demokratie ihr Ziel erreicht und sei demzufolge zu ihrem Ende gekommen, auch wenn die liberale Demokratie keineswegs schon auf der gesamten Welt verwirklicht worden wäre und sie selbst noch und immer wieder optimierungsbedürftig sei.

Die deutsche Übersetzung dieser Vorstellung legte gewissermaßen der Historiker Heinrich August Winkler mit dem zwar nicht in der Historikerzunft, dafür aber in politischen Kreisen einflussreichen Werk »Der lange Weg nach Westen« vor. Mit der deutschen Wiedervereinigung in Freiheit und Demokratie wäre auch die deutsche Geschichte an ihr Ziel gelangt, wäre Deutschland endlich im Westen angekommen. Winkler bemühte zwar die abwegige Sonderwegthese, nachdem die Deutschen in der Geschichte lange Zeit einem Sonderweg gefolgt wären: »Deutschlands Weg nach Westen war lang und auf weite Strecken ein Sonderweg«[12], was die Frage aufwirft, was in der europäischen Geschichte Norm und was Abweichung war.

Will man verstehen, wie in Deutschland speziell das liberale in ein linksliberales Projekt kippte, genügt als Indiz der erhellende Blick auf die Einmütigkeit der politisch unterschiedlich verorteten Laudatoren von Winklers Buch. Joschka Fischer nannte das Werk des Historikers ein »ungewöhnlich gedankenreiches, pointiertes und spannendes Werk«, Gerhard Schröder attestierte dem Historiker, dass er »Geschichte als Vermächtnis und als Verpflichtung zur Gestaltung von Gegenwart und Zukunft« begreife und dass deshalb Winklers Werk auch »für Politiker so wertvoll« sei. Wolfgang Schäuble wurde grundsätzlicher, wenn er einschätzte: »Wer Deutschland am Beginn des neuen Jahrtausends verstehen will und wer Antworten sucht, welchen Weg das vereinte Deutschland in die europäische Zukunft wählen sollte, der darf auf Heinrich August Winklers Werk nicht verzichten.«[13] Sie bezogen sich auf Winklers Diktum, dass die Deutschen »der Vergegenwärtigung ihrer Geschichte« bedürfen, überlassen, bis auf Gerhard Schröder – vielleicht – Winklers Mahnung: »Eine europäische Identität wird sich nicht gegen die Nationen herausbilden, sondern nur mit ihnen und durch sie.«[14]

Gleichwohl verschaffte Winklers Geschichtsbelletristik grünen wie sozialdemokratischen als auch christdemokratischen Politikern in damals noch seltener Einmütigkeit die erhabenen Gefühle einer grenzenlosen Postnationalität. Nichts schätzt man in Deutschland höher als erhabene Gefühle, es ist sozusagen eine Nationalkrankheit, ein romantisches Laster, dem alle frönen von links bis rechts, vom ergrünten Chef des evangelischen Kirchenamtes, wenn er auf die sogenannte Seenotrettung, bis zum AfD-Mann, wenn er auf seine Deutschlandflagge schaut.

Vor allem wurde Winklers Werk als die schnellstmögliche Auflösung des gerade wiedervereinigten Deutschlands in eine wie auch immer geartete Europäische Union gefeiert, in einen Westen, von dem niemand im Westen mit Ausnahme der deutschen Eliten träumte. Winkler hatte allerdings eine sehr deutsche Vorstellung vom Westen abgeliefert. Übrigens – und das ist symptomatisch – erscholl das Lob der zitierten Politiker zeitgleich mit der Einführung des Euros, die ebenfalls mit der Lyrik historischer Sinnstiftung und nicht fiskalpolitisch orchestriert wurde. Politisch gehören Winklers EU-Panegyrik und die Einführung des Euros zusammen, geradeso wie verso und reverso einer Münze. Nicht umsonst hat die Bundeskanzlerin verkündet: »Scheitert der Euro, scheitert Europa.« Für die deutsche Bundeskanzlerin ist der Euro Europa.

Einstweilen bleibt festzuhalten, dass nicht Heinrich August Winkler einer neuen Elite die Confessio und das Manifest verfasst, sondern er lediglich dem, was die neuen Eliten denken und fühlen, eine historische Rechtfertigung geliefert hat, ihrem Traum vom Aufgehen Deutschlands in einem europäischen Zentralstaat als Erlösung vom Deutschsein, was immer das auch sein mag. Doch der Wunsch nach Erlösung vom Deutschsein ist deshalb problematisch, weil er von etwas zutiefst Deutschem angetrieben wird, von einem aufs Ganze gehenden Moralismus, von den behaglichen Träumen einer politischen Romantik.

20

Dreißig Jahre später, nachdem die Inschrift auf der Berliner Häuserwand längst anderen weichen musste, dreißig Jahre nach dem Zusammenbruch des Kommunismus und dem Siegeszug des Westens, der sich zu Tode gesiegt hat, weil er keinen Sinn mehr zu stiften vermag, und zum anderen der Globalisierung, die nicht nur im Westen zum Aufschwung und zu einem wachsenden Wohlstand führte, spielt sich plötzlich Erstaunliches vor unseren Augen ab, etwas, das sich niemand hätte damals vorstellen können. Ein längst tot geglaubtes Gespenst entstieg den Geisterbeschwörungen kleiner, verschworener Kreise und ging erneut in Europa um. Karl Marx und Friedrich Engels hatten 1848 den Kommunismus als ein Gespenst, das in Europa umginge und gegen das sich die Mächte Europas verschworen hätten, begrüßt.

Auch wenn die beiden Klassiker des Sozialismus den Kommunismus ironisch als Spukgestalt einführten, ließ die launige Camouflage doch tief blicken und besaß einige Berechtigung. Zum einen erinnerten Karl Marx und Friedrich Engels daran, dass der Kommunismus als untote Hoffnung auf soziale Gerechtigkeit durch die Menschheitsgeschichte geistert, zum anderen verkündeten sie damit ihren Vorsatz, dem Gespenst Leben einzuhauchen, indem sie im »Kommunistischen Manifest« der spukenden Idee eine möglichst realistische Programmatik verliehen. Sie fassten die Geschichte soziologisch und die Soziologie historisch. Das Gespenst blieb natürlich Gespenst trotz aller Rationalisierungsbemühungen, und seine Ordnung realisierte sich dementsprechend als gespenstisch. Diese Ordnung, die man wahlweise Kommunismus oder Sozialismus nannte, musste daher, als die Spannung schließlich zwischen Utopie und Realität zu groß geworden war, implodieren, wie es dann 1989 auch geschah. Letztendlich siegte der politische Rationalismus über die Vorstellungen einer romantischen Politik, gegen die politische Romantik schlechthin – zumindest für eine Weile. Ideen kann man ad acta legen, Gefühle jedoch nicht, und Ideen, die auf Gefühlen beruhen, erst recht nicht.

Die große Hoffnung auf Gerechtigkeit, die Marx und Engels vom Kopf auf die Füße zu stellen versuchten und von der die Menschheit schon träumt, seitdem die urgeschichtliche Gleichheit schwand, endete leider und dennoch notwendigerweise in einer der größten Katastrophen der menschlichen Geschichte, der lichte Traum im finsteren Albtraum, weil die große Abwesende dieses Gesellschaftsumbaus die Freiheit war, die Freiheit im politischen, im wirtschaftlichen, im kulturellen Bereich. Kein anderes soziales Experiment in der Geschichte der menschlichen Gesellschaft hat mehr Leben zerstört als dieses. Und als hätte sich all das nicht ereignet – und sogar vor nicht allzu langer Zeit –, schickt sich zu meinem Erstaunen dieses Gespenst an, erneut seine Erleuchteten über die Lande zu schicken, die gründlich die schaurigen Folgen seiner Herrschaft vergessen haben, nur in anderer Gestalt, nur, dass sich diesmal »alle Mächte des alten Europas« nicht gegen dieses Gespenst einer neuen, gerechten Gesellschaftsordnung »verbündet«[15], sondern, dass die neuen Eliten dieses Gespenst beschworen und schließlich in einer Art Geisterbeschwörung wiedererweckt haben.

Die Liberalität der Konsumgesellschaft, der beträchtliche Wohlstand hatte beim juste milieu der Bundesrepublik eine existenzielle Langeweile und eine metaphysische Not ausgelöst, sodass man nach einer neuen Idee verlangte, die nicht nur unverbraucht, neu, juvenil, sondern auch sinnstiftend auf ein innerweltliches Heil hin zu sein hatte, auch auf die Gefahr hin, dass sie eine alte war. Johan Huizinga berichtet, dass im Spätmittelalter in der Zeitenwende zur Neuzeit in Burgund dieselben Menschen, die an einem Tag dem Luxus und dem Spektakel frönten, sich tags darauf harter Askese unterwarfen, um bald schon wieder das Wohlleben zu genießen. Manche trugen unter der feinsten Seide grobe und kratzende Unterwäsche, um an ihre

Sündhaftigkeit erinnert zu werden. Heute geschieht es eher umgekehrt, weil der Wunsch nach Erlösung und Ablass nicht mehr auf ein Transzendentes hin, sondern strikt innerweltlich gerichtet ist. Inzwischen ist es die Erde, die der Himmel ist, die Buße für die Sünden erwartet. Die ins Extrem getriebene persönliche Freiheit suchte nach einem Ausgleich, einem Zwang, einer neuen Metaphysik, die es im Moralismus fand, in dem guten alten, in den Laboratorien der politischen Wissenschaften verjüngten Gespenst. Ein wenig Sehnsucht nach Ablass und dem Genuss schaurig-anheimelnder Schuldgefühle spielte dabei mit.

Niemand will inzwischen mehr etwas mit dem Kapitalismus zu tun haben. Wolfgang Schäuble fasste diese neue Abneigung dem Kapitalismus gegenüber in die Worte, die im Duktus der Reue eines älteren Herrn angesichts seiner wilden Jugend daherkommen: »Wir haben es mit dem Kapitalismus übertrieben.«[16]

Linke, Grüne, Sozialdemokraten, die Bundeskanzlerin, aber auch der Initiator des Weltwirtschaftsforums von Davos, Klaus Schwab, stehen plötzlich vereint in dem Ziel, den Kapitalismus entweder abzuschaffen oder ihn so weit zu reformieren, bis tatsächlich nichts mehr von ihm übrig bleibt und sein unverzeihlicher Sieg rückgängig gemacht wurden ist. Plötzlich darf nichts mehr bleiben, wie es ist, allein schon deshalb nicht, weil ein neuer Imperativ verlangt, dass nichts mehr bleiben darf, wie es ist. Die Art und Weise, wie wir uns in den letzten Jahren »angewöhnt« hätten zu leben, sei so schlecht, so unzeitgemäß, dass sie im großen Stil zu verändern wäre, wie die Bundeskanzlerin in Davos befand.[17]

Ihr und mein Leben also als eine schlechte Angewohnheit? Politik als Erziehungsanstalt, die Ihnen und mir diese schlechte Angewohnheit austreiben möchte wie das Kauen an den Fingernägeln? Wollen Sie wirklich erzogen werden? Möchten Sie sich von Studenten der Politikwissenschaft sagen lassen, wie Sie zu leben haben? Gesellschaftliche Bewegungen, insbesondere die sogenannten Nichtregierungsorganisationen (NGOs), und die politischen Eliten steigern sich gegenseitig und miteinander in einen Tabula-rasa-Rausch hinein, in einen Tanz um das gute alte, ein wenig verwunderte Gespenst, der an das berühmte Gleichnis von dem Esel erinnert, der aufs Glatteis läuft, weil es ihm zu gut geht.

Wie ich in der Theorie vom Paradigmenwechsel zeigen werde, befindet sich in der Tat die westliche Gesellschaft in einem tiefen Umbruchsprozess. Von daher reagieren die Eliten teils auf objektive Prozesse, nur wird erstens festzustellen zu sein, dass die Lösungen, die beispielsweise von der Kanzlerin als alternativlos vorgeschlagen werden, es keineswegs sind, und zweitens werde ich untersuchen, welche anderen Perspektiven dieser Veränderungsprozess bietet.

Die Eliten reagieren in der Tat auf einen echten Umbruch, nur tun sie es mit einem falschen Bewusstsein dieses Umbruchs.

Was auf dem Spiel steht

Eine verblüffende Allianz

Dass Linke, Grüne und Sozialdemokraten sich eine Art Sozialismus oder Ökosozialismus vorstellen, überrascht eigentlich niemanden. Die Linke formuliert in einem Strategiepapier zur Coronakrise:»Strategische Unternehmen wie marktbestimmende Konzerne der Energie- und Wasserversorgung, Fluggesellschaften, das Gesundheitssystem und andere systemrelevante Wirtschaftszweige werden auf Grundlage des Grundgesetzes schrittweise in die öffentliche Hand gebracht. Beteiligungen des Bundes, um große Unternehmen zu retten, werden aktiv genützt, um den sozialökologischen Umbau voranzutreiben … Es zeigt sich, dass der Markt in ruhigen Zeiten in der Lage ist, maximale private Profite zu schaffen, in Krisenzeiten aber auf öffentliche Hilfen angewiesen ist.«[18] Unseriös ist diese Argumentation in doppelter Weise. Zum einen, weil sie unerwähnt lässt, dass der Markt, der in Krisenzeiten auf öffentliche Hilfen angewiesen war, ein unechter Markt, ein semisozialistischer oder im Sinne des österreichischen Nationalökonomen Joseph Alois Schumpeter bürokratisierter oder »vertrusteter« Markt ist und zweitens der unechte, semisozialistische oder »vertrustete« Markt einen Teil dieser Krisen erst hervorbringt.

Doch weiter. Kevin Kühnert, inzwischen Mitglied des Parteivorstandes der SPD, möchte den »Widerspruch zwischen Kapital und Arbeit« auflösen, indem er zu Verstaatlichungen übergeht.[19] In vulgo kann er sich einen VEB BMW durchaus vorstellen. Der Fraktionsvorsitzende der SPD im deutschen Bundestag stellt klar: »Das derzeit noch gängige Leitbild ›So viel Markt wie möglich, so viel Staat wie nötig‹ ist nicht mehr zeitgemäß.«[20] Heißt im Klartext: Die soziale Marktwirtschaft hat sich überlebt. »Wohlstand für alle« ist nicht mehr zeitgemäß, stattdessen Wohlstand nur noch für diejenigen, deren Geschäfte die neuen Eliten betreiben.

In der ZDF-Sendung aspekte äußerte Luisa M. Neubauer von Fridays for Future über den Sozialismus: »Yo, bis jetzt hat das niemand irgendwie umsetzen können, das beweisen können, dass das geht. Ich finde es krass, dass man anscheinend annimmt, dass es nur in einem kapitalistischen System so etwas wie Innovationsgeist gibt. Auch da denke ich, so he, das klingt ein bisschen nach einer Art 20.-Jahrhundert-Trauma, dass man damals gedacht hat, wouwouwou, das geht nicht, jetzt kann es auch nicht gehen. Ich frage mich da, wo wir da innovativ werden, wenn es darum geht, Wirtschaftssysteme zu erdenken, die vereinbar sind mit Paris und innerhalb unserer planetaren Grenzen funktionieren können. Denn daran ist der Kapitalismus bisher gescheitert.«[21]

Zuvor hat Neubauer in einem Interview mit der *taz* verdeutlicht, dass die Klimaapokalyptik nur eine Mobilisierungsideologie für den Umbau der Gesellschaft darstellt: »Menschen, die sich mit der Klimafrage beschäftigen, stellen irgendwann auch die kapitalistische Wirtschaftsweise infrage.« Genauer kann man eigentlich die Funktion der Klimaapokalyptik nicht beschreiben, als es Neubauer unternimmt. »Die Klimakrise ist die Kumulation von multiplen Krisen auf der Welt. Sie ist größer als die Frage unserer steigenden Emissionen … Es geht um unsere imperiale Lebensweise, die neokoloniale Entwicklungszusammenarbeit. Die Klimakrise ist auch eine Krise, die von Männern verursacht wurde.« Nicht die logische Entwicklung, sondern die Addition von Schlagworten, die soviel miteinander gemein haben wie der Kaffeesatz mit dem Satz des Pythagoras, gilt als die von Medien gehypte neue Weise der Argumentation, tatsächlich einer Argumentation ohne Argumente. Die Endegelände-Aktivistin Nike Mahlhaus sekundiert im gleichen Interview: »Kapitalismus gab es nicht schon immer, und genauso kann er auch enden.«[22] Wer Klimakrise sagt, strebt in Wahrheit eine ökosozialistische Gesellschaftstransformation an. Im gemeinsamen *Spiegel*-Interview mit Neubauer koinzidiert der CDU-Politiker Wolfgang Schäuble:»Ich würde mir nicht jede Ihrer Formulierungen zu eigen machen, aber im Kern ist Ihre Beschreibung nicht zu bestreiten …«[23] Nicht zu bestreiten?

Die Grünen – in Worten vorsichtiger, im Inhalt identisch – planen, die soziale Marktwirtschaft in eine »sozial-ökologische Marktwirtschaft« umzubauen, was aber nur ein leicht erkennbarer Taschenspielertrick ist, denn sie wollen nicht nur den Klimaschutz in das Grundgesetz aufnehmen, sondern auch Klimaschutzziele. »Damit werden alle zukünftigen Gesetzesinitiativen hinsichtlich ihrer Auswirkung auf das Klima zu überprüfen sein, sowie Klimaschutz«, was immer man darunter versteht, »wird insgesamt besser einklagbar.« Um die Datenerfassung manipulieren zu können, planen die Grünen, das statistische Mittel des Bruttoinlandsprodukts (BIP) de facto zu verwerfen, weil es »blind« sei »für die sozialen Folgen und die ökologischen Schäden«.[24] Die Erweiterung des BIPs um eine ökologische Komponente, die völlig willkürlich ist, stellt ökonomisch nur die Weichenstellung für die Planwirtschaft, für eine ökosozialistische Kommandowirtschaft dar.

Der Vorwurf der Grünen geht nüchtern betrachtet ins Leere, denn die Aufgabe des BIP besteht nicht darin, »die sozialen Folgen und die ökologischen Schäden« zu messen, wie übrigens auch ein Thermometer blind für die sozialen Folgen und ökologischen Schäden der Temperaturschwankungen ist. Es zeigt nur die Temperatur an, so wie das BIP den Gesamtwert aller Waren und Dienstleistungen ausweist, die in einem Jahr in einer Volkswirtschaft als Endprodukte hergestellt werden. Das BIP trifft somit eine Aussage über die Wirtschaftsleistung eines Landes. Die Grünen verwechseln Wirtschaftsleistung mit Wohlstand. Die

Wirtschaftsleistung ist ein statistisch klar zu erhebender Wert, während Wohlstand eine Größe darstellt, die davon abhängig ist, was unter Wohlstand verstanden wird. Der Systemwechsel soll nach den Vorstellungen der Grünen durch einen »Mix aus CO_2-Preis, Anreizen und Förderung sowie dem Ordnungsrecht« vorangetrieben werden. Im Klartext also durch massive Steuererhöhungen, Verteuerung des Lebens, Umverteilung und Zwang.

In der neuen schönen grünen Dystopie stören die vielen Jobs, die »an der Kohleindustrie und auch am fossilen Verbrennungsmotor hängen«, die man deshalb abschaffen will. Damit die Abschaffung dieser Jobs nicht zum sozialen Sprengstoff wird, muss die »Transformation dieser Industriezweige ... klar strukturiert, staatlich flankiert und gemeinsam mit den Beschäftigten angegangen werden ...«. Wohin diese Industriezweige wie transformiert werden sollen, darüber schweigen sich die Grünen aus.

Last not least wirbt auch Angela Merkel für den Gesellschaftsumbau: »Aber, meine Damen und Herren, das sind natürlich Transformationen von gigantischem, historischem Ausmaß. Diese Transformation bedeutet im Grunde, die gesamte Art des Wirtschaftens und des Lebens, wie wir es uns im Industriezeitalter angewöhnt haben, in den nächsten 30 Jahren zu verlassen – die ersten Schritte sind wir schon gegangen – und zu völlig neuen Wertschöpfungsformen zu kommen ...«[25] Der Politikwissenschaftler Yasha Mounk hatte in den Tagesthemen die Große Transformation begeistert propagiert, auch wenn sie zu großen gesellschaftlichen Verwerfungen führen wird, die nicht der in den USA lebende Yasha Mounk, sondern die Bürger, die Familien in diesem Land erleiden müssen.[26]

Auch dem Gründer des Weltwirtschaftsforums, Klaus Schwab, schwebt eine »gerechte Gesellschaftsordnung« vor. Er nennt die Große Transformation einfach Great Reset und verrät dadurch, dass er die Menschen nicht als Bürger, sondern nur als Teile eines großen Computerspiels sieht, das er und andere konfigurieren.

»Der Great Reset wird von uns verlangen, alle Stakeholder der globalen Gesellschaft in eine Gemeinschaft mit gemeinsamen Interessen, Zielen und Handlungen zu integrieren«, sagt Schwab.[27] In seinem Buch »Covid 19. Der große Umbruch« schreibt Schwab zusammen mit Thierry Malleret: »Viele von uns fragen sich, wann sich die Dinge wieder normalisieren werden. Die kurze Antwort lautet: niemals. Nichts wird jemals wieder so sein wie zuvor. Die Normalität in dem Sinne, wie wir sie kannten, ist zu Bruch gegangen und die Coronavirus-Pandemie stellt einen grundlegenden Wendepunkt auf unserem globalen Kurs dar. Einige Analysten sprechen von einem Scheideweg, andere von einer tiefen Krise »biblischen« Ausmaßes, das Ergebnis ist jedoch gleich: Die Welt, wie wir sie in den ersten Monaten des Jahres 2020 kannten, gibt es nicht mehr, sie hat sich im Kontext der Pandemie aufgelöst.«[28]

Unsere Welt hat sich in der Pandemie aufgelöst, und es ist nun an Schwab, uns eine neue Welt mit klarer Anweisung, was wir in dieser Welt zu tun haben, hinzustellen. Um seine Ziele durchzusetzen, gründete Schwab das »Young Global Leaders«-Programm, dem auch Annalena Baerbock angehört.[29] Das Ziel des Programmes besteht im Aufbau eines weltweiten Eliten-Netzwerks von Akteuren in Politik und Wirtschaft: »Wenn die Young Global Leaders das Fünfjahresprogramm abgeschlossen haben, werden sie eingeladen, der Alumni-Gemeinschaft beizutreten, wo sie ihre Führungsreise fortsetzen und ihr Engagement für das Weltwirtschaftsforum sowie die Aktivitäten und Veranstaltungen der Young Global Leaders aufrechterhalten können. Alumni dienen als Stewards des Forum of Young Global Leaders, unterstützen den Auswahlprozess und fungieren als wertvolle Mentoren für neue Mitglieder. Unsere Alumni sind für unseren anhaltenden Erfolg von entscheidender Bedeutung, da sie neue Kooperationen oft unterstützen und anleiten und dazu beitragen, die wirkungsorientierte Denkweise der Gemeinschaft zu fördern.« Und sie werden nie wieder frei ein Leben lang – und wir auch nicht.

Man kann diese Akteure auch als neues Establishment, neue Eliten, neue Herrschaft oder als eine Art Block nach dem Muster der »Nationalen Front« der DDR, die auch alle Akteure vereinte, sehen. Völlig neu und unerwartet ist das Bündnis, das Kommunisten, Ökosozialisten, grüne Weltverbesserer, Antikapitalisten, Christdemokraten und die Vertreter des globalisierten Finanzkapitalismus eingehen. Wer diese Entwicklung vor Jahren prophezeit hätte, den hätte man mindestens als Verschwörungstheoretiker angesehen.

Eine Parteivorsitzende der Grünen als Elevin des Chefs des Weltwirtschaftsforums von Davos, der Gründer des Weltwirtschaftsforums als Totengräber des Kapitalismus, das hätte nicht einmal in einem Kolportageroman glaubwürdig geklungen. Die »Akteure der globalen Gesellschaft«, von denen Schwab spricht, bilden die Herrscherkaste des globalisierten Finanzimperiums, die an Ländern, Völkern, Traditionen, Kulturen, Menschen und Familien nicht mehr interessiert ist. Schwabs Statement klingt zunächst philanthropisch und gut, nur widerspricht die historische Erfahrung, nach der bis jetzt die propagierten Gemeinschaftsinteressen nur die Partikularinteressen der Herrschenden altruistisch verbrämten. Molière hat den Akteur der Gemeinschaftsinteressen im Tartuffe gültig für alle Zeit dargestellt.

In der Maske Tartuffes fährt Schwab fort: »Wir brauchen ein Umdenken, den Übergang vom kurzfristigen zum langfristigen Denken, den Übergang vom Aktionärskapitalismus zur Verantwortung der Stakeholder. Ökologische, soziale und Good Governance müssen ein angemessener Teil der Rechenschaftspflicht von Unternehmen und Regierungen darstellen.«[30] Kontrolle, Bürokratie, Gängelung, als ob in Deutschland ein Mangel an der Rechenschaftspflicht der Unternehmen bestünde? Wo lebt eigentlich Klaus Schwab? Auf einem hohen Berg, von dessen Gipfel die Menschen im Tal sehr klein aussehen. Der Great Reset bildet für Schwab die Voraussetzung, um einen »neuen Gesellschaftsvertrag« zu schließen. Einen neuen Gesellschaftsvertrag fordern auch die Grünen, auch Kühnerts SPD, auch Merkels CDU. Aber warum? Hat er sich als zu frei erwiesen? Was beinhaltet der neue Vertrag? Was ist die Alternative zur Freiheit? Was ist die Alternative zur pluralistischen Demokratie, was zum Wohlstand für alle?

Genau genommen will er den Vertrag auch nicht schließen, sondern feudalistisch den Bürgern Europas aufzwingen. Schließlich habe »die globale Gesundheitskrise … die fehlende Nachhaltigkeit unseres alten Systems in Bezug auf den sozialen Zusammenhalt, den Mangel an Chancengleichheit und Inklusivität offengelegt.«[31] In Schwabs kumulativer statt inhaltlicher Argumentation wird die Coronapandemie zu einer Chimäre, die stets die Gestalt des gerade politisch Gewünschten annimmt, denn die »globale Gesundheitskrise« hat mitnichten »die fehlende Nachhaltigkeit unseres alten Systems« gezeigt. Wo denn? In welcher Art und Weise? Ohne Beleg noch Beweis wird die Coronapandemie von Klaus Schwab und auch von der Bundesregierung als Argument für den Gesellschaftsumbau benutzt.

Und weil zur neuen Argumentationskunst, wie bereits gesehen, die Addition von Disparatem gehört, nicht die Qualität, sondern nur noch die schiere Quantität der Schlagworte in der Hoffnung bemüht wird, dass ihre Quantität in die Qualität einer zutreffenden Beschreibung umschlägt, dürfen in Schwabs Rundumschlag auch folgende Begriffe nicht fehlen: »Auch können wir den Missständen von Rassismus und Diskriminierung nicht den Rücken kehren.«[32] Können Sie mir auch nur ein konsistentes Argument dafür nennen, was die Coronapandemie mit dem Rassismus zu tun hat? Der Rassismus ist nicht die Ursache der Pandemie und die Pandemie nicht die Ursache von Diskriminierungen. Schwabs Argumentation wird zum Sammelsack, in den alles geworfen wird, was man irgendwie für die Große Transformation gebrauchen kann: »Wir müssen in diesen neuen Gesellschaftsvertrag unsere generationenübergreifende Verantwortung einbauen, um sicherzustellen, dass wir den Erwartungen junger Menschen gerecht werden.«[33] Woher kennt er die »Erwartungen junger Menschen«, und von welchen »jungen Menschen« spricht Schwab? Von den vielen, die man nicht auf den Fridays-for-Future-Demonstrationen sah, oder von den Kindern reicher Leute, die ein bisschen Klimarevolution spielen?

Wolfgang Schäuble deutete in dankenswerter Offenheit an, worum es eigentlich geht: »Die Coronakrise ist eine große Chance. Der Widerstand gegen Veränderung wird in der Krise geringer. Wir können die Wirtschafts- und Finanzunion, die wir politisch bisher nicht zustande gebracht haben, jetzt hinbekommen …[34] Auch die Kommissionspräsidentin Ursula von der Leyen bläst ins selbe Horn in ihrer Rede am 16.11.2020 in Davos: »Die Coronakrise ist eine großartige Beschleunigung für notwendige Veränderungen in der Klimakrise, Digitalisierung, Geopolitik und Weltwirtschaft.«[35] Etwas »Großartiges« in der Coronakrise ausmachen zu können angesichts ihrer Opfer, angesichts des einsamen Sterbens alter Menschen, angesichts der Verzweiflung ihrer Angehörigen, die sie nicht besuchen dürfen, der Zerstörung wirtschaftlicher Existenzen in großer Zahl, der Auslöschung des Werkes von Generationen, wenn Traditionsgeschäfte aufgeben müssen, weil der Staat ihnen die Geschäftstätigkeit untersagt, angesichts der Verzweiflung der Eltern, die berufstätig dennoch ihre Kinder zu betreuen und zu beschulen haben und nicht wissen, wie sie das alles organisieren sollen, wo zuweilen aufgrund von Beschränkungen der Bewegungsfreiheit und der Kontakte nicht einmal die Großeltern zu Hilfe kommen können, dazu gehört eine schon recht originelle Sichtweise auf das Leben der Menschen, in deren Dienst Frau von der Leyen eigentlich stehen sollte. Ich kann nichts Großartiges in Ausgangssperren und erweitertem Hausarrest sehen – und diese Sichtweise war man von demokratischen Politikern bisher auch nicht gewohnt. Beschleunigt wurde nur die Schussfahrt in den wirtschaftlichen Abgrund.

Worauf dieses erstaunliche und vollkommen neue Bündnis beruht, wie es übrigens von linker Seite, so von der marxistischen Philosophin Nancy Fraser, bestätigt wird[36], werde ich Ihnen noch genauer darstellen. Einstweilen genügt es zu verstehen, dass der proletarische Internationalismus der Linken zum Globalismus der Finanzelite passt, anders gesagt, sie einigt die Liebe zum Zentralismus und zu den großen Strukturen. So ist es auch kein Zufall, dass in den letzten Jahren sich all diese Kräfte den Begriff der Großen Transformation angeeignet haben, der übrigens besser klingt als der des Systemumbaus, den man eher dem politischen Feind unterstellt, doch meint Große Transformation nichts anderes als den kompletten Umbau unseres Systems, die Überführung des Kapitalismus in ein ökosozialistisches Kommandosystem.

Die Große Transformation

Der Begriff der Großen Transformation, für den je nach Vorlieben die Bezeichnungen Systemwechsel, Gesellschaftsumbau oder Great Reset stehen, stammt von dem im linken Milieu populären Wirtschaftshistoriker Karl Polanyi, für den die Große Transformation mit dem Speenhamland-Gesetz in England 1834 begann, das eine Art Sozialsystem schuf. Wir sehen davon ab, ins Detail zu gehen, obwohl Polanyjs Darstellung historisch gesehen sich selbst ad absurdum führt, denn nicht die historischen Fakten führen zu seinen Vorstellungen, sondern seine Vorstellungen führen zu den »Fakten«. In der Großen Transformation hätte sich laut Polanyj die Wirtschaft gegenüber der Gesellschaft verselbstständigt, was historisch allerdings zu falsifizieren ist. Begonnen habe der Prozess damit, dass im 16. Jahrhundert Grundstücke von Großgrundbesitzern eingefriedet wurden und es dadurch immer weniger Bauern gelang, ihren Lebensunterhalt auf dem Land zu erzielen, und sie deshalb in die Städte zogen und dort doppelt freie Lohnarbeiter wurden. Marx nennt diesen Vorgang die »ursprüngliche Akkumulation des Kapitals«, Adam Smith »previous accumulation«.

Für Polanyj ist die Große Transformation keine evolutionäre Entwicklung, sondern der politischen Durchsetzung freier Märkte, auf denen »fiktive« Waren wie Arbeit, Grund und Boden und Geld gehandelt werden, geschuldet. Karl Polanyj kommt zu dem Schluss – und das macht ihn von den Linken bis zu Angela Merkel und Klaus Schwab zum Stichwortgeber –, dass die Wirtschaft sich gegenüber der Gesellschaft verselbstständigt, sie zu wachsender sozialer Ungleichheit führt und dadurch die Gesellschaft zerstört. Die Ahnungslosigkeit des Wirtschaftshistorikers besteht darin, dass er historisch argumentiert, ohne historisch zu analysieren, denn letztlich existierten bereits Märkte in der Bronzezeit, in der sich übrigens die zweite Globalisierung in der Geschichte der Menschheit ereignete, die in der Eisenzeit ihr Ende fand.

Die Anhänger der neuen Großen Transformation wollen nun die Marktwirtschaft überwinden. Weil die (kapitalistische) Marktwirtschaft laut Polanyj erst die Verselbstständigung der Wirtschaft gegenüber der Gesellschaft erzeugt hat, müssen wir laut der Ökonomin und Geisteswissenschaftlerin Angela Merkel »die gesamte Art des Wirtschaftens und des Lebens, wie wir es uns im Industriezeitalter angewöhnt haben, in den nächsten 30 Jahren … verlassen«. Man sieht allein in der Rolle rückwärts der Großen Transformation als Abwicklung der Großen Transformation Polanyis, wie reaktionär diese Konzeptionen sind. Es geht genau darum, die Große Transformation im Sinne Polanyis – um drei denkwürdige Begriffe zu verwenden, die die Kanzlerin 2020 benutzt hat – »rückgängig« zu machen, weil sie »unverzeihlich« war – und das möglichst ruck, zuck und ohne »Diskussionsorgien«. Dieses Programm wirkt zwar modern, ist in Wahrheit aber nur ein Rollback einer aus der Zeit gefallenen Elite. Als dekuvrierend erweist sich die Neigung, den Systemwechsel nicht zur Diskussion zu stellen, sondern staatsbonapartistisch und technokratisch durchzusetzen, indem man ihn einfach verfügt, als stünde die Bundesregierung unter der Kuratel eines Fünfjahresplans, den sie unbedingt zu erfüllen hätte.

Ganz in diesem Sinne hat der Bundeswirtschaftsminister einen strategischen Plan unter dem Titel »KLIMA SCHÜTZEN & WIRTSCHAFT STÄRKEN. Vorschlag für eine Allianz von Gesellschaft, Wirtschaft und Staat für Klimaneutralität und Wohlstand« entworfen. So wenig das Klima »neutral« sein kann, so wenig fördert das Konzept den Wohlstand, zumindest nicht den des deutschen Volkes. Denn das, was eigentlich geplant wird, ist nichts anderes als die Abschaffung der sozialen Marktwirtschaft. Unter dem Deckmantel des Klimaschutzes wird der Mittelstand, der für Altmaier ohnehin keine Rolle spielt – man erinnere sich nur an den früheren Plan, »nationale Champions« zu schaffen –, geschliffen, während ein bonapartistischer Staatskapitalismus installiert wird, in dem große Firmen, in der Regel Aktiengesellschaften, mit dem Staat über Transfers und Zuschüsse verschachtelt und in gegenseitige Abhängigkeit gebracht werden.

Der Markt existiert im bonapartistischen Staatskapitalismus schon nicht mehr, weil die Zivilgesellschaft, also jenes Netzwerk aus Politik und sogenannten NGOs, so genannt, weil vom Staat teilfinanziert, Einfluss auf die Wirtschaft erhält. Die Politik bestimmt, was in welcher Weise produziert wird, während die Firmen nicht das Geld der Käufer, die ausbleiben, erhalten, sondern die Steuern der Bürger, die zahlen müssen.

Für den Herbst hoffen Merkel und Altmaier auf Schwarz-Grün, die perfekte Kombination, um die Große Transformation ins Werk zu setzen. Nach anfänglicher Verharmlosung von Covid-19 erkannte die Regierung Merkel dann doch sehr schnell, ein wie effizientes Mittel die Coronapandemie zur Durchsetzung politischer Ziele ist. Verfing schon die Drohung mit dem Klimawandel, die Klimaapokalyptik, so lässt sich mit der Sorge um die Gesundheit so ziemlich alles durchsetzen. So hört man im Alltag inzwischen das trotzig ausgesprochene »Lieber Diktatur und gesund« immer öfter. Dieses Diktum erinnert übrigens an die Achtzigerjahre, da hieß es:»Lieber rot als tot.« Nichts Neues also unter der Sonne. Einstweilen genügt es zu verstehen, dass die Große Transformation das Ziel verfolgt, den Kapitalismus zu überwinden, je nach Betonung durch eine Synthese von Kapitalismus oder Sozialismus beziehungsweise durch die Etablierung des Ökosozialismus, des Staatssozialismus oder einer wie auch immer fabulierten Gesellschaftsordnung. Das Gespenst bleibt indes Gespenst.

Die Armageddon-Strategie

Das Mittel, um die Akzeptanz für die Maßnahmen zur Großen Transformation hin zu einer »gerechten Gesellschaftsordnung« der Bürger zu erreichen, besteht in nichts Positivem, sondern im Schüren von Angst, die Panik vor der Dystopie soll die Bürger in die Utopie treiben, nur wird jede Utopie, die man versucht zu verwirklichen, erst recht zur Dystopie. Die Effizienz des Arguments des Unterganges, das ich in einem ersten Schritt Armageddon-Argument nenne, beschrieb der Jurist Thomas Schomerus unlängst auf dem Verfassungsblog:»Der Kampf gegen das Virus kann eine Vorbildwirkung für die Bekämpfung der globalen Erwärmung haben.«

Die gleiche Lust auf die Anwendung diktatorischer Mittel in der Diktatur lassen Schwab und Malleret in ihrem Covid-19-Manifest erkennen, wenn sie schreiben:»Einige Staats- und Regierungschefs und Entscheidungsträger, die bereits an vorderster Front im Kampf gegen die Klimawandel standen, möchten den Schock, den die Pandemie verursacht hat, möglicherweise nutzen, um langfristige und umfassendere Umweltveränderungen durchzuführen.« In meinen Ohren klingt es wie eine Drohung, wenn die beiden Autoren über diese Aktivisten in Regierungs-

ämtern schreiben: »Sie werden die Pandemie in der Tat ›gut nutzen‹, indem sie sich die Chance, die die Krise bietet, nicht entgehen lassen.«[37] In ihren Ohren aber nicht.

Der »Schock« als Mittel, um die eigene politische Agenda
durchzusetzen, ist nichts anderes als die Anwendung des Armageddon-Arguments. Dass die Klimaapokalyptik nur Mittel zum
Zweck ist, offenbart sich in Schwabs und Mallerets ungenauer, ein
wenig lustloser Argumentation, denn da das Wesen des Klimas im
steten Wandel besteht, wie Erdgeschichte unwiderlegbar belegt,
kann man nicht gegen den Klimawandel kämpfen – auch nicht in
vorderster Front –, ohne gegen das Klima an sich zu kämpfen.

Sie sehen, das Armageddon-Argument ist stets grob, nie dif-
ferenziert, weil es immer aufs Ganze, auf die größte vorstell-
bare Katastrophe gehen muss. Es ist seinem Wesen nach ein
Totschlagargument, seiner Funktion nach eine Unterwerfungs-
aufforderung, seinem Ursprung nach rabiater Populismus, weil
es sich nicht um Fakten schert, sondern verlangt, geglaubt zu
werden.

Die Verbindung zwischen der Klimakrise und der Coronakrise wird im Kapitalismus gesehen, der ohnehin an allem schuld ist,
daran, dass die Sonne scheint, und daran, dass sie nicht scheint,
an den Freiheitsrechten der Menschen und an der Demokratie
mit ihren »Diskussionsorgien«. Kapitalismus, Demokratie und
Freiheit gehören untrennbar zusammen, wie ihre Verächter ex
negativo beweisen. Um die Einschränkung der Freiheitsrechte
zu rechtfertigen, greift Schomerus zum Armageddon-Argument:
»Im Angesicht der tödlichen Gefahr … nimmt die Bevölkerung
in einem beispiellosen Akt der Solidarität massivste Grundrechtseinschränkungen in Kauf … Diese werden ohne großes
Murren hingenommen.«[38]

Im Grunde argumentiert Schomerus mit Carl Schmitt[39], wenn
er das Recht der Exekutive unterordnet. Geschieht das unter Ein-
griffen in das Vorrecht der Parlamente, kippt die freiheitlich-de-

mokratische Grundordnung in die ökosozialistische Diktatur mit der ökonomischen Konsequenz einer Kommandowirtschaft. Schomerus' Überlegungen entsprechen übrigens Forderungen, die von den Grünen und vom Sachverständigenrat für Umweltfragen erhoben werden und die auf eine Auflösung der Gewaltenteilung hinauslaufen. Denn ginge es nach ihnen, könnte jede demokratische Initiative unter Hinweis auf den Klimanotstand und die drohende Vernichtung der Menschheit, also unter Anwendung des Armageddon-Arguments, abgeschmettert werden. Eine Vorgehensweise, die auch die Coronaverordnungen demonstrieren.

Die Grundlage des Armageddon-Arguments besteht in seiner Alternativlosigkeit. Es ist in letzter Instanz auch kein Argument, denn es ist nicht verhandelbar, sondern in Wahrheit ein Imperativ, die einzig erlaubte Diskursform im anbrechenden Reich der Göttin TINA (there is no alternative). Ich will deshalb in einen zweiten Schritt nicht mehr vom Armageddon-Argument, sondern vom Armageddon-Imperativ sprechen. Politische Willensbildung und demokratischer Diskurs werden dementsprechend von Schomerus en passant als Murren des Bürgers erledigt. Folgerichtig fragt er: »Warum geht in der Coronakrise, was in der Klimakrise versagt bleibt?« Warum vertraut der Bürger nicht vorbehaltlos den »Interpretationseliten« (Lütjen) und nimmt nicht »massivste Grundrechtseinschränkungen« für die »Bekämpfung der globalen Erwärmung« hin? Wozu benötigt das Volk, der »große Lümmel« (Heinrich Heine), überhaupt Grundrechte? Ob Klimakrise, ob Coronakrise, ob Finanzkrise usw., bitte keine Details, Krise ist schließlich immer – und schuld daran ist auch immer der Kapitalismus. Wer sonst?

Die ideologische Grundlage der Großen Transformation bildet die marxistische und vor allem die spätmarxistische Krisentheorie, wie sie sich seit den Siebzigerjahren als Resultat des Wirkens der Kritischen Theorie und der 68er-Bewegung und durch die Suche der Linken und Linksliberalen nach einem neuen revolutionären Subjekt entwickelt hat, nach dem das Proletariat historisch ausgefallen war. Ein neuer, gesellschaftlicher Mainstream wird nicht müde zu behaupten, dass der Kapitalismus eine Gesellschaftsordnung sei, die grundsätzlich Krisen produziert und alles Schlechte auf der Welt hervorbringt. Sowohl Endegelände-Aktivisten als auch die Bundeskanzlerin verkünden deshalb in seltsamer Einigkeit, wie Sie gesehen haben, dass dieser krisenproduzierende Kapitalismus überwunden werden muss, wenn die Menschheit innerhalb »planetarischer Grenzen« (L.M. Neubauer) – unter dem machen wir es nicht mehr – genesen soll. Dem Germanisten in mir fällt im Übrigen auf, dass in die politische Rhetorik eine kraftmeierische Sprache, eine unpräzise Sprache zurückgekehrt ist, wo alles, was unternommen werden soll, immer die ganze Welt mitdenkt, planetarisch und epochal, ohne Alternative ist und als Rettung vor dem Weltuntergang dient. Krise auf Krise bricht in unser beschauliches Dasein, in das beste Deutschland, das wir je hatten, und Rettung vor der Katastrophe bietet allein das weise und aufopferungsvolle Agieren der Regierung … so lesen wir es täglich.

Gaukelbild Krise

Die Krise haben die Deutschen den Franzosen zu verdanken, zumindest was das Wort betrifft, denn hat es auch seinen Ursprung, wie so ziemlich alles, im Griechischen, wanderte es im 18. Jahrhundert als *crise* aus dem Französischen über den Rhein, behielt noch eine Weile diese Gestalt, bis es zur handfesten deutschen Krise wurde.

Wir brauchen nur dem nachzugehen, was unter dem Allerweltswort Krise in Anwendung auf unsere Gesellschaft in Teilbereichen und als Ganzes zu verstehen ist, dann werden wir wie von selbst darauf stoßen, auf welch wackligem Konstrukt die angebliche Notwendigkeit der Großen Transformation oder des

Great Reset in Wahrheit steht, denn sie wird begründet mit dem Armageddon-Imperativ der Krisen, mit denen der Kapitalismus wie ein Lausbub den hochmoralisch netten Bürger regelmäßig kujoniert, bis dem guten Bürger der Geduldsfaden der Freiheit reißt und er endlich sagt, nun reicht es aber, du ungehobelter Bursche, ich will jetzt eine geordnete Planwirtschaft haben, auch wenn ich dafür Chinesisch lernen muss.

Um Zeit zu sparen, überspringen wir den Blick auf Etymologie und Begriffsgeschichte und wenden uns gleich dem deutschen Philosophen und derzeitigen Lordsiegelbewahrer der Kritischen Theorie, Jürgen Habermas, zu, der den Begriff der Krise, den alle von Neubauer bis Schwab zur Begründung des Systemwechsels benutzen, sozialwissenschaftlich zu fassen versucht. Seit Karl Marx und Friedrich Engels im Kommunistischen Manifest den Gedanken äußerten, dass die Bourgeoisie die Krisen dadurch überwindet, »dass sie allseitigere und gewaltigere Krisen vorbereitet und die Mittel, den Krisen vorzubeugen, vermindert«[40], stellt die Vorstellung, dass der Kapitalismus seine Krisen nur überwindet, indem er Voraussetzungen für die nächste Krise schafft, das Ur-Dogma marxistischer Krisentheorie dar. Daraus ergibt sich der Kurzschluss, dass man den Kapitalismus beseitigen muss, wenn man Krisen vermeiden und ausrotten möchte. Doch stimmt das? Wie stichhaltig ist das Krisen-Argument eigentlich? Dass es inflationär benutzt und durch Armageddon-Imperative approbiert wird, schließlich gelten Krisen inzwischen als menschheitsbedrohend, sagt nichts über den Wahrheitswert, sondern nur über den Wert auf der medial erzeugten Hysterie-Skala aus. Neubauers, aber auch Merkels und Schwabs Krisen-Argument entstammt eindeutig der marxistischen Theorie, auf die ich mit Ihnen einen kurzen Blick werfen will.

Grundlage der Krisentheorie des Spätmarxismus und der Kritischen Theorie, die weiterhin die Stichhaltigkeit dieses Dogmas behaupten, ist die Vorstellung vom »Spätkapitalismus«. Allerdings existiert das Label Spätkapitalismus nur, weil der Marxismus als Spätmarxismus in die Jahre gekommen ist, und wer will im Alter schon allein sein oder gar alt aussehen, weil das Gegenüber, der Kapitalismus, partout nicht zu altern gedenkt. Man könnte spotten und meinen, dass die Krisen den Kapitalismus jung halten. Doch im Ernst: Das Adjektiv »spät« deutet ja immer ein Ende an, ermöglicht erst, sinnvoll über das Folgende, das Morgige nachzudenken, wenn das Heutige bereits vergeht und verweht. Jürgen Habermas stellt gleich im ersten Satz der Studie »Legitimitätsprobleme im Spätkapitalismus« den Zusammenhang her, der geradezu kanonisch daher kommt: »Wer den Ausdruck ›Spätkapitalismus‹ verwendet, stellt die Hypothese auf, dass auch noch im staatlich geregelten Kapitalismus die gesellschaftlichen Entwicklungen ›widerspruchsvoll‹ oder krisenhaft verlaufen.«[41] Diese Vorstellung unterschlägt allerdings die Tatsache, dass der Kapitalismus im Gegensatz zum Sozialismus ein lernendes System ist.

Auch der Soziologe Wolfgang Streeck argumentiert in seiner luziden Studie »Gekaufte Zeit« auf der Grundlage der Krisentheorien der letzten vierzig Jahre und spricht wahlweise entweder nur vom Kapitalismus oder vom demokratischen Kapitalismus, vom Gegenwartskapitalismus oder eben auch vom Spätkapitalismus. Im Gegensatz zu Karl Marx, der eine gestochen scharfe Vorstellung vom Kapitalismus hatte – inwieweit sie vollumfänglich zutrifft, steht auf einem anderen Blatt –, wird im Spätmarxismus der Kapitalismus nur noch als Schimäre wahrgenommen. Doch Streeck »erscheinen alle sozialen Ordnungen als normalerweise fragil und prekär, und unangenehme Überraschungen jederzeit möglich.«[42] Demzufolge wäre die Krise ein steter Begleiter des Menschen und aller menschlichen Ordnungen, also eine soziale Konstante menschlichen Lebens. Wenn Krisen in allen Gesellungen und Gesellschaften des Menschen auftreten, dann würde die Goße Transformation uns nur von einer Krise in die nächste führen. Und Streeck konstatiert das auch: »Jeder Sieg über die Krise wurde über kurz oder lang zum Vorspiel einer neuen Krise ...«[43], was auf die berühmte, bereits zitierte Sentenz im Kommunistischen Manifest anspielt.

Die Vorstellung der Krise als soziale Konstante menschlicher Geschichte, die man nur als Gesellschaftsgeschichte verstehen kann, stellt die Große Transformation aus sich selbst heraus infrage, denn würden Sie einen Sinn darin finden, eine große Krise in Richtung einer womöglich noch größeren Krise zu verlassen? Ich jedenfalls nicht. Schließlich würde das bedeuten, aus Angst vor dem Tod Selbstmord zu begehen. Jürgen Habermas gibt hingegen zu bedenken, dass »nicht alle Strukturwandlungen eines Gesellschaftssystems ... auch schon Krisen« seien. [44] Habermas will zunächst erst von Krisen sprechen, wenn »die Gesellschaftsmitglieder Strukturwandlungen als bestandskritisch *erfahren* und ihre soziale Identität bedroht fühlen ...«[45]

Wagen wir doch einmal das Experiment, die Aussage von Habermas mit der bereits zitierten merkelschen Vorstellung von der Großen Transformation zu konfrontieren. Die Bundeskanzlerin sagte wie bereits zitiert in Davos: »Diese Transformation bedeutet im Grunde, die gesamte Art des Wirtschaftens und des Lebens, wie wir es uns im Industriezeitalter angewöhnt haben, in den nächsten dreißig Jahren zu verlassen – die ersten Schritte sind wir schon gegangen – und zu völlig neuen Wertschöpfungsformen zu kommen ...«[46] Merkels neue Wertschöpfungen erweisen sich bei näherem Hinsehen allerdings als Camouflage, als rechte Tasche, linke Tasche, wobei die linke Tasche ein riesiges Loch ausweist.

Der spezielle Strukturwandel, den das neue Establishment anstrebt, geschieht also nicht, weil Gesellschaftsmitglieder eine Bestandsgefährdung oder eine Identitätsbedrohung, die durchaus real vorhanden ist, nach Habermas erleben, sondern umgekehrt, der spezielle Strukturwandel (Great Reset, Große Transformation, green deal etc.) bedroht die soziale Identität der Gesellschaftsmitglieder, er ergibt sich aber nicht systemimmanent aus dem Kapitalismus, aus der Wirtschaftsentwicklung heraus, sondern er wird willkürlich gesetzt oder politisch erzeugt. Diese Krise hat keine wirtschaftlichen Ursachen, sondern rein politische, sie ist ein politisches Produkt und wird aus politischen Gründen bewusst ausgelöst.

Erinnern wir uns nur daran, dass in Plasbergs Sendung »Hart aber fair« am 8. Juni 2020 Robert Habeck seiner Freude Ausdruck verlieh, wie leicht es ist, Krisen und existenzielle Verwerfungen auszulösen: »Wer hätte gedacht, dass wir die ganze Wirtschaft lahmlegen, weil wir Werte … vor ökonomische Kreisläufe stellen.«[47] Merkels neue Wertschöpfungsketten sind Teil eines Gesellschaftsexperiments. Um es an Beispielen zu verdeutlichen: Weder die Abschaffung des Diesels noch das angestrebte Verbot von Fahrzeugen mit Diesel- oder Benzinmotoren oder der erzwungene Umstieg auf die E-Mobilität oder das angestrebte Verbot des Autoverkehrs innerhalb von Innenstädten wie in Berlin sind im Marx'schen oder Habermas'schen Sinne Krisen, sondern sie sind Verwerfungen, die aufgrund ideologischer Überzeugungen künstlich erst hervorgerufen werden. Man kann natürlich Häuser abreißen und dafür Zelte errichten. Was hier geschieht, ist eben kein Strukturwandel aufgrund wirtschaftlicher Krisen, sondern Sozialalchemie.

Nun ist historisch gesehen Sozialalchemie weder ein Markenzeichen der klassischen Liberalen, schon gar nicht der Konservativen, sondern der Linken. Indem aber Angela Merkel durch die Taktik der asymmetrischen Demobilisierung, durch die der politische Gegner gelähmt werden soll, weil man seine Inhalte übernimmt, die CDU politisch ins Mitte-Links-Feld geführt hat, stellte sich dadurch gesellschaftlich betrachtet ein neues Bündnis her – und das hat es in sich, weil es vielen, die noch an alte Frontstellungen, beispielsweise CDU versus Linke, glauben, verborgen bleibt – und das ist gewollt. Zeit, den Schleier von einer völlig neuen politischen Konstellation zu lüften.

Ich will der Einfachheit halber zur Orientierung an dieser Stelle das obsolete Rechts-Links-Schema noch benutzen. Die ehemals Mitte-Rechts-Partei CDU, die unter Angela Merkel zur Mitte-Links-Partei geworden ist, kann deshalb inhaltlich inzwischen problemlos mit allen linken Parteien koalieren, mit den Kommunisten der Partei der Linken, den Sozialdemokraten und den Grünen. Während ich die Grünen und einen Teil der Sozialdemokraten unter dem zugegeben schwammigen Begriff der Linksliberalen zusammenfassen werde, werde ich den anderen Teil der Sozialdemokraten und die Politiker der Linkspartei im Weiteren als Linke ansprechen. Linke und Linksliberale unterscheiden sich in zwei Hinsichten, erstens wie radikal und wie weitgehend der Ansatz der Enteignung und Verstaatlichung geht, und zweitens wie diktatorisch die Gemeinwohlregierung bzw. der neue Wohlfahrtsausschuss durchregieren darf und wie er überhaupt zustande kommt, durch Wahl, durch Akklamation, durch Los, was nur eine euphemistische Bezeichnung für ein politisches Hütchenspiel ist, und dadurch, wer überhaupt wählen und wer gewählt werden darf, Stichwort Quotierung.

Weil eine Zusammenarbeit der Partei der Linken und der CDU längst informell wie in Thüringen stattfindet, beschreibt der Begriff neues Establishment oder Neue Herrschaft, den ich hier für das neue Bündnis einführe, die Zusammenarbeit im Mitte-Links-Spektrum, das Bündnis zwischen Linken, Linksliberalen, Christdemokraten mit den Akteuren der Kultur- und Medienindustrie und der Finanzwirtschaft.

Die politischen Vertreter der Finanzindustrie werden zur Unterscheidung von den Neoliberalen im Weiteren Ultraliberale genannt. Während der klassische Liberalismus vor allem die Frage der Freiheit in den Mittelpunkt stellte, verbanden die Neoliberalen die Freiheit mit der Ökonomie und zeigten, dass die bürgerliche Freiheit, dass die Bürgerrechte im wirtschaftlichen Bereich einen freien Markt benötigten, und entwickelten in Deutschland das Konzept der sozialen Marktwirtschaft. Die Vertreter der Hochfinanz, der Wall Street, die geistigen Väter von Bill Clintons Wirtschaftspolitik und der Finanzialisierung haben mit den eigentlichen Neoliberalen, mit Rüstow, mit Eucken und Röpke wenig gemein, deshalb unterscheide ich die Neoliberalen und die Ultraliberalen.

Möglich, dass es Sie zunächst verblüffen wird, aber der Witz ist, dass der Strukturwandel nur die äußere Form der Veränderung der Verteilungsverhältnisse darstellt, die von der Neuen Herrschaft aus Profitmaximierungsinteressen unter gewaltigem medialem, wenn man so will, pädagogischem Aufwand vorangetrieben wird – und es sagt einiges über die Neue Herrschaft aus, dass die Linken dieses Profitmaximierungsinteresse übersehen. Es funktioniert deshalb so gut und effektiv, weil es allen Mythen und Wahrnehmungstraditionen widerspricht, dass die Linken ihr soziales Image für eine asoziale Politik hergeben, weil sie in der identitätspolitischen Falle sitzen, seitdem ihr revolutionäres Subjekt nicht mehr die Arbeiterklasse, sondern die LGBTQ-Community und andere Minderheiten sind.

Die Philosophin Nancy Fraser hat diesen Verlust von marxistischer Seite klar erkannt: »In jedem Fall verbündeten sich die hegemonialen Strömungen emanzipatorischer Bewegungen (wie Feminismus, Antirassismus, Multikulturalismus und LGBTQ-Rechte) ... mit neoliberalen Kräften *(die ich ultraliberal nenne – der Verf.)*, die darauf abzielten, die kapitalistische Wirtschaft zu finanzialisieren, insbesondere die dynamischsten, zukunftsorientierten und globalisierten Kapitalsektoren (wie Hollywood, IT und die Finanz) ... In diesem Fall benutzten die Sektoren des ›kognitiven Kapitalismus‹ Ideale wie Vielfalt und Ermächtigung, um eine Politik aufzuhübschen, die die Industrieproduktion und das einstige Leben der Mittelschicht verwüstete ... sie benutzte das Charisma ihrer progressiven Bündnispartner, um eine Fassade der Emanzipation über ihrem eigenen regressiven Projekt der massiven Umverteilung nach oben auszubreiten.«[48]

Wie dieses Bündnis in der Praxis funktionieren kann, dazu unterbreiten Schwab und Malleret einen Vorschlag: »Eine Gruppe grüner Aktivisten könnte vor einem Kohlekraftwerk demonstrieren, um eine strikte Durchsetzung der Umweltbestimmungen zu fordern, während eine Gruppe von Investoren im Sitzungssaal dasselbe tut, indem sie dem Werk den Zugang zu Kapital entzieht.«[49]

Man muss diese Vorstellung nur vom Kopf auf die Füße stellen, um zu begreifen, wie der Great Reset vor sich geht. Schwabs Gruppe von Investoren entschließt sich, ein Geschäft mit grünen Anlagen zu machen, und zieht deshalb die Investitionen aus einem Kohlekraftwerk zurück, gleichzeitig spendet man an Umweltaktivisten, die dann – gut finanziert – die entsprechenden Proteste inszenieren – und den Deal der Investoren umstrahlt ein philanthropischer Heiligenschein.

Auszubaden haben diese Weltrettungsaktion weder die Investoren noch die Umweltaktivisten, oft Kinder gutbetuchter Eltern, für die das Wort Lebensunterhalt ein Fremdwort ist, auszubaden haben dieses Geschäft die Mittel- und die Unterschicht, für die steigende Energiepreise ein Problem darstellen. Aber es ist eine selten ausgesprochene, dafür aber um so wahrere Erfahrung: Der Kampf für die Hungernden wird von den Satten geführt, nicht damit die Hungernden satt werden, sondern damit die Satten satt bleiben.

Die Amnesie der Linken hinsichtlich der sozialen Frage ist so vollkommen, dass die marxistische Philosophin Rahel Jaeggi im Gespräch mit Nancy Fraser eingesteht, dass sie daran zweifelt, »dass wir jetzt einfach zur sozialen Frage ›zurückkehren‹ können.«[50] Versteckt hinter radikalen Enteignungsaufrufen betreiben die Linken eine regressive Politik. Sie sehen nicht mehr

den Arbeiter, nicht den Handwerker, nicht den kleinen Gewerbetreibenden, die Bauern und das Dorf waren ihnen von jeher ein
Gräuel. Stattdessen gingen sie den französischen Philosophen
Michel Foucault, Jacques Derrida und Louis Althusser und der
Theoretikerin des Genderismus, Judith Butler, auf dem Leim,
weil ihre Funktionäre wie die der Grünen, wie die der CDU inzwischen den gleichen großstädtischen Eliten entstammen und
im Studium das gleiche politikwissenschaftliche Seminar be-
sucht haben, ganz gleich, wie der Professor hieß.

Wie weit die Linke von der sozialen Frage entfernt ist, verdeutlicht Judith Butler, die beispielsweise den Klassenkampf durch
den Geschlechterkampf ersetzte. Die homosexuelle Theoretikerin geht von der These aus, dass die Gesellschaft zwangshetero-
sexualisiert worden ist. Um dieses Theorem zu begründen, behauptet sie faktenbereinigt, dass das Geschlecht keine biologische
Tatsache, sondern eine gesellschaftliche Konstruktion ist, die der
Zwangsheterosexualisierung dient. Da eine allgemeine Homo-
sexualisierung gesellschaftlich nicht durchzusetzen ist, verfällt
Butler auf die Partisanenmethode der »Geschlechter-Verwir-
rung«, zu der sie »anstiften« will.[51] Die »Zwangsheterosexualität«
soll laut Butler aufgelöst werden, indem die Geschlechteridentität
aufgehoben wird durch die Etablierung einer Vielzahl von Geschlechtern.

Zum strategischen Mittel in diesem Kampf gehört die Umgestaltung der Sprache durch die Einführung einer gendersensiblen Sprache und die Veränderung und Zerstörung von Texten
durch die Veränderung der Texte. Schon Michel Foucault hatte
postuliert: »Der Diskurs befördert und produziert Macht; er verstärkt sie, aber er unterminiert sie auch, er setzt sie aufs Spiel,
macht sie zerbrechlich und aufhaltsam.«[52] Den Diskurs umzu-
funktionieren, gegen die Macht zu richten, eine Gegenmacht zu
etablieren, inspiriert diese Vorstellung, die Judith Butler und die
Vertreter einer »gerechten« oder »gendersensiblen« Sprache ver-

folgen. Um was es hierbei tatsächlich geht, wird kaum verhohlen: »Die kulturelle Konfiguration von Geschlecht und Geschlechtsidentität könnte sich vermehren, oder besser formuliert: ihre gegenwärtige Vervielfältigung könnte sich in den Diskursen, die das intelligible Kulturleben stiften, artikulieren, indem man die Geschlechterbinarität in Verwirrung bringt und ihre grundlegende Unnatürlichkeit enthüllt. Welche anderen lokalen Strategien, die das ›Unnatürliche‹ ins Spiel bringen, könnten zur Ent-Naturalisierung der Geschlechtsidentität als solcher führen?«[53]

Das ist deutlich: es geht nicht um die queere Vielfalt, sondern die queere Vielfalt ist nur das Mittel, um die Geschlechterbinarität der Heterosexualität aufzulösen, quasi zu verdünnen. Heterosexualität wird als *unnatürlich* bezeichnet. Die Liebe zwischen Mann und Frau, die Gründung einer Familie, die Zeugung von Kindern gelten Butler als unnatürlich, das, was in der gesamten Natur vorkommt, denunziert sie als unnatürlich, weil sie die Diffamierung der Homosexualität als unnatürlich umdreht und nun auf die Heterosexualität anwendet. Mutterschaft gilt ihr als Mittel der Unterdrückung. Butler will »jenen Angst machen, die deren konventionelle Grenzen verteidigen wollen«.[54]

So bleibt Nancy Fraser nur zu konstatieren, dass genau diese »Strömungen emanzipatorischer Bewegungen in einen direkten Gegensatz zu Menschen«, zu »Verfechtern altmodischer Familienwerte und Lebenswelten« stehen, die aber doch die wichtigsten Verbündeten der Linken sein sollten und könnten.[55] Was für ein Budenzauber, was für eine mediale Inszenierung von Gender und 666 Geschlechtern, von Postnationalismus und von Postkolonialismus, von Konstruktivismus und Dekonstruktivismus, von Identitätspolitik, positiver Diskriminierung und Black Lives Matter, hinter der die alte, unschicke soziale Frage verschwindet, und nicht nur sie, sondern der eigentliche Zweck, die Profitmaximierung, erhielt durch all diese Masken die perfekte Tarnung.

Verstehen Sie mich nicht falsch, Profitmaximierung ist an sich nichts Schlechtes, wenn sie sich mit wirtschaftlichen Mitteln über den freien Markt im Wettbewerb vollzieht und nicht, wie es die Neue Herrschaft betreibt, mit administrativen Mitteln künstlich politisch hergestellt wird. Wenn Sie nach einem Beispiel dafür suchen, brauchen Sie nur einen Blick auf die schamlose Umverteilung, die über den Energiepreis im Rahmen des EEG geschieht, werfen. Steigende Energiepreise treffen alle Bürger und besonders die Unter- und die Mittelschicht und schaffen eine Klasse von EEG-Millionären. Gegen diese staatlich durchgesetzte Profitmaximierung hat die Linke nichts einzuwenden, obwohl Energie einen Teil der sozialen Frage bestimmt, denn sie versteckt sich hinter dem Armageddon-Imperativ der Klima-Krise.

Als hätte Jürgen Habermas in den Siebzigerjahren bereits einen Blick auf unsere Zeit werfen können, auf die Praxis der Themenlenkung und des Framings der Medien für die Apologetik der Großen Transformation, diagnostizierte er bereits 1972: »Die legitimationswirksam hergestellte Öffentlichkeit hat vor allem die Funktion, die Aufmerksamkeit durch Themenbereiche zu strukturieren, d.h. andere Themen, Probleme und Argumente unter die Aufmerksamkeitsschwelle herunterzuspielen und dadurch der Meinungsbildung zu entziehen. Das politische System übernimmt Aufgaben der Ideologieplanung.«[56] Verändert hat sich nur, dass sich inzwischen ein informeller politisch-medial-kultureller Komplex als tragender Teil der Neuen Herrschaft herausgebildet hat, der die Große Transformation vorantreibt und die Öffentlichkeit nach der Maxime zu manipulieren sucht: Es existiert nur das, worüber ich berichte, und auch nur in der Art, wie ich darüber berichte.[57]

Die Frage lautet allerdings, ob die Neue Herrschaft Treiber oder Getriebene der Großen Transformation ist. Oder einfacher gefragt: Ist der voluminöse Begriff Große Transformation nicht auch die berühmte Flucht nach vorn, nachdem die Linke und der Linksliberalismus – zumal in Deutschland – die Voraussetzungen aufgelöst haben, aus denen heraus sie leben. Die Linken und der Linksliberalismus benötigen als Lebenselixier im Kapitalismus die Spannung zur Herrschaft, doch diese fällt, da sie die Macht und die Deutungshoheit erobert haben, weg. Sie leben in dem Paradoxon, zugleich Regierung und Opposition, zugleich Täter und Opfer, zugleich autoritärer Herrscher und antiautoritärer Kritiker zu sein. Wäre die Große Transformation eine Fluchtbewegung der Neuen Herrschaft, weil sie ihre Identität verloren hat, dann allerdings hätten wir es mit keiner Krise des Systems, sondern mit einer Krise der Neuen Herrschaft zu tun, die vor den Folgen ihrer Politik und Ideologie in eine noch abenteuerlichere Politik und Ideologie flieht.

Es existieren also gute Gründe, nicht von einer Systemkrise, sondern von einer Staatskrise, von einer Machtkrise der Neuen Herrschaft zu sprechen, die nur progressiv gelöst werden kann, wenn die politische Herrschaft auf der Grundlage des Systems und im Einklang mit ihm, also loyal, reformiert wird, oder wenn das System reaktionär durch den Systemwechsel, durch die Transformation, weil es Macht und Herrschaft bedroht, also illoyal beseitigt oder eben transformiert wird.

Jürgen Habermas und mit ihm die Linksliberalen wussten also, was sie im Historikerstreit und in ihrer spezifischen Art der Erringung der Deutungshoheit taten, wenn er Anfang der Siebzigerjahre bereits schrieb: »In der Geschichtsschreibung gilt ein Traditionsbruch, mit dem identitätsverbürgende Deutungssysteme ihre sozial-integrative Kraft einbüßen, als Indikator für den Zusammenbruch sozialer Systeme. In dieser Perspektive hat eine Gesellschaft ihre Identität verloren, sobald sich die Nachgeborenen in der einst konstitutiven Überlieferung nicht mehr wiedererkennen.«[58] Umgekehrt gilt dann auch: Wenn die »Deutungssysteme« im Bestreben, einen Traditionsbruch herbeizuführen, eine neue Überlieferung zu konstituieren versuchen, dann lösen sie damit eine Identitätskrise aus.

Die Neue Herrschaft bringt diese Identitätskrise hervor, weil sie glaubt, technokratisch per ordre de mufti die deutsche Identität in eine sicher immer mehr ausdifferenzierende Polyidentität auflösen zu können. Ideologien wie Postkolonialismus und Antirassismus dienen dazu, eine Identitätsverwirrung zu provozieren, die zur Auflösung des Deutschen führt. Yasha Mounk, einer der Agitatoren dieser Ideologie, nannte in den Tagesthemen der ARD die Identitätszerstörung »ein historisch einzigartiges Experiment, das darin besteht, eine monoethnische und monokulturelle Demokratie in eine multiethnische zu verwandeln«, bei der es »natürlich zu vielen Verwerfungen« kommen würde. Dieses »Experiment« entpuppt sich als ein Tyrannis-Projekt der Neuen Herrschaft, dem vollständig die demokratische Legitimation fehlt, denn dieses Experiment wurde nicht dem Souverän zur Diskussion gestellt, weder im Bundestag noch in der Öffentlichkeit, im Gegenteil, dieses Projekt, bei dem es »natürlich zu vielen Verwerfungen« kommen wird, setzt die Neue Herrschaft diktatorisch durch. Die Bundeskanzlerin spricht in Davos von gigantischen Veränderungen, die von der Bundesregierung eingeleitet worden sind und die unser Leben vollkommen verändern, mit dem Souverän, dessen Angestellte sie ist, hat sie darüber noch nicht das Gespräch gesucht. Praktisch stellt die Neue Herrschaft dadurch die Legitimität ihrer Herrschaft infrage. In Wahrheit haben wir es, wie wir gesehen haben, mit einer Legitimationskrise der Neuen Herrschaft zu tun, die zu einem Treiber der Staatskrise wird, und eben nicht mit einer Krise des Spätkapitalismus, wie von der Neuen Herrschaft behauptet wird.

Es sind also die Eliten, die aufgrund ihrer Befangenheit in ihrer Ideologie mithilfe der Krisentheorie, der unaufhörlichen Ausrufung von Krisen, die stets als Krisen des Kapitalismus hingestellt werden, die Auflösung des Staates und übrigens auch der

Gesellschaft vorantreiben. Das viel beschworene WIR ist nur das WIR gegen DIE. Die Marxistin Nancy Fraser bringt das – freilich auf den Kopf gestellt – mit der Formulierung auf den Punkt, »dass wir in den Wehen einer epochalen Krise des Kapitalismus leben, weshalb wir heute das dringende Bedürfnis nach einer Rekonstruktion von Krisentheorien haben.«[59] Um einen Satz von Karl Marx zu benutzen, müssen wir Frasers Satz nur vom Kopf auf die Füße stellen, um zu verstehen, was wirklich geschieht: dass in Wahrheit die Rekonstruktion von Krisentheorien benötigt wird, um eine »epochale Krise des Kapitalismus« zu halluzinieren – auch hier schwingt das Armageddon-Argument im Attribut epochal mit. Die propagierte Vorstellung der Krankheit gibt die Krankheit, nicht die Krankheit selbst. Wir leiden nicht an dem, was ist, sondern an dem, was uns gesagt wird, was sein soll.

Die Große Transformation stellt eben nicht die Antwort auf die Krisen und die Krisenanfälligkeit des Kapitalismus dar, der aus diesem Grunde eben auf die eine oder andere Art zu überwinden wäre, die im Stile von Schauermärchen als allgemeingefährlich, siehe »Klimakrise«, ausgemalt werden, im Gegenteil, die Große Transformation ist ein Projekt zur vollständigen Veränderung der Gesellschaft und erzeugt erst die Krisen, die sie als Grund für die Notwendigkeit der Transformation vorgibt. Ich denke, es wurde deutlich, dass die Große Transformation zu einem Teil von dem Bestreben der Neuen Herrschaft getrieben wird, ihre Legitimationskrise zu lösen, und zum anderen Teil, um die Profitmaximierung bestimmter Wirtschaftssektoren auf administrativem Weg zu betreiben. Eher geht der Staat zugrunde als die Neue Herrschaft. Bevor wir uns dem zweiten Krisentyp, der Verteilungskrise, zuwenden, werfen wir einen kurzen Blick auf das, was momentan als Krise gilt.

Krisen als Religionsersatz

Die Migrationskrise und die Finanzkrise sind folgerichtig keine Krisen des Kapitalismus, auch nicht des »Spätkapitalismus«, es sind selbst gemachte Krisen des Establishments, die eine aus Ideologie, die andere aus Gier, wobei jeder Ideologie auch eine Gier zugrunde liegt, die Gier, sich erhabene Gefühle zu verschaffen und sie der eigenen Gesinnung anzupassen – und beide schließlich aus der Sorge vor dem Verlust der Macht. Die dritte im Bunde, die Klimakrise, könnte man frei nach Karl Marx als Opium der Bürger bezeichnen, als eine creatio ex nihilo. Für die Klimaideologie gilt, was Karl Marx über die Religion schreibt, zumal diese Ideologie den Status einer Ersatzreligion mit eigener Kirche und Strömen von Schwärmern erreicht hat, wenn er schreibt, dass sie »die allgemeine Theorie dieser Welt, ihr enzyklopädisches Kompendium, ihre Logik in populärer Form, ihr spiritualistischer Point-d'honneur, ihr Enthusiasmus, ihre moralische Sanktion … ihr allgemeiner Trost- und Rechtfertigungsgrund«[60] und durch alles und in allem ihr rundum gutes Gefühl ist, die Gerechtigkeit für einen selbst, in einem Wort das verführerische Werk der Selbstgerechtigkeit ermöglicht. Vor allem ist sie falsches Bewusstsein, umso mehr, als dass sie mit Schreckensmiene in der Art mittelalterlicher Bußprediger vorgetragen wird, um einen neuen Ablasshandel in Schwung zu bringen, an dem kräftig verdient wird.

Bei näherem Hinsehen erweist sich die »Klimakrise« als religiöse Initiative zur Profitmaximierung, die nach den mittelalterlichen Regularien des Ablasshandels verläuft und auf der Werkgerechtigkeit fußt, wenn man an die von mir schon benannten EEG-Millionäre oder an den Green Deal der EU denkt, der ein Konjunkturprogramm für die Finanzindustrie darstellt. Werkgerechtigkeit geht übrigens davon aus, dass jeder Mensch ein guter Mensch sein möchte, und nutzt die aristotelische Grundüberzeugung, wie sie sich in der Nikomachischen Ethik findet, dass der Mensch gut wird durch gutes Tun, durch das Tun guter Werke. Ideologien als Religionsersatz wie die Willkommenskultur als Fassade der Migrationskrise oder die Klimarettung als vermeintlicher Ausweg aus der imaginierten Klimakrise, die allesamt keine systemischen Krisen des Kapitalismus sind, zielen auf das Rechtfertigungsbedürfnis des Menschen, nun nicht mehr vor Gott, sondern vor sich selbst, denn das Selbst des Menschen ist ihm sein eigentlicher und wahrer Gott geworden, seitdem Nietzsche Gottes Tod verkündet hatte. Der Mensch des späten 20. und des beginnenden 21. Jahrhunderts steht beständig vor seinem Thron, auf den sich zu setzen er letztendlich doch nicht vermag, sodass er der Bestätigung bedarf, dass er dieses Thrones würdig sei und es für ihn grundsätzlich möglich wäre, auf ihm Platz zu nehmen.

Martin Luther hat hingegen in den Ablassthesen gezeigt, dass nicht der Mensch, der Gutes tut, gut wird, sondern dass der gute Mensch Gutes tut wie der schlechte Schlechtes. Es bedarf also keines Ablasshandels, als den man in seiner modernen Form Willkommenskultur und Klimarettung sehen muss, um gut zu werden – im Gegenteil.

Was in der Klimaideologie, deren Kernbestandteil die Klimakrise ist, als wissenschaftlich ausgegeben wird, hält der Überprüfung oft nicht stand. Im Jahr 2007 hat die ARD entlarvt, dass der Weltklimarat IPCC keine wissenschaftliche, sondern eine politische oder ideologische Einrichtung ist, die gegründet wurde, um eine bestimmte Politik durchzusetzen.[61] Der britische Wissenschaftsjournalist Nigel Calder sagte über den IPCC: »Es ist ein regierungsübergreifender Arbeitskreis mit Bürokraten und einer klaren politischen Absicht. Einige der Bürokraten sind Wissenschaftler, und sie greifen auf die allgemeinen Forschungserkenntnisse zurück – aber sie wählen aus, wen sie heranziehen wollen, und stellen dabei sicher, daß die meisten von ihnen dasselbe Lied singen.« Der IPCC sei »von Anfang an genau zu dem Zweck gegründet worden, zu beweisen, dass der Mensch das Klima schädigt«.[62]

Der Forscher Henrik Svensmark machte deutlich, dass es politischer Wille ist, das CO_2 und damit letztlich den Menschen als Verursacher des Klimawandels darzustellen: »Die IPCC sollte die Rolle der Sonne in ihren Berichten berücksichtigen und damit die Grundlage ihrer Aussagen ändern. Aber genau das passiert nicht.«[63] Der renommierte Wirtschaftswissenschaftler Richard S. J. Tol, der Professor am Department of Economics der Universität von Sussex, Vereinigtes Königreich ist und darüber hinaus eine Professur zur Ökonomie des Klimawandels am Institut für Umweltstudien der Vrije Universiteit Amsterdam innehat, schätzte ein: »Das IPCC ist momentan ziemlich grün geprägt und durch die Jahre grüner geworden. Leute wie ich, mit einer wissenschaftlichen Meinung, wie ich sie habe, werden draußen gelassen … weil wir dieselbe Literatur anders zusammenfassen würden. Und mehr betonen, dass die Klimapolitik auch ein Problem ist, und wenn wir zu schnell zu viel machen, dass das dann ganz teuer wird.«[64]

Natürlich unterstützt die Mehrheit der Wissenschaftler die Vorstellung vom menschengemachten Klimawandel, wenn man nur die Wissenschaftler in den offiziellen Berichten des IPCC zulässt, die eben die politische Absicht des IPCC unterstützen. Zudem ist selbst bei dieser Mehrheit die Frage, ob alle die Behauptung vom menschengemachten Klimawandel in den vom IPCC verkündeten apokalyptischen Ausmaß teilen und nicht nur vom Anteil des Menschen am Klimawandel sprechen, den niemand infrage stellt. Zudem gehören zu der Mehrheit der Wissenschaftler diejenigen, die das Füllhorn der Klimaapokalyptiker für ihre Detailforschungen nutzen wollen, die letztlich die These vom entscheidend vom Menschen verursachten Klimawandel aber nicht einmal tangieren, aber in der Auflistung der Wissenschaftler erscheinen.

Diejenigen, die immer gegen Vereinfachung sprechen und die Komplexität hochhalten, Vereinfachung als ein Charakteristikum des Populismus klassifizieren, werden selbst zu Populisten, wenn sie sogar verfälschend vereinfachen. Dass der Klimawandel stattfindet, dass dieses hochkomplexe System, das wir Klima nennen, beständig in Bewegung ist, akzeptieren alle. Klimaleugner, ein Ausdruck, den Klimapopulisten für ihre Kritiker benutzen, existieren nicht, von Klimaleugnern zu sprechen, bedeutet im Kern nur, an einer Verschwörungstheorie zu stricken. So wie in der Geschichte der Verschwörungstheorien die Konstruktion einer illuminatischen, dann einer freimaurerischen, dann einer bolschewistischen Weltverschwörung für die Durchsetzung politischer und wirtschaftlicher Ziele ersonnen wurden, so erleben wir gegenwärtig, wie die Verschwörungstheorie von den Klimaleugnern zur Verschwörungstheorie von den Coronaleugnern mutiert.

Um es klar zu formulieren – und hier setzt meine Kritik an –, das Klima ist beständig im Wandel, und auch der Mensch hat daran seinen Anteil, der wissenschaftliche Streit, der offen geführt werden müsste, dreht sich darum, wie groß der Anteil am Klimawandel ist und was das überhaupt bedeutet. Denn die Katastrophenszenarien werden durch mathematische Modelle begründet, doch kommt aus dem mathematischen Modell nur das heraus, was man auch eingibt. Sie sind scheinobjektiv. Klimaapokalyptik und Bedeutungssteigerung des IPCC oder des Potsdamer Instituts für Klimafolgenforschung sind selbstreferenzielle Systeme zur eigenen Bedeutungssteigerung.

Noch im Jahr 2011 konnte man in der WELT lesen: »Die Ergebnisse der Forscher, die wissenschaftliche Arbeiten über die Auswirkungen der Sonne und der Strahlungen aus dem Weltall auf unser Klima beinhalten, aber werden weitgehend totgeschwiegen. Damit können die Politiker nichts anfangen. Das würde bedeuten, dass die Flut von Gesetzen, mit denen die Bürger zu immer neuen Abgaben und Steuern gezwungen werden, um die Welt zu retten, nicht mehr zu rechtfertigen wäre.«[65]

Die kritischen Stimmen, die ich eben zitiert habe, stellen bestimmt keine Ausnahmen dar. Ich weiß nicht, ob es Ihnen aufgefallen ist, aber Sie können es leicht selbst via Google nachprüfen, dass Sie vor 2012 in den Medien noch kritische Artikel zur Klimaapokalyptik finden konnten, doch seitdem sind sie dort, sieht man von wenigen Ausnahmen ab, verschwunden. Flächendeckend wird uns nach Art des Armageddon-Imperativs der sichere Untergang vorausgesagt, wenn wir jetzt nicht sofort handeln, mit dem Autofahren aufhören oder das Kinderkriegen sein lassen, denn Kinder haben eine sehr schlechte CO_2-Bilanz. Der Grund für die einseitige Berichterstattung liegt nicht darin, dass wissenschaftliche Fortschritte die Thesen der Klimaapokalyptiker erhärtet hätten, sondern darin, dass auch wissenschaftliche Kritiker von der Neuen Herrschaft in der öffentlichen Wahrnehmung marginalisiert und zudem diffamiert worden sind, beispielsweise durch den Begriff »Klimaleugner«.

Hand aufs Herz, kennen Sie jemanden, der das Vorhandensein des Klimas leugnet? Ich nicht. Wenn die Hypothesen vom menschengemachten Klimawandel über jeden Zweifel erhaben wären, bedürfte es dieser Beschimpfung nicht, denn man könnte sie einfach beweisen. Doch das gelingt eben nicht, denn andernfalls müsste man nicht stets und ständig das unwissenschaftliche Argument bemühen, dass die Mehrheit der Wissenschaftler der These vom menschengemachten Klimawandel zustimmen würde. Im Jahr 1931 erschien die Broschüre »Hundert Autoren gegen Einstein«, die der Physiker mit den Worten kommentierte: »Hätte ich unrecht, würde ein einziger Autor genügen, um mich zu widerlegen.« Es genügt ein einziger Wissenschaftler, der die Behauptungen der Klimaideologen zweifelsfrei belegen kann. Wirft man einen genaueren Blick auf die Berichte des Weltklimarates, zeigt sich selbst hier ein äußerst differenziertes Bild der Mehrheit der Wissenschaftler.

Wenn Sie die Gründe erfahren wollen, weshalb eine Hypothese zum Dogma erhoben wurde, das immer wieder zur Begründung für die Notwendigkeit der Großen Transformation oder des Great Reset herangezogen wird, empfiehlt es sich, einen Blick auf den Siegeszug dieser Hypothese und auf die Kräfte zu werfen, die der Klimaideologie zum Durchbruch verholfen haben, vor allem, wer welchen Nutzen daraus zieht.

Als ich vor ein paar Wochen den Spielfilm »Wall Street. Geld schläft nicht« wieder einmal sah, überraschte mich eine Aussage, die ich nicht wahrgenommen hatte, als ich den Film das erste Mal im Kino im November 2010 gesehen hatte. Am Ende des Oliver-Stone-Films, der von der großen Weltfinanzkrise von 2007/08 handelt, kündigt der Börsenspekulant Gordon Gekko, nachdem die Immobilienblase geplatzt ist, an, dass »grün« die nächste Blase wäre, in die man unbedingt investieren müsse. Die Kunst besteht eben nur darin, kurz vor dem Platzen der Blase auszusteigen, damit man wie beim Pilotenspiel die Gewinne mitnimmt und die Verluste den anderen überlässt. Die »anderen« sind übrigens die Kleinanleger und Steuerzahler. Die Filmfigur sollte recht behalten, denn in der Tat sind grüne Finanzprodukte die neue Blase. So sehr kann sich die Erde gar nicht erhitzen, wie diese Megablase bereits angeheizt worden ist. Sicher ist, dass auch sie platzen wird, und gemessen an der Größe der Blase wird es gehörig rumsen, wenn sie platzt – und platzen wird sie, darauf können Sie wetten. Verglichen mit dem Megabeben, das ihr Crash auslösen wird, war die Weltfinanzkrise von 2007/08 ein Bebchen.

Folgen wir den Spuren. Begonnen hat das Finanzprojekt Klimakatastrophe im Jahr 2006, als Clintons Vizepräsident von 1993 bis 2001, Al Gore, den Dokumentarfilm »An Inconvenient Truth« veröffentlichte, der von Treibhausgasen und der Erderwärmung handelt, und das Climate Reality Project gründete, in dem er weltweit Menschen befähigen wollte, seine klimapolitischen Vorstellungen als ›Climate Leader‹ zu propagieren. 2007 startete er eine Konzertreihe unter dem Titel Live Earth. Mit den Konzerten beabsichtigte Al Gore, vor der Klimaerwärmung zu warnen und seine Umweltbewegung Save Our Selves (SOS) zu promoten. Seit 2004 ist Al Gore Vorsitzender der Investmentfirma Generation Investment Management. Auf Wikipedia findet man folgende interessante Details zu Gores Aktivitäten: »Gore ist Gründer und Vorstand der *Alliance for Climate Protection*, von *Generation Investment Management, Current TV* sowie Mitglied des Aufsichtsrats von *Apple* sowie ein hochrangiger Berater von *Google* ... zudem Partner des Investmentfonds *Kleiner Perkins Caufield & Byers* (KPCB) und leitet die Klimawandelabteilung der Firma ... Im Zusammenhang mit seinem Engagement bei KPCB wurden im April 2009 bei einer Anhörung des Kongresses mögliche Interessenkonflikte thematisiert. So fragte die republikanische Abgeordnete Marsha Blackburn, inwieweit Gore über seine Beteiligungen von einer verschärften Klimagesetzgebung persönliche Vorteile hätte. Die Kontroverse wurde nicht weiter öffentlich beachtet, bis im November 2009 bekannt wurde, dass KPCB indirekt einen Staatsauftrag von 560 Millionen Dollar erhalten hatte. Gores Investmentfonds GIM besaß 10 % der Anteile an der *Chicago Climate Exchange*, der amerikanischen Terminbörse für den *Emissionsrechtehandel* und dieser wiederum die Hälfte der *European Climate Exchange*.«[66]

Öffentlich diskutiert wird darüber nur wenig: Warum sollten diese Kräfte auch für eine öffentliche Beachtung der Kontroverse über Al Gores »mögliche Interessenkonflikte« sorgen? Der Steueranwalt Ansgar Neuhoff ermittelte, dass hinter der »Geldsammelstelle für Fridays for future & Co ... der amerikanische »Geldadel« stünde, so »zum Beispiel Rory Kennedy, Tochter von Robert Kennedy, oder Aileen Getty, Enkel des Öl-Tycoons Joan Paul Getty, der einmal als reichster Mann Amerikas galt. Mitbegründer und Leiter des Climate Emergency Fund ist Trevor

Neilson. Er ist auch Geschäftsführer und zusammen mit Howard Buffett, dem Enkel des Multi-Milliardärs Warren Buffett, Mitbegründer von i(x) investments, einer Investmentholding mit Schwerpunkt unter anderem auf erneuerbare Energien und carbon to value-Wirtschaft (= Wiederverwendung von Kohlenstoff in werthaltigen Produkten).«[67] Neuhoff fügte hinzu, dass Neilson der Global Business Coalition vorstand, die mit Geldern von Bill Gates, George Soros und Ted Turner gegründet wurde. Zudem würde Neilson für die Lobby- und Kampagnenorganisation »One« arbeiten, deren Jugendbotschafterin Luisa Neubauer ist.

Neuhoff recherchierte weiter, dass »der Großteil der 2019 bisher an XR (Extinction Rebellion – der Verfasser) gezahlten Gelder … vom Milliardärs-Club Climate Emergency Fund, von der Stiftung des englischen Hedgefonds The Childrens Investment Fund« stamme. Im Oktober 2009 wurde die Climate Policy Initiative als »die politische Schwester der Climate Bonds Initiative« von Multimilliardär George Soros mit einem Startkapital von 100 Millionen Dollar gegründet, der in »grüne« Energien investiert und sich für die CO_2-Steuer einsetzt. Irgendwie müssen die Investitionen refinanziert werden – und zwar von Ihnen.[68] Die Liste der Fonds, Lobbyorganisationen, Klimainitiativen und Investmentfirmen würde Seiten füllen und die Namen der Aushängeschilder der Klimabewegung und der Hochfinanz vereinen.

Nach dem Platzen der subprime-Krise und der Weltfinanzkrise 2008 bot sich der Finanzindustrie die »Klimarettung« als ideales Feld an, um neue, grüne Finanzprodukte zu entwickeln, die überdies durch den von der EU geplanten New Green Deal zu einem märchenhaften, künstlich erzeugten Finanzierungsmarkt führen sollten, wenn nicht vorerst die Coronakrise dazwischengekommen wäre.

Ich habe gezeigt, dass aus politischer Sicht, aus der Sicht des Great Reset die Coronakrise benutzt wird als eine Art Klimakrise, nur mit Virus, die Propaganda hält sich jedoch an die gleiche

Grammatik und fußt auf dem Armageddon-Imperativ, entweder sterben wir am Klima oder am Virus oder eben am Tod. Mühelos lässt sich in den entsprechenden Texten, und am häufigsten dort, wo es um die Einschränkung der Bürger- und Freiheitsrechte geht, Corona durch Klima ersetzen und vice versa. Das Begründungsgebot wird in beiden Krisen mit Verweis auf das Armageddon-Argument ausgehebelt. Allerdings empfehle ich den emsigen Ausrufern der Krisen, einmal über die nüchterne Feststellung von Jürgen Habermas ins Kalkül zu ziehen, dass eine Gesellschaft nicht »immer dann in eine Krise« stürzt, »wenn ihre Mitglieder es sagen.«[69] Oder Regierungen und Medien sie nonstop verkünden.

Interessant ist der krisentheoretische Ansatz von Wolfgang Streeck, der davon ausgeht, dass wir mit dem Ende des sozialdemokratischen Zeitalters in den Siebzigerjahren von einer Inflationskrise in eine Staatschuldenkrise in den Achtzigerjahren und von dort in eine Verschuldungskrise der privaten Haushalte und Unternehmen im industriellen Bereich als auch im Finanzsektor in den Neunzigerjahren geschlittert sind. Die Maßnahmen, die die Krisen beenden sollten, wurden nur Ursachen der nächsten Krise. Streeck argumentiert, dass die US-amerikanische Zentralbank durch eine »brutale Zinserhöhung« die Inflation beendete, allerdings auf Kosten der Staaten, die sich verschuldeten. Um diese Verschuldung zu verringern, hätte der Staat, im Bestreben sich zu konsolidieren, Ausgaben zurückgefahren, die zur höheren Verschuldung privater Haushalte führten.[70]

So fragwürdig dieses monokausale Modell ist, weist es doch darauf hin, worum es eigentlich geht, wenn wir von Krisen reden, nämlich um Verteilungskonflikte. Verteilungskonflikte sind immer auch Interessenkonflikte. Diese Konflikte sind notwendig, weil aus ihnen die Dynamik der Gesellschaften resultiert. Gesellschaften lösen ihre Verteilungskonflikte gewöhnlich durch Ausweitung, durch Fortschritt, durch Wachstum.

Eine Gesellschaft, die nicht mehr wachsen will, die wie Oskar Matzerath das Wachstum einstellt, wird ihre Verteilungskonflikte nicht mehr lösen können. Jetzt erst gerät eine Gesellschaft wirklich in die Krise, aber diese Krise ist nicht ökonomisch, sondern politisch verursacht. Wachstum meint echtes Wachstum und keine Kurszuwächse, weil mehr Geld produziert und in den Markt gedrückt wird.

Um darüber eine Vorstellung zu gewinnen, bitte ich Sie, mit mir einen kurzen Ausflug nach China zu unternehmen. Für die Macht der Kommunistischen Partei und die Funktionsfähigkeit des chinesischen Systems ist Wachstum überlebenswichtig. Da das System selbst nicht innovativ ist, wird es seine Verteilungskonflikte nur auf zwei Arten lösen können, zum einen durch einen rigiden Machtapparat, der es aber auf die Dauer nicht richten wird, zum andern durch ein extensives Wachstum. Die KP Chinas versteht es vortrefflich unter Nutzung aller Mittel, Machtapparat und extensives Wachstum zu kombinieren. Ausdruck des extensiven Wachstums ist das Projekt der Neuen Seidenstraße. China kann seine innerchinesischen Verteilungskonflikte nur als Weltmacht lösen, indem die Volksrepublik als Weltmacht zweierlei Recht durchzusetzen vermag, ein Recht für Chinesen und ein Recht für Nichtchinesen, das Freihandelsrecht, das chinesische Firmen im Ausland gern in Anspruch nehmen, bleibt im umgekehrten Fall für nichtchinesische Firmen in China eingeschränkt.

Krisen treten also nur dann auf, wenn Verteilungs- und Interessenkonflikte innerhalb einer Gesellschaft oder einer Gesellschaftsformation nicht mehr gelöst werden können. Die Große Transformation stellt nur ein Label dar für die Flucht aus einem durch die Neue Herrschaft selbst innergesellschaftlich nicht mehr zu lösenden Verteilungs- und Interessenkonflikt, den sie selbst erst ausgelöst hat.

Die Krisentheorien der Spätmarxisten, aber auch der Apologeten der Großen Transformation, die eine Synthese aus Kapitalismus und Sozialismus anstreben, weisen zwei blinde Flecken auf, einen historischen und einen normativen. Der Krisenrhetorik fehlt das Normativ, sie setzt voraus, dass eine krisenfreie Gesellschaft möglich sei, kann aber die krisenfreie Gesellschaft nicht fassen, nicht beschreiben, nicht definieren, ohne ins Utopische oder ins Allgemein-Menschliche auszubüxen, verheddert sich zwischen ökonomischer Analyse und quasireligiöser oder endzeitlicher Sinngebung. Die Behauptung, dass der Kapitalismus Krisen produziere, ist aber nur dann sinnvoll, wenn man davon ausgeht, dass eine krisenfreie Gesellschaft nicht nur prinzipiell, sondern vor allem konkret möglich sei. Die Krisentheorien der Spätmarxisten sehen in Entwicklungen Krisen und haben darin sogar nicht ganz unrecht, weil Entwicklungen durch Krisen ausgelöst werden. Reinhart Koselleck hat darauf hingewiesen, dass hinter den ökonomischen Krisenmodellen die »Gleichgewichtsmetaphorik des 18. Jahrhunderts« steht, wenn man so will das Say'sche Gesetz, das besagt, dass sich in der Gesellschaft das Gleichgewicht immer wieder einstellt, weil jedes Angebot sich seine Nachfrage schafft. Koselleck argumentiert, dass Krisen immer nur dann auftauchen, wenn »das Gleichgewicht zwischen Angebot und Nachfrage, zwischen Produktion und Konsumtion, zwischen Geldumlauf und Warenumlauf so gestört wird, dass Rezessionen, Rückschritte allenthalben sichtbar werden.«[71] Schumpeter hat im Zusammenhang mit den Krisen des Kapitalismus vom Prinzip der kreativen Zerstörung gesprochen. Krisen zerstören Hemmendes, Unproduktives und ebnen so dem Neuen, dem Produktiven den Weg. Was unter Krise verstanden und missverstanden wird, ist eigentlich das Lebenselement des Kapitalismus, die Selbstoptimierung. Andere Gesellschaftsordnungen gehen an ihren Krisen zugrunde, der Kapitalismus erneuert sich in ihnen.

Alles deutet also darauf hin, dass Krisen allgemein auftreten, wenn Verteilungs- und Interessenkonflikte aufbrechen, die wiederum ihre Ursache in der Störung des gesellschaftlichen oder wirtschaftlichen Gleichgewichts finden und durch produktiven Umgang, durch Innovationen und Extensionen gelöst werden. So gesehen bilden die Krisen die Norm jedweder Gesellschaft, sie sind Entwicklungsstimulanzen, Entwicklungsauslöser. Mehr noch, ich sehe sie als Unfähigkeit, auf einer bestimmten gesellschaftlichen Stufe, in einem bestimmten System zu einem Ausgleich zu kommen, die daher eine Weiterentwicklung des Systems erzwingen. Haben wir es mit einem dynamischen System wie dem Kapitalismus zu tun, folgt eine Weiterentwicklung, ein statisches System wie der Sozialismus wird von Krisen zerstört. Dass diese Weiterentwicklung, wie Streeck darlegt, nur zum Ausgangspunkt einer neuen Krise wird, ist deshalb etwas tautologisch, weil Entwicklungen Krisenlösungsstrategien sind. Eine Entwicklung kann daher nicht eine neue Krise nicht nicht hervorrufen. Kurz und bündig: Ohne Krisen kein Fortschritt.

Wir verstehen den Marxismus und den Linksliberalismus erst, wenn wir erkennen, dass beiden ein großes metaphysisches oder religiöses Bedürfnis innewohnt, ein innerweltliches Erlösungsstreben. Heine dichtete im Wintermärchen: »Wir wollen auf Erden schon das Himmelreich errichten.« Hören Sie einmal genau auf die Rhetorik der Apologeten der Großen Transformation von Luisa M. Neubauer bis Klaus Schwab, dann wird Ihnen nicht entgehen, dass der radikale Gesellschaftsumbau, der Systemwechsel, die Errichtung der gerechten Gesellschaft einzig mit dem Armageddon-Argument begründet wird, das wiederum auf einem endzeitlichen Krisen-Theorem beruht, auf der Eigentümlichkeit der finalen Krise. Das Argument des drohenden Untergangs ist aber ein zutiefst religiöses. Es verwechselt das Wesen der Krise mit sich selbst als einem Letztbegründungszwang.

Koselleck – als blicke er auf unsere Zeit – erfasst das Problem exakt. Er nennt es Krise als *Letztentscheidung*: »Dass die Krise, in der man sich jeweils befinde, die letzte große und einmalige Entscheidung sei, nach der die Geschichte in Zukunft ganz anders aussehen werde – diese semantische Option wird immer häufiger ergriffen, je weniger an das Ende der Geschichte durch ein Jüngstes Gericht geglaubt wird.«[72] Das Jüngste Gericht wird also durch die Krise ersetzt, das Religiöse in der Vorstellung der Krise säkularisiert und das Paradies in der gerechten Gesellschaft vom Himmel auf die Erde geholt.

Das Ende der Geschichte wäre also die gerechte Gesellschaft, wie sie der marxistischen Philosophin Rahel Jaeggi vorschwebt, in der keine Krisen auftreten, weil nach vernünftigen Kriterien geklärt wird, wie die »demokratische Kontrolle des gesellschaftlichen Überschusses« ausgeübt wird, in der wir »an Entscheidungen darüber beteiligt sind, was wir produzieren und wo wir den gesellschaftlichen Überschuss investieren«, denn dadurch »regulieren wir die Wirtschaft nicht mehr von außen, sondern transformieren sie von innen!«;[73] eine solche Gesellschaft wäre das säkularisierte Paradies, und das findet man bekanntlich nur auf dem Friedhof, weil es ohne Innovationsdruck und ohne Krisen ist.

Historisch bleibt festzuhalten, dass der Kapitalismus einen enormen Menschheitsfortschritt auch in sozialer Hinsicht gebracht hat, wenn wir den Vergleich der jeweiligen Etappe mit der vorausgehenden vornehmen und nicht anachronistisch unsere Maßstäbe an Vergangenes anlegen oder vom Standpunkt der Utopie ausgehen. Historisch gesehen ist die Krise die Normalität, der Treiber der Selbstoptimierung des Kapitalismus, der eine äußerst dynamische Gesellschaftsformation ist. Es erweist sich also als absurd, das, was die Stärke des Kapitalismus ausmacht, seine Entwicklungsfähigkeit als Krisenlösungskompetenz, als Schwäche auszulegen.

Ein Zweites ist noch wichtig. Herrschaften stürzen immer dann, wenn sie nicht mehr vermögen, einen Interessenausgleich zwischen wichtigen Gruppen der Gesellschaft zu organisieren oder zu ermöglichen, also für die aufbrechenden Verteilungskrisen keine Lösungen mehr zu bieten haben oder es auch nicht wollen, weil diese Verteilungskrisen zu Teilen ihrer Politik werden, und wenn sie ihre eigene Legitimation infrage stellen, wenn sie das Recht beugen oder brechen, das ihrer Herrschaft erst Akzeptanz verleiht. Im letzteren Fall sprechen wir von einer Legitimitätskrise. Legitimitäts- und Verteilungskrisen sind aber keine systemischen Krisen, sondern Krisen der politischen Herrschaft, die, werden sie nicht gelöst, sich zu einer Staatskrise ausweiten. Deshalb gehören Kapitalismus und Demokratie auch zusammen, weil die Krise der politischen Herrschaft friedlich und unblutig gelöst werden kann. Deshalb ist eine Staatskrise in erster Linie keine Krise des politischen Systems, sondern eine Krise der politischen Herrschaft, kann aber, wird sie nicht gelöst, zur Krise des Systems werden. In einer Staatskrise würden wir uns erst befinden, wenn die Neue Herrschaft durch ihre Politik, zum Beispiel durch den Verzicht auf Wachstum oder durch die Erhöhung der Staatsquote oder durch einen extrem wirtschaftsfeindlichen Kurs, der den dramatischen Niedergang der Wirtschaftsleistung zur Folge hat, zum einen die Verteilungskrise hervorrufen würde und zum anderen dadurch, wenn sie das Recht, auf dem ihre Herrschaft beruht, beugt und auch bricht wie in der Flüchtlingskrise oder in der Einschränkung der Freiheitsrechte in der Pandemie.

An der Weggabelung

Allen politischen Kräften ist inzwischen klar geworden, dass Deutschland am Scheideweg steht, nur besitzt der Mainstream keine einzige Idee, die in der Geschichte des letzten Jahrhunderts nicht schon einmal katastrophal gescheitert wäre. Die angestrebte Synthese aus Sozialismus und Kapitalismus, die »gerechte Gesellschaft«, kommt als Gespenst totalitärer Ordnungen der Vergangenheit daher.

Unter Mainstream wird im Weiteren nicht die allgemeine Mehrheit der Bürger, sondern nur die Mehrheit der Streamer verstanden, also der medial-politische Komplex. Mainstream ist nur ein anderer Ausdruck für den medial-politischen Komplex, der seine Konzentration der Berliner Republik verdankt, der eigenen Welt, die das Hauptstadtviertel darstellt, die extreme Nähe von Politikern, Journalisten und Lobbyisten. Der Teil der Neuen Herrschaft, der in den Medien- und Kulturapparaten also ideologisch und propagandistisch tätig ist, wird im Weiteren als Mainstream, als diskursregulierende Öffentlichkeit benannt.

Ungewiss ist zur Stunde, ob sich die Wünsche der neuen Sozialalchemisten auch verwirklichen, gewiss ist nur, dass unsere Gesellschaft sich verändert. Die Finanzkrise von 2008, die von der Exekutive ermöglichte illegale Massenmigration seit 2015, die Nichtbeachtung der No-Bailout-Klausel, der Raub an den deutschen Bürgern von, wenn man nur an die Sparguthaben denkt, 723 Milliarden Euro in den letzten zehn Jahren durch die Niedrig- und Negativzinspolitik der EZB, deutsche TARGET-Salden in einer Höhe, die um 1000 Milliarden Euro schwankt, schließlich die Umwandlung der EU in eine Schulden- und Transferunion mit gravierenden demokratischen Mängeln, die nicht einmal die glühendsten Verehrer der Brüsseler EU in Abrede stellen, die tiefgreifenden Maßnahmen aufgrund der Klimaapokalyptik und der Coronapandemie – all das indiziert in der Tat die große Veränderung unserer Gesellschaft.

Gewiss ist also, dass sich unsere Gesellschaft verändert. Offen bleibt die Frage: in welche Richtung? Nur weil einflussreiche Kreise bestimmte – ausgesprochene wie unausgesprochene – Ziele verfolgen, heißt das nicht, dass sie auch ihre Vorhaben verwirklichen werden, auch wenn diese Kreise ihre gesamte beträchtliche Macht, finanzielle Ressourcen, Medien und Kultur einsetzen, Zensur einführen und womöglich ein Einwanderungsministerium schaffen, das an Gesetzen arbeitet, die deutsche Bürger mittels positiver Diskriminierung massiv benachteiligen und jede kritische Äußerung über den Islam unter Strafe stellen. Selbst wenn das Wahlrecht für deutsche Bürger relativiert, eigentlich entwertet werden würde, weil alle, die ihren »Lebensmittelpunkt« in Deutschland haben, mitwählen dürfen[74], führt das am Ende nur dazu, dass die Verwerfungen größer, die Spaltung der Gesellschaft vertieft und die Kämpfe härter werden.

Die im Tabula-rasa-Rausch der neuen Herrschaft getroffenen Entscheidungen wirken sich auf das Leben jedes einzelnen Bürgers unseres Staates aus. Sie werden das Leben jedes Bürgers, mit oder ohne Migrationshintergrund, jung oder alt, weiblich oder männlich, mit Color oder ohne, die Familien, die Kinder, auch die noch nicht geborenen Generationen, jene Gesamtheit, die wir unter den Begriff Kultur subsumieren, verändern. Das tun sie insbesondere dann, wenn die Große Transformation aktiv von den Linken, den Linksliberalen, der CDU, dem Weltwirtschaftsforum und dem Mainstream unter Verwendung apokalyptischer Schreckensszenarien als Armageddon-Imperativ betrieben und propagiert wird. Der Great Reset steht dann eigentlich nicht mehr zur Debatte, sondern hat nur noch vollzogen zu werden, weil die grundsätzliche Veränderung angeblich ohne Alternative sei.

Wenn die Linken, wie wir gesehen haben, die soziale Frage vergessen haben, so verzweifeln die Linksliberalen längst an der Vorstellung von individueller Freiheit und taumeln in Verbotsdelirien, in einen Demokratieeinschränkungswahn aus Gründen des Klimas, der Coronapandemie oder absurder Gemeinwohlideen, während die Christdemokraten schwanken, ob sie sich des Plagiierens linksliberaler Vorstellungen rühmen oder verwahren sollen. Im Übrigen ist den Grünen dafür zu danken, für Klarheit gesorgt zu haben, als Annalena Baerbock sich vor Kurzem ausdrücklich dazu bekannte, einer Verbotspartei vorzustehen.[75] Ihr

Begriff von Freiheit besteht darin, sich die Freiheit zu nehmen, anderen vorzuschreiben, was sie bei Strafe zu denken, zu sagen und wie sie zu leben haben.

Den Bürgern wird das Dach über den Kopf abgerissen, und sie werden nachdrücklich aufgefordert, sich über den offenen Himmel zu freuen. Auch wenn es hagelt, wollen sie nicht riskieren, für auffällig erklärt zu werden. Wer ausspricht, dass es hagelt, dem verhagelt es zuallererst die Karriere. Es ergeht den deutschen Bürgern wie dem Hans im Glück im Märchen, und so wie er wird der deutsche Hans am Ende nichts mehr besitzen, weil er Wohlstand gegen Ideologie, weil er Freiheit gegen moralbasierten Zwang eingetauscht hat.

Das Gespenst, das inzwischen durch die westliche Welt geht, ist kein klassisches Gespenst, wie wir es aus den europäischen Schauergeschichten kennen, es ist auch kein Körperfresser, sondern ein Seelenfresser.

Schwabs »gerechte Gesellschaftsordnung« hat vor sechsundsiebzig Jahren George Orwell in der »Farm der Tiere« beschrieben, in dem er die Soziologie der Gleichheit in einer »gerechten Gesellschaftsordnung« auf die Definition brachte: »Alle Tiere sind gleich, aber einige Tiere sind gleicher als andere.«[76]

Die Menschen scheinen dazu verdammt zu sein, zumal in Deutschland, immer wieder in die irrationalen Träume einer politischen Romantik zu fallen, wohingegen doch politischer Rationalismus das Gebot der Stunde und der Schlüssel zum Wohlstand, zum Wohlstand für alle ist.

Die Entscheidung, wohin sich unsere Kultur entwickelt, hat demokratisch verhandelt zu werden. Dazu bedarf es unterschiedlicher Konzepte. In diesem Sinn unterbreitet diese Schrift im zweiten Teil ein Angebot. Die Zukunft ist, auch wenn die Neue Herrschaft nicht müde wird, das zu behaupten, alles andere als entschieden. Jeder Bürger besitzt ein angeborenes, unveräußerliches Recht darauf, mitzureden, mitzuentscheiden.

Die Gesellschaft benötigt wie die Luft zum Atmen das, was unsere Kanzlerin wohl als unverzeihliche Diskussionsorgien bezeichnen würde. Nicht Panikmache, noch mediale Angsterzeugung, nicht Hysterie, noch moralistische Kriminalisierung des Gegenarguments durch die Herabsetzung der Person, nicht der Armageddon-Imperativ bilden den modus operandi der gesellschaftlichen Debatte in einer Demokratie, sondern Rationalität. Den Gegensatz zur politischen Rationalität bilden die frei schwebenden Gebilde ideologischer Träume, die politische Romantik, die inzwischen die offene Debatte scheut wie der Teufel das Weihwasser. Sie oszilliert zwischen Behaupten, Verschweigen, Herabsetzen und Framen. Ihre Medien berichten nach eigenen Aussagen nicht mehr darüber, was ist, sondern darüber, was sein soll.[77]

Auf dem Spiel steht unsere Zukunft. Das Spiel ist noch nicht entschieden. Unsere Zukunft aber ist die kommende Gegenwart unserer Kinder. Doch wer ist in diesem Zusammenhang »wir«?

Die nervöse Gesellschaft

Babylonische Sprachverwirrung

Wer Kapitalismus sagt, darf getrost davon ausgehen, dass derjenige, dem er das sagt, etwas anderes darunter versteht als er selbst. Ähnliche Erfahrungen ließen sich mit Begriffen wie Bürgertum, Mitte, Rechts oder Links, mit Arbeiter, mit Fortschritt, Reaktion und Wohlstand machen. All diesen Begriffen ist gemein, dass sie durch teils jahrhundertealten, kräftigen Gebrauch abgenutzt sind. Sie stammen aus anderen Zeiten, werden aber weiter angewandt, auch wenn sich das, was sie bezeichnen, im Laufe der Zeiten mehrfach veränderte. Auf diese Weise haben sich die Begriffe entleert und wurden zu schlichten Metaphern, zuweilen nur noch zu Schlagworten. Stellen wir die Frage, was es mit dem Rechts-Links-Schema und mit politischen Begriffen wie Fortschritt, Reaktion und Wohlstand auf sich hat, noch etwas zurück und verständigen wir uns zunächst über die rahmengebende Gesellschaft, die transformiert werden soll oder sich bereits transformiert, fragen wir nach dem Kapitalismus, der übrig geblieben ist.

Was ist der Kapitalismus?

Die Geschichte des Kapitalismus ist reich an Bestimmungen und Benennungen, wie beispielsweise: Manchesterkapitalismus, Monopolkapitalismus, Finanzkapitalismus, Früh-, Mittel-, Spätkapitalismus. Lenin wollte sogar den Imperialismus als »höchstes und letztes Stadium« als Kategorie des sterbenden Kapitalismus einführen. Darüber ging die Geschichte zwar hinweg, nicht jedoch über Lenins totalitäres Denken, das zurzeit Auferstehung feiert.

Allgemein wird davon ausgegangen, dass die westlichen Gesellschaften politisch Demokratien sind, die auf den Prinzipien des Liberalismus und der Gewaltenteilung beruhen, dass sie ökonomisch unter den Bedingungen der freien, in Deutschland sozialen, Marktwirtschaft produzieren. Die Frage, in welcher Art von Kapitalismus wir leben, lässt sich zwar alles andere als leicht beantworten, weil wir uns seit einiger Zeit im Übergang befinden, in einer Art Achsenzeit, stellt aber eine Voraussetzung dar, um die aktuelle gesellschaftliche Entwicklung aus dem Räucherwerk der Ideologie zu holen und sie rational zu analysieren als Voraussetzung für die Formulierung von Alternativen.

Fürs Erste gebe ich eine möglichst einfache, aber grundsätzliche Definition, was unter Kapitalismus zu verstehen ist, für den Kapitalismus, der in der Tat die einzige Wirtschaftordnung ist, die Wohlstand für alle zu schaffen vermag. Ich denke, wir sind uns einig, dass Wirtschaft kein Selbstzweck ist, sondern eine fundamentale Funktion besitzt, nämlich erstens den Menschen eine Existenz zu ermöglichen und zweitens Wohlstand zu schaffen, denn Leben von Wasser und Brot ist auch Leben, aber, wie heißt es schon im Buch Jesus Sirach des Alten Testaments: »Was ist das Leben, wenn der Wein fehlt?« (Jesus Sirach 31,27)

Die Bibel versteht mehr von der sozialen Frage als die Linken. Die moderne Entsprechung des biblischen Passus lieferte übrigens Ludwig Erhard mit der Formulierung: Wohlstand für alle. Die Lösung der sozialen Frage, die zweiteilig ist und erstens in der Schaffung des Wohlstandes für alle besteht und zweitens sicherstellt, dass es meinen Kindern einmal besser gehen kann als mir, findet sich in der unbegrenzten Selbstoptimierungsfähigkeit des Kapitalismus, wenn seine grundsätzliche Dynamik nicht politisch ge- oder gar zerstört wird.

Dass diese Gefahr nicht abstrakt ist, sondern sehr konkret, zeigt der rapide Verlust der Wettbewerbsfähigkeit in der Ära Merkel. So belegt eine aktuelle Studie der Stiftung Familienunternehmen, dass es beim Länderindex 2020 nur noch für Rang 17 von 21 Ländern reicht, während die Bundesrepublik vor 14 Jahren noch Platz 9 belegte.[78] Als Angela Merkel 2005 den Koalitionsvertrag ihrer ersten großen Koalition vorlegte, kritisierte der damalige DIHK-Chef Ludwig Georg Braun: »Zu wenige Reformen, zu viele Steuererhöhungen.« In diesem Jahr erfreute die transformationswillige Kanzlerin die Deutschen mit der CO_2-Steuer, weitere Steuererhöhungen werden folgen, obwohl die Deutschen von der höchsten Steuer- und Abgabenlast geplagt und ausgeplündert werden. Die sozialen und wirtschaftlichen Folgen sind immens, nicht umsonst rückt der Traum vom Eigenheim durch Merkels wirtschaftsfeindliche und unsoziale Politik für die deutsche Mittelschicht in immer größere Ferne.

Die Lösung der sozialen Frage als Basisaufgabe der Politik gelingt nur, wenn der Motor des Kapitalismus, der freie Markt, ungehindert läuft. Die Linken, die Linksliberalen und auch die Merkel-CDU haben die soziale Frage aus dem Blick verloren, weil sie sich nur noch für die Weltrettung und für die Identitätspolitik interessieren. Aber es ist zutiefst asozial, den Sozialstaat durch die ungehinderte Einwanderung in die Sozialsysteme zu sprengen und gleichzeitig den Garanten des Sozialstaates, nämlich den Nationalstaat, zu zerstören. Zwar sind nicht alle Nationalstaaten Sozialstaaten, aber jeder Sozialstaat ist notwendigerweise ein Nationalstaat. An dieser Stelle kann man sich auch an das geflügelte Diktum des Ökonomen Milton Friedman erinnern, der anmerkte, dass man offene Grenzen und dass man einen Sozialstaat haben kann – nur eben nicht beides zur gleichen Zeit. Man wird sich entscheiden müssen.

Die Verachtung der Linksliberalen und im Grunde auch der Linken für die unteren Bevölkerungsschichten, den »white trash«, hat der britische Ökonom Paul Collier in seinem lesenswerten Buch »Sozialer Kapitalismus« beschrieben. Nach Collier haben die neuen herrschenden Klassen, die ich die Neue Herrschaft nenne, eine eigene Art herausgebildet, deshalb bezeichnet sie Collier auch mit dem englischen Akronym WEIRD, was »eigenartig« bedeutet und zugleich aus den englischen Begriffen für westlich, gebildet, industriell, reich und entwickelt gebildet wurde. Die ganze Verachtung der Neuen Herrschaft denen gegenüber, die sie in der Gesellschaft unter sich dünkt, kommt in einem Artikel in der National Review, dem »Inbegriff der WEIRD«, wie Collier diese Zeitschrift nennt, zum Ausdruck, wenn das Blatt über die sinkende Lebenserwartung der weißen Industriearbeiter und Arbeitslosen in den USA schrieb: »Sie verdienen es, zu sterben.«[79]

In Deutschland erlebt man die Arroganz und Menschenverachtung dieser Elite, wenn kritische Intellektuelle und Autoren als »neue Rechte« verunglimpft werden, wenn in angeblich satirischen Beiträgen des öffentlich-rechtlichen Fernsehens »Napalm über Sachsen«[80] abgeworfen werden soll oder man sich über Corona freut, weil endlich die verhassten Alten dezimiert werden, die in einer frei halluzinierten Vorstellung in den letzten 50 Jahren an nichts anderem gearbeitet haben sollen als an der Verwüstung des Planeten und der Gefährdung des Lebens ihrer Kinder und Kindeskinder.[81] Es ist nur konsequent, dass die Verachtung der Neuen Herrschaft für diejenigen, die mit ihrer Arbeit den Wohlstand schaffen, und auch für diejenigen Deutschen, die unserer sozialen Solidarität bedürfen, einhergeht mit dem Bestreben, den Kapitalismus in eine Gemeinwohlwirtschaftsordnung zu überführen, in einen Staatskapitalismus, der sich vom Sozialismus nur dadurch unterscheidet, dass man längst nicht mehr behauptet, dass – wie noch bei Orwell – alle »Tiere gleich« seien.

Im Gegensatz zum Staatskapitalismus oder zur Gemeinwohlwirtschaft verstehe ich unter Kapitalismus eine Wirtschaftsordnung, die auf dem freien Markt beruht, der den Ort des Wettbewerbs bereitstellt, durch den der Kapitalismus in der Lage ist, immer besser zu produzieren, Erfindungen und Entdeckungen hervorzubringen beziehungsweise zu ermöglichen, die wiederum zur permanenten Selbstoptimierung des Systems, zu Wachstum führen, ohne das kein Wohlstand entsteht.

Der Grundfehler in den Vorstellungen der Krisentheoretiker des Kapitalismus besteht darin, dass sie, wie bereits gezeigt, völlig das Wesen der Krisen missverstehen, die eben keine Unglücke oder Dysfunktionen des Systems darstellen, sondern essenzielle Entwicklungstreiber des Systems sind. Ohne Krise keine Lösung, ohne Lösung keine Entwicklung, ohne Entwicklung Stagnation, die zum Niedergang führt. Alle anderen Wirtschaftsordnungen – am anschaulichsten der Sozialismus – haben diese einfache Wahrheit in der Geschichte der Menschheit bestätigt.

Man führt als Argument gern die Missstände und Verheerungen an, die angeblich vom Kapitalismus ausgehen, aber Hand aufs Herz, welche Wirtschaftsform hat denn den wissenschaftlich-technischen Fortschritt hervorgebracht und welche andere Wirtschaftsordnung hat mehr Wohlstand für so viele Menschen geschaffen als der Kapitalismus? Man vergleiche den Lebensstandard der »unterdrückten« Arbeiterklasse in der Bundesrepublik mit dem Lebensstandard der »herrschenden« Arbeiterklasse in der DDR. Es ist nicht einmal wohlfeil, auf Afrika zu verweisen, es ist sogar vollkommen falsch, denn während das kommunistische China Afrika ausbeutet, gibt die kapitalistische Bundesrepublik das Sozialamt für diesen reichen Kontinent, dessen ureigenste Eliten ihre Landsleute ausbeuten.

Der Kapitalismus ist also eine Wirtschaftsordnung, die auf dem freien Markt und der Unverletzlichkeit des Eigentumsrechts beruht und auf permanente Selbstoptimierung angelegt ist, dessen politische Bedingtheit in der Demokratie und der Garantie der Freiheit besteht.

Allerdings dürfen wir es uns nicht zu einfach machen und vor einer anderen Tatsache die Augen verschließen. Vernachlässigen wir für einen Moment die Sozialalchemisten, die von der Großen

Transformation oder dem Great Reset oder vom Ökosozialismus träumen, stoßen wir auf ein seriöses Problem für die freie Marktwirtschaft, das von der freien Marktwirtschaft selbst aufgeworfen wird und das in der Praxis der Marktbeherrschung durch Oligopole besteht, Oligopole, die der Bundeswirtschaftsminister sogar noch zu stärken wünscht. Wenn Sie sich fragen, weshalb Klaus Schwab vom Weltwirtschaftsforum in Davos, das man immer für die Kirche des Kapitalismus gehalten hat, weshalb Vertreter der Finanz- und der Digitalindustrie den Great Reset anstreben, dann finden Sie genau hier die Antwort: weil sie bestrebt sind, Oligopole zu bilden oder bereits Oligopole gebildet haben. In der Vorstellung vom Great Reset wird der Wunsch, Oligopole zu festigen, ideologisch verbrämt. Der Drang zur Bildung von Oligopolen wohnt dem Kapitalismus inne und resultiert aus dem Motiv der Profitmaximierung. Es ist extrem wichtig, nicht davor die Augen zu verschließen, dass dem Kapitalismus die Tendenz seiner Selbstzerstörung innewohnt.

Wird der Markt von Oligopolen beherrscht, ist er nicht mehr frei, ist er nicht mehr frei, ist er nicht mehr kapitalistisch, haben wir es mit einer hegemonierten statt einer freien, mit einer semisozialistischen oder im Sinne Schumpeters mit einer »vertrusteten« Marktwirtschaft zu tun. Die Grundbedingung für den Kapitalismus muss geradezu dogmatisch in der freien Marktwirtschaft gesehen werden: Haben wir keine freie Marktwirtschaft, haben wir keinen Kapitalismus mehr.

Zu Recht werden Sie die Frage stellen, wie der Markt vor Oligopolen geschützt werden kann. Das ist einfacher, als man denkt, vorausgesetzt man will es wirklich, an diesem Willen ist jedoch zu zweifeln. Drei Maßnahmen genügen meines Erachtens: Erstens muss das Kartellrecht konsequent angewandt und wo nötig entsprechend der Entwicklung der Digitalwirtschaft erweitert werden. Zweitens benötigen wir eine Einschränkung der Veräußerungsmöglichkeit von Firmen und ackerbaulichen Nutzflächen an ausländische Investoren sowohl in qualitativer als auch in quantitativer Hinsicht. Das bedeutet, dass die Veräußerung deutscher Firmen an ausländische Investoren eingeschränkt wird, dass quantitativ nur ein bestimmter Prozentsatz deutscher Firmen verkauft werden darf und dass qualitativ Firmen, die als im nationalen Interesse stehend definiert werden, überhaupt nicht verkauft werden dürfen.

Mir ist bewusst, dass hier der Teufel im Detail liegt und komplizierte Rechts- und Wirtschaftsgüter gegen- und miteinander abzuwägen sind. Drittens aber – und hier erwarte ich einen heftigen und zähen Widerstand, vor allem von den Mustereuropäern aus Luxemburg – müssen die Steueroasen geschlossen werden. Mit den Kaimaninseln wird uns das wahrscheinlich nicht gelingen, mit Luxemburg kann es sofort umgesetzt werden. Auch wenn es den Anschein hat, dass Luxemburgs Geschäftsmodell genau darauf beruht, eine innereuropäische Steueroase zu sein, können wir Europa und die europäische Idee komplett vergessen, solange Steueroasen in Europa existieren. Wenn der Luxemburger Jean Asselborn über europäische Solidarität spricht, heuchelt er in meinen Augen, solange Luxemburg seine Steuerpolitik nicht ändert. Die oligopole Macht Amazons beispielsweise dem Einzelhandel gegenüber, noch einmal durch die Maßnahmen der Merkel-Regierung in der Coronapandemie entscheidend gestärkt, würde begrenzt werden, wenn der Konzern nicht in Luxemburg steuerlich veranlagt wäre.

Natürlich dürfen wir nicht aus den Augen verlieren, dass auch der Kapitalismus seine Geschichte besitzt, die man nicht aus dem Blick verlieren darf, wenn man über ihn spricht, schon allein dadurch bedingt, dass der Kapitalismus enorm wandlungsfähig und dynamisch ist. Der Begriff des Kapitalismus tauchte im 18. Jahrhundert auf, bekam seine Prägung aber erst im 19. Jahrhundert, zunächst von David Ricardo, der wiederum wichtig für Karl Marx wurde, der sich intensiv mit dem Studium der »kapitalistischen Produktionsweise« auseinandersetzte. Mit der Entwicklung der Soziologie als Wissenschaft analysierten Werner Sombart in dem Werk »Der moderne Kapitalismus« 1902 und zwei Jahre später Max Weber in »Die protestantische Ethik und der Geist des Kapitalismus« den Kapitalismus, der zu diesem Zeitpunkt durch den Aufstieg der Aktiengesellschaften und der wachsenden Bedeutung der Börse eine tiefgehende Veränderung erfuhr, die Rudolf Hilferding in seinem 1910 erschienenen Buch »Das Finanzkapital« einer Analyse unterzog. In dem Buch entwickelte Hilferding die Perspektive eines staatsmonopolistischen Kapitalismus, dem auch die Bundeskanzlerin und der Bundeswirtschaftsminister, aber auch die Linksliberalen anhängen.

Joseph A. Schumpeter gibt zu bedenken, dass der Kapitalismus »nicht allein aufgrund seiner ökonomischen Ergebnisse beurteilt werden kann. Die sozialen und kulturellen Leistungen, für die der kapitalistische Prozess sowohl die Mittel als auch die psychologischen Voraussetzungen bereitgestellt hat, müssen ebenfalls berücksichtigt werden.«[82] Unter Kapitalismus versteht er ganz allgemein eine Gesellschaft, »die den privaten Unternehmer mit der Leitung der ökonomischen Prozesse betraut. Das beinhaltet, erstens, Privateigentum an nichtpersönlichen Produktionsmitteln, wie Grund und Boden, Minen, industriellen Anlagen und Maschinen; und, zweitens, Produktion für privaten Gewinn. Man sollte aber auch, drittens, die Institution des Bankkredits, die zwar, streng genommen, nicht in der Definition enthalten ist, den beiden anderen Kriterien hinzufügen.«[83] Interessant ist, dass Schumpeter Mitte der Vierzigerjahre des vorigen Jahrhunderts, also vor knapp achtzig Jahren die Funktion der Finanzwirtschaft nicht in der »Produktion« von Finanzprodukten verortete, sondern in der Bereitstellung des Bankkredits. Ich werde später auf diesen neuralgischen Punkt zurückkommen, möchte aber zusammenfassend die Definition des Kapitalismus erweitern, den ich als eine Gesellschaftsformation verstehe, deren Produktionsweise sich politisch in einer Demokratie unter den Bedingungen der Freiheit und der Gleichberechtigung vollzieht, rechtlich auf dem im Wesentlichen privaten Besitz der Produktionsmittel und dem Schutz des privaten Eigentums und den unverletzlichen Rechten des Individuums beruht und die sich wirtschaftlich als freie Marktwirtschaft realisiert. Conditio sine qua non ist für den Kapitalismus, dass nur ein wirtschaftlich freier Bürger ein politisch freier Bürger sein kann und umgekehrt. Somit stellt das universelle und grundlegende Prinzip des Kapitalismus die Freiheit des Menschen dar, als Arbeitgeber, Arbeitnehmer und Selbstständiger in der Wirtschaft und als Bürger im Staatswesen. Die Gesamtheit der Bürger macht den Souverän des kapitalistischen Staates aus.

Der Souverän selbst ist ein unruhiger Souverän, weil in ihm Bürger unterschiedliche Interessen aushandeln. Die Unruhe garantiert das Dynamische der Gesellschaft, Gesellschaften, die ihre Dynamik verlieren, sind dekadente, sterbende Gesellschaften, in ihnen erliegt das Konkurrenzprinzip, die Freiheit wird durch Regulierungen ersetzt und der Kapitalismus durch eine Art verbürokratisierte Wirtschaft, die gewisse Ähnlichkeiten mit dem ausweist, was Karl Marx einmal asiatische Produktionsweise nannte.

Das Aushandeln unterschiedlicher Interessen findet in kapitalistischen Gesellschaften jedoch nicht auf den Basaren der NGOs statt, sondern in dem, was wir Wahlen und Diskurs nennen. Ohne absolute Freiheit der Wahlen und ohne absolute Freiheit des Diskurses existiert kein Kapitalismus, weil die Einschränkung der politischen Freiheiten auch zur Einschränkung der wirtschaftlichen Freiheit der Bürger führt. Merkmal der Großen Transformation ist politisch die Einschränkung der Diskursfreiheit durch die Schaffung von Korridoren des Sagbaren und der Demokratie durch die Bildung eines Blocks verschiedener Parteien, der ausschließlich im Mitte-Links-Bereich stattfindet und den ich Neue Herrschaft nenne, die wiederum ökonomisch korrespondiert mit der Vorstellung der Überführung der freien Marktwirtschaft in eine Gemeinwohlwirtschaft.

Es ist interessant zu sehen, dass gerade der Markt die Möglichkeiten seiner Einschränkung teils selbst hervorbringt, sie eben nicht nur politisch motiviert ist, sondern auch einen Treiber im Marktgeschehen selbst besitzt, der wie schon beschrieben in der Tendenz zur Bildung von größeren Einheiten besteht, die wiederum zum Entstehen von Oligopolen führt.

Die Fähigkeit des freien Marktes, sich selbst zu befreien, muss aufrechterhalten werden. Hierfür hat demokratische Politik zu sorgen. Es wird Sie nicht überraschen, dass eine Politik, deren Ankervorstellung nicht mehr im freien Bürger zu finden ist und die das Bewusstsein verloren hat, lediglich Repräsentation der Bürger zu sein, in ihrem Drang zu regulieren, zu herrschen eine Sehnsucht nach großen Einheiten verspürt, denn nichts garantiert Herrschaft stärker als ein strikter Zentralismus. Eine Gemeinwohlwirtschaft – übrigens eine ideologische Fiktion wie das Volkseigentum – wäre in Wahrheit eine strikt zentralistische Wirtschaft der großen Einheiten oder Oligopole, in der der Staat zum wirtschaftlichen Akteur aufsteigt, der über das Ordnungsrecht, über Steuern und Subventionen die Wirtschaft lenkt und durch Garantien, subventionierte Kredite, Beteiligungen und Verstaatlichungen selbst zum wirtschaftlichen Akteur wird.

Das ist nicht neu und hat durch den organisierten oder geregelten Kapitalismus in den Siebzigerjahren eine eigene Dynamik bekommen und Prozesse beschleunigt, die seit dem Ende des Ersten Weltkrieges zu beobachten sind. Schumpeter hat scharfsichtig auf einen Zug der wirtschaftlichen Entwicklung zum Sozialismus hin, der nur der ältere Ausdruck für Gemeinwohlwirtschaft ist, aufmerksam gemacht, wenn er beobachtete, dass anderseits die Bestrebungen der Politik durch Entwicklungen in der Wirtschaft befördert werden, weil die Leitung der Wirtschaft immer stärker vom einzelnen Unternehmer auf ein Kollektiv von leitenden Angestellten, Management genannt, übergeht. Parallel dazu verlagert sich »ökonomische Aktivität von der privaten in die öffentliche Sphäre«, wodurch eine »Bürokratisierung des Wirtschaftslebens« einsetzt.[84] Schumpeter prognostizierte, dass zur staatlichen Kontrolle »der Kapital- und Arbeitsmärkte, der Preispolitik und – durch Besteuerung – der Einkommensverteilung« die »systematische Ergänzung durch staatliche Produktionsrichtlinien« kommen würde, die auch ohne Verstaatlichung der Industrie den Kapitalismus in einen »gelenkten Kapitalismus« transformieren würde, »den man fast ebenso berechtigt als Sozialismus bezeichnen könnte.«[85]

Die Mitwirkung der Betriebsräte hat diese Tendenz zum Sozialismus verstärkt, und die Konzepte von New Work als Versuch, die Arbeit mit den individuellen Interessen und Überzeugungen der Arbeitnehmer in Einklang zu bringen, könnten dies entweder auch tun oder im Gegenteil ihr durch den Abbau von zentralistischen Hierarchien sogar entgegenwirken, weil der Sozialismus zentralistisch und hierarchisch aufgebaut ist. Auch das Wirken der EU-Bürokratie mit ihren unzähligen wirtschaftsfeindlichen, staatsdirigistischen Verordnungen und der Berliner Mietendeckel mögen hier als zwei Beispiele für die Tendenz gelten.

Generell findet die Vorstellung der Großen Transformation in dieser Tendenz zur Sozialisierung der Wirtschaft und der Finanzen, die durch quasi sozialistische Strukturen in der Wirtschaft selbst provoziert wird, ihren realen Referenzpunkt. Das Fehlen der unternehmerischen Verantwortung durch leitende Angestellte und die Schaffung wirtschaftlich großer Strukturen, die dazu führen, dass Konzerne wie Staaten funktionieren, gehören zu den dem Kapitalismus innewohnenden Tendenzen zum Sozialismus und damit zum Staatskapitalismus.

Staatskapitalismus jedoch ist ein Weg in den Sozialismus, in reinster Ausprägung finden Sie ihn in China verwirklicht. Während der Unternehmer persönlich für seine Entscheidungen haftet, ist der Manager von dieser Haftung und Verantwortung entbunden, mehr noch, er ist wirtschaftlich nicht der langfristigen Entwicklung des Unternehmens verpflichtet, sondern dem kurzfristigen Ziel, möglichst hohe Boni einzunehmen. Der politisch geschickte hohe Angestellte oder Funktionär ersetzt den genialen Unternehmer. Dadurch wird das Prinzip der »kreativen Zerstörung« aufgelöst, denn das Ziel kurzfristiger Gewinnmaximierung kann zur unkreativen Zerstörung führen. Da aber große Wirtschaftseinheiten wie multinationale Konzerne über Budgets verfügen, die so manchen Staatshaushalt übertreffen, sie über eine enorme Markt-, und damit auch politische, Macht verfügen, ähneln Konzerne Staaten, werden Manager immer mehr zu Politikern – nur eben im Bereich der Wirtschaft. Die Funktionäre der Politik und die der Wirtschaft ähneln sich immer mehr, teilen die gleichen Interessen und leben letztlich in großer Entfernung zu den Bürgern beziehungswiese den Arbeitnehmern.

Um die Konvergenz der Interessen von Politik, Digitalwirtschaft und Finanzwirtschaft an einem Beispiel zu verstehen, hilft es, sich an eine Meldung aus dem US-amerikanischen Wahlkampf zu erinnern. Die linksliberalen Verantwortlichen bei Twitter, die keine Probleme damit haben, dass auf ihrer Plattform so durch und durch demokratische Politiker wie der iranische Revolutionsführer Khamenei sich darüber äußern, was ihrer Meinung nach mit Israel zu geschehen habe, sperrten einen Artikel der *Washington Post* und verhinderten sogar die Weiterleitung des Links.

In dem Artikel der renommierten Zeitung geht es vor allem um die wirtschaftlichen Interessen von Joe Bidens Sohn Hunter in der Zusammenarbeit mit den Chinesen. In ihrem erhellenden Buch »Die lautlose Eroberung. Wie China westliche Demokratien unterwandert und die Welt neu ordnet« zeigen Clive Hamilton und Mareike Ohlberg, wie es den chinesischen Kommunisten gelang, in die Elite der Wall Street einzudringen. Laut Clive Hamilton und Mareike Ohlberg setzte sich Joe Biden bereits in der Obama-Administration für China ein. Sie schreiben in ihrem Buch, dass Joe Biden im Dezember 2013 als Vizepräsident Obamas eine offizielle Reise nach China unternahm. In der Air Force 2 begleitete ihn sein Sohn, Hunter Biden. »Und weniger als zwei Wochen nach der Reise schloss Hunters Firma … eine Vereinbarung über die Gründung eines Investmentfonds namens BHR Partners, dessen größter Anteilseigner die staatliche Bank of China ist – und das, obwohl Biden junior kaum Erfahrung mit Kapitalbeteiligungen hatte.«[86]

Pars pro toto scheint gerade der Gesinnungswandel des Gründers des Hedgefonds Bridgewater Associates, Ray Dalio, zu stehen. Noch 2015 warnte der Hedgefonds-Mogul und Finanzexperte Dalio, dass die Schuldenkrise in China einen kritischen Punkt erreicht habe. Doch als die »Times« Dalios interne Warnung veröffentlichte, ruderte Dalio, der gerade sein China-Geschäft aufzubauen gedachte, zurück und meinte, er sei falsch verstanden worden. Im Jahr 2018 äußerte sich Dalio pessimistisch zu den Aussichten der Weltwirtschaft – mit Ausnahme der chinesischen Wirtschaft, die er über den grünen Klee lobte: »China ist ungeheuer erfolgreich.«[87]

US-amerikanische Banken wie JP Morgan Chase haben, so berichten Clive Hamilton und Mareike Ohlberg, chinesische »Prinzlinge« (Töchter und Söhne früherer und gegenwärtiger Parteifunktionäre in Spitzenpositionen) eingestellt, um Zugang zum chinesischen Markt zu erhalten.[88] Aus diesem Zusammenhang heraus erklärt sich Bidens Appeasement gegenüber China, das nicht nur politischen, sondern wohl auch familiären Nutzen bringt. Für die Wall Street scheint das chinesische Modell den Charme zu besitzen, dass die Macht der unwählbar Mächtigen in der Finanzwelt, in der Welt der Banken und Investmentfonds auf die politische Machtlosigkeit der Bürger trifft. Um die Globalisierung zu retten, um weiter an ihr zu verdienen, liebäugelt man anscheinend mit der Neuen Seidenstraße.

Auch Schwab und Malleret lassen in ihrem Covid-19-Manifest eine gewisse Sympathie für chinesische Methoden durchblicken, vor allem für die Kontrolle darüber, was Sie mit Ihrem Geld anstellen. Denn eine rein digitale Währung ohne Bargeld ist von der Regierung total zu korntrollieren, und sie weiß nicht nur, wann Sie wie viel Geld in welcher Eisdiele um welche Uhrzeit ausgegeben haben, sie kann auch mit einem einfachen Knopfdruck Ihr gesamtes Vermögen einziehen.

Trösten Sie sich nicht mit dem Argument, dass Ihnen nichts geschehen kann, weil sie gesetzestreu sind, denn wie schnell Ermächtigungen geschaffen werden, konnte man Ende 2020 beobachten. Schwab und Malleret schwärmen, nachdem sie vorher darüber nachgedacht haben, ob die chinesische die amerikanische als Leitwährung ablösen könnte, was auch Schwab und der Wall Street zu weit gehen dürfte, von einer Digitalwährung und loben China, das Ende April 2020 »mit einem Test einer nationalen digitalen Währung in vier Großstädten« den bedeutendsten Versuch unternommen habe. »Bei der Entwicklung einer digitalen Währung in Kombination mit leistungsstarken elektronischen Plattformen ist dieses Land dem Rest der Welt um Jahre voraus.«[89] Warum wohl?

Die Zensur-Aktion von Twitter zeigt, dass die Neue Herrschaft alles daran setzt, um eine neuerliche Auflehnung »dieser Wähler gegen ihre politischen Herren« zu verhindern, wie Nancy Fraser den Wahlsieg Donald Trumps im Jahr 2016 kommentierte, als sie schrieb: »Jene Wähler, die für den Brexit, für Trump oder gegen Renzis Reformen stimmten, lehnten sich gegen ihre politischen Herren auf. Sie stießen die etablierten Parteien von den Kopf und wiesen damit die Absprachen zurück, die ihre Lebensgrundlagen in den letzten dreißig Jahren ausgehöhlt haben.«[90]

Exempla und Exkurs:
Zwei Transformationsstrategien

Der Sachverständigenrat für Umweltfragen der Bundesregierung legte 2019 ein Strategiepapier unter dem Titel »Demokratisch regieren in ökologischen Grenzen – zur Legitimation von Umweltpolitik«[91] vor. Das Strategiepapier sieht unter Verwendung des Armageddon-Arguments als Armageddon-Imperativ angesichts der Klimaapokalyptik nichts weniger als den Umbau des Rechtsstaates vor. Die Grenzen der wissenschaftlichen Seriosität erreicht das Papier, wenn es behauptet, dass die Erde das Holozän verlässt.

Unter Holozän wird allgemein das etwa vor 11 700 Jahren einsetzende Nacheiszeitalter verstanden. Das Zeitalter nach dem Eiszeitalter kann folglich nur eines der Erwärmung sein. Aber ausgerechnet mit der Erderwärmung sehen die Klimaapokalyptiker die Notwendigkeit gekommen, von einem neuen Zeitalter der Erderwärmung, das das Holozän ablöst, zu sprechen, obwohl das doch das Kennzeichen des Holozäns ist. Durch die Erwärmung verlässt die Menschheit also das Erderwärmungszeitalter? Und weil nun nicht mehr die Sonne, die man nicht regulieren kann, schuld sein darf an der Erderwärmung des Holozäns, muss das Schuldzeitalter des Menschen, das Anthropozän anbrechen.

Argumentiert wird mit der simplen Verknüpfung unseriöser Behauptungen. Mit der unzutreffenden Behauptung, dass der Mensch durch seine Aktivitäten, durch seine Art zu leben, zum Beispiel Kinder zu bekommen und großzuziehen, für die lebensfeindliche Klimaveränderung, die einfach unterstellt wird, verantwortlich ist, wird eine Ideologie von der Neuen Herrschaft zum Dogma erhoben, nach der alle Maßnahmen zum Klimaschutz gegen den Menschen und gegen seine Art zu leben von einer höheren Warte aus gesehen gerechtfertigt sind. Doch die

Installation einer höheren Moral, die alle gesellschaftlichen Maßnahmen heiligt, die ihren Postulaten entspricht, bedeutet Totalitarismus, weil diese höhere Moral, beispielsweise als Klimaschutz, dem alle anderen Belange unterzuordnen wären, keinen Widerspruch dulden darf und ihn in Wirklichkeit auch nicht duldet. Kritiker werden als Klimaleugner beschimpft, als ob jemand das Klima leugnet, oder als Klimawandelleugner, als ob jemand den Klimawandel leugnet.

Die Transformation der Demokratie in ein Rätesystem mit dafür notwendigen Verfassungsänderungen wird demzufolge als »Ergänzung der sozialen Marktwirtschaft und des sozialen Rechtsstaates um eine ökologische Komponente« verharmlost. Der Ökologie räumt man die Hegemonie über alle anderen Bereiche ein. Es geht um »einen integrierten Ansatz, bei dem alle Politikbereiche die Verantwortung für die ökologischen Folgen ihres Handelns wahrnehmen müssen.« Um das zu können, müssen »politische Entscheidungsträger« »Wissenslücken aktiv schließen«, das heißt, sie werden durch, nennen wir sie mal Ökologiesekretäre geschult, damit sie das »Gemeinwohl als Leitlinie für staatliches Handeln gegen Partikularinteressen durchzusetzen« vermögen. Demzufolge ist eine Änderung des Grundgesetzes zwingend erforderlich, um diesen Umbau realisieren zu können. »Schließlich sollte die bislang eher schwache Rechtsposition von Umweltbelasteten in der verfassungsrechtlichen Abwägung gestärkt werden.« »Umweltbelastete« können auch »Klimaflüchtlinge« sein, die Deutschland ohne Ausnahme aufzunehmen hat, wie Hans Joachim Schellnhuber, Direktor Emeritus des Potsdam-Instituts für Klimafolgenforschung es auf einem Parteitag der Grünen 2017[92] verkündete. Es wird weiter gefordert, dass im Grundgesetz ein umweltrechtliches Integrationsprinzip verankert wird, das heißt, in allen Politikbereichen sollen Belange des Umweltschutzes berücksichtigt werden. Das klingt erst einmal gut – und das soll es auch, denn wer ist schon gegen Umweltschutz. In Wahrheit will man aber neue Strukturen schaffen, Strukturen, in denen Entscheidungsprozesse von, wie soll man sie anders nennen, demokratisch nicht legitimierten Ökologieräten ausgehen.

Um die Zusammenarbeit zwischen den Ministerien zu intensivieren, will man Projektgruppen, Gremien bilden, Räte also, die alle Maßnahmen der Ministerien vom übergeleiteten Interesse des Umwelt- oder Klimaschutzes aus überprüfen. Die »personelle Mobilität zwischen den Ressorts« soll »gesteigert werden.« Damit arbeiten keine Fachleute mehr in den Ministerien, sondern Allerweltsfunktionäre. So projektiert dürfte den Klimakontroll- oder Projektgruppen kein fachliches Veto aus den Ministerien mehr drohen.

Damit diese Klimakontrollgruppen auf allen politischen Ebenen tätig werden können, will man sowohl das Haushaltsrecht als auch die Geschäftsordnung des Bundestages ändern. Die Nachhaltigkeitsprüfung soll aufgewertet werden. Die Ressortkoordinatoren erhalten ein Vetorecht und eine Mitzeichnungspflicht beim Gesetzgebungsverfahren innerhalb der Ministerien. Ohne sie geht also nach dem Vorschlag des Sachverständigenrates für Umweltfragen nichts mehr. Kein Gesetzentwurf verlässt dann das Ministerium, den die Ressortkoordinatoren nicht abgenickt haben. Sie können sich leicht vorstellen, welch gigantische Ressortkoordinationsbürokratie mit erheblich vergrößertem Verwaltungsaufwand und verlängerten Verwaltungswegen entstehen. Sterbende oder dekadente Gesellschaften ersticken an der Fehlfunktion, nur noch Verwaltungen hervorzubringen. Über den finalen Zustand der DDR dichtete der Dramatiker Heiner Müller: »Und wenn ein Schreibtisch einen Schreibtisch fickt/ Was kommt heraus Ein Schreibtisch und Ein Schreibtisch/Ein Schreibtisch und ein Schreibtisch und ein Schreibtisch ...«[93]

Das Umweltministerium wird zum Superministerium, zur Obersten Behörde, zum Supremum, das auch außerhalb des eigenen Geschäftsbereiches ein Gesetzesinitiativrecht und analog zum Finanzministerium ein Widerspruchsrecht mit verhindernder Wirkung für alle Gesetzesinitiativen erhält. Zudem soll ein Rat für Generationengerechtigkeit eingeführt werden, der verfassungsrechtlich verankert wird. Seine Mitglieder aus externen »Fachleuten« berufen zur Hälfte der Bundesrat und zur Hälfte der Bundestag für zwölf Jahre. Diesem Rat sollen alle Gesetzesentwürfe zugeleitet werden. »Um seine Funktion zu stärken, sollte ihm ein inhaltlich begrenztes, aufschiebendes Vetorecht zugestanden werden.« Stellen Sie sich vor, was das in Wahrheit bedeutet: Einem demokratisch nicht legitimierten Gremium, das noch dazu auf zwölf Jahre, also drei Legislaturperioden des Bundestages personell unverändert im Amt bleibt, einer Art ökologischem Wohlfahrtsausschuss, wird ein Vetorecht über alle Gesetzesvorhaben der Bundesrepublik Deutschland eingeräumt?

Die Wirtschaftsfeindlichkeit des Papieres zeigt sich in der Behauptung, »ökonomisches Wachstum« zehre »ökologische Effizienzgewinne« auf. Der Sachverständigenrat glaubt offensichtlich, dass die »ökologischen Effizienzgewinne« nahrhafter als Brot sind, denn wenn ökonomisches Wachstum umgekehrt von »ökologischen Effizienzgewinnen« aufgezehrt wird, werden Sie und ich nichts mehr zu essen haben – außer Statistiken. Die Zerstörung der Wirtschaft durch eine so rückwärtsgewandte wie totalitäre Klimaideologie ist an den Daten zur Rezession, zu Firmenschließungen, zu drohenden Massenentlassungen heute schon abzulesen. Die Autoindustrie ist das erste Opfer der Klimagerechten. Sie verlässt gerade Deutschland. BMW baut keine Benzinmotoren mehr in Deutschland, dafür aber in China, Mercedes auch. Ähnliche Tendenzen lassen sich auch bei den energieintensiven Wirtschaftszweigen wie der Aluminiumindustrie beobachten. Die Deindustrialisierung schreitet voran.

Die vielleicht wirkungsvollste Forderung besteht jedoch in der Erstellung eines Inventars aller wichtigen »Stoffströme«, und zwar »von der Entnahme aus der Umwelt über ihre Verarbeitung zu Produkten, ihre Nutzung bis hin zur Freisetzung bzw. Entsorgung«. Sie können sich denken, dass es zur Erstellung dieser Inventarliste einer großen Bürokratie bedarf, die aufgebaut werden wird. Auf diesen Feldern, auf den Gebieten der Bürokratie, der EEG-Wirtschaft, der NGO- und Migrationsindustrie, also in den eigentlichen Bereichen einer Gemeinwohlwirtschaft werden dann die einzigen Wachstumsraten erzielt, nur noch in den Bereichen, die steuerfinanziert sind.

Worum es geht, wird deutlich im Papier benannt, nämlich um die staatliche Lenkung und Leitung der Wirtschaft: »Ein Inventar der Stoffströme trägt dazu bei, effektivere Maßnahmen zur Steuerung der Ströme zu entwickeln ...« Eine Behörde, die Maßnahmen zur Steuerung der Stoffströme entwickelt, besäße eine ungeheure Macht. Sie könnte und würde die Wirtschaft vollständig über die »effektiveren Maßnahmen zur Steuerung der Ströme« regulieren wie die staatliche Plankommission der DDR die Wirtschaft in Ostdeutschland. In der DDR erzählte man den Witz: Was passiert, wenn die staatliche Plankommission in die Wüste kommt? Die Antwort lautete: Dann wird der Sand knapp.

Würde dieser Vorschlag in die Praxis umgesetzt, würde er das Ende der sozialen Marktwirtschaft bedeuten. Die Wirtschaft würde nach dem Diktat der Ideologie gegängelt und schließlich erdrosselt. Die Freiheit des Einzelnen würde enden, denn der Staat muss unter der Vorgabe des Gemeinwohls Partikularinteressen niederhalten. Verbote, Gängelungen und Denunziationen wären die Folge. Die Demontage des demokratischen Rechtsstaates wird aufgrund einer zweifelhaften Ideologie als »notwendiger Veränderungsprozess« ausgegeben. Natürlich fordert der Sachverständigenrat für Umweltfragen, die Fördermittel für Nachhaltigkeitsforschung zu erhöhen, zumal Mitglieder des Sachverständigenrates für Umweltfragen sich mit Nachhaltigkeitsforschung befassen. Sie benötigen keine Fantasie, um sich vorzustellen, dass es auf eine Art Sozialismus hinausläuft.

Bleiben wir noch einen Moment bei diesem Thema, weil es ein Hauptmotiv und Herzstück der großen Transformation darstellt. Die Grünen, die ab Herbst 2021 nach heutigen Maßstäben Regierungspartei sein werden und das Finanz- und das Wirtschaftsministerium beanspruchen, um die soziale Marktwirtschaft in eine ökologistische Kommandowirtschaft zu überführen, forderten auf ihrem Digitalparteitag im November 2020 ein »Wirtschafts- und Finanzsystem, das die planetaren Grenzen einhält«. Denn schließlich ist »der Markt ... nicht das alleinige Organisationsprinzip für das Wirtschaften in einer Gesellschaft. Ein Großteil menschlicher Wirtschaftsbeziehungen erfolgt jenseits von Märkten über den Staat, in Haushalten oder gemeinschaftlich organisierten Bereichen.«[94]

Der Ort jenseits der Märkte ist der Ort der sozialistischen Planwirtschaft, die kein reales Wachstum hervorbringt. Auf Wachstum wollen die Grünen entsprechend ihrer planetaren Verantwortung verzichten. Sie setzen auf eine wesentlich aktivere »Industriepolitik«, auf eine wachsende Staatsverschuldung und auf eine Steuerpolitik, die nach ideologischen Prinzipien auch wirklich »steuern« will. Vor allem gilt für sie »das Primat der Politik, auch gegenüber Wirtschaft und Kapital«, das sie »neu begründen und durchsetzen« wollen. Was das bedeutet, habe ich 1989 in praxi erleben dürfen, und glauben Sie mir, das wollen Sie nicht. Denn das bedeutet zugleich auch das Primat der Politik über den Souverän, über den Bürger, über seine Bürgerrechte. Demzufolge heißt es: »Wirtschaftspolitisch muss der Staat mehr tun, als nur einen Rahmen zu setzen.«

Es ist allerdings nicht die Aufgabe des Staates, mehr zu tun, als einen Rahmen zu setzen, außer im Kommunismus natürlich, oder in China. Unternimmt der Staat mehr, wird er Unternehmer – und zwar ein oligopolistischer Unternehmer. Doch das ist es, was die Grünen wollen, denn: »Zukunftsfähige Wirtschaftspolitik orientiert sich an einem neuen Wohlstandsmaß und einer neuen Form der Wirtschaftsberichterstattung.« Wohlstand ist eine Definitionsfrage, wer ihn definiert, besitzt totale Gestaltungsmacht. Was Wohlstand ist, möchten die Grünen bestimmen, bestimmen, was der Mensch an Kleidung tragen, was er essen, was er lesen, wie und wohin er reisen und was er und wie er es sagen darf.

Die Große Transformation soll nach den Vorstellungen der Grünen durch massive Steuererhöhungen, gigantische Staatsverschuldung, Verteuerung des Lebens, Umverteilung und Zwang beschleunigt werden. Man muss es klar sagen: Was früher unter den Namen Kommunismus firmierte, heißt heute bei den Grünen »Gemeinwohl« und Gemeinwohlwirtschaft. Die »sozial-ökologische Transformation« beinhaltet als »Schlüsselprojekt einer sozial-ökologischen Industriepolitik … die vollständige Dekarbonisierung der Produktionsprozesse in Europa. Automobil- und Chemieindustrie sowie der Maschinenbau waren die Säulen des Erfolges der deutschen Wirtschaft in den vergangenen Jahrzehnten, aber diese Branchen müssen sich neu erfinden, um den Herausforderungen des 21. Jahrhunderts gerecht zu werden.«

Die Automobil- und Chemieindustrie werden sich nicht neu erfinden, sie wird einen neuen Standort finden. Zum Büttel der Finanzindustrie machen sich die Grünen, wenn sie fordern, »Anlagegelder in den ökologischen Umbau« zu lenken, denn damit schaffen sie die Voraussetzungen für die neue große Blase, von der Gordon Gekko sprach, in die die Finanzindustrie investieren wird, bis sie platzt, und deren Verwüstungen dann vom Bürger zu tragen sein werden. Die Politik der Grünen ist unverantwortlich und besteht nur aus: Lenken, Zwingen, Verbieten, Bevormunden.

Zu Recht werden Sie die Frage stellen, welche Gesellschaft transformiert werden soll, oder genauer: wer eigentlich seine schlechten Angewohnheiten abzulegen und sich stattdessen neue anzutrainieren hat.

Wer ist die Gesellschaft?

Sie ahnen es, dass eine Vielzahl unterschiedlicher Möglichkeiten existiert, eine Gesellschaft soziologisch abzubilden. Das liegt schon im Wesen der Sache, denn Gruppen, Klassen oder Schichten bilden keine, wie Schumpeter das ausdrückt, »existierenden und handelnden soziologischen Entitäten«, sondern »funktionelle Kategorien«[95], werden also in Abhängigkeit von ihrer Stellung in der Gesellschaft definiert, und die Definition leitet natürlich das politische oder wissenschaftliche Interesse des Definierenden. Jedes Ordnungsprinzip wird naturgemäß einen anderen Befund erzeugen, entscheidend ist deshalb nicht der allgemeine Wahrheitswert, sondern nur der heuristische Wert der Untersuchung in Bezug auf das Erkenntnisinteresse. Für Identitätspolitiker zerfällt die Bevölkerung beispielsweise in Menschen mit oder ohne Migrationshintergrund, für Marxisten in Angehörige der herrschenden und Angehörige der unterdrückten Klasse, für einen Teil der Medien in »Demokraten« und (neue) »Rechte«, für Veganer in Veganer und Nichtveganer.

Schauen wir uns also weiterführende soziologische Bestimmungen einmal an. Sie können durchaus mit einigem Gewinn die Mitglieder einer Gesellschaft nach ihrer Stellung in der Volkswirtschaft, nach dem Besitz der Produktionsmittel, wie es Karl Marx vorschlug, oder wie der Soziologe Wolfgang Streeck in »Lohnabhängige« und »Profitabhängige« einteilen. Der heuristische Wert dieser Unterteilung besteht für Streeck in der These vom »Epochenumbruch in der politischen Ökonomie der kapitalistischen Demokratien in den 1970er Jahren«, die er unter dem Aspekt des »Verteilungskonflikts zwischen Klassen« begreift.[96]

Der zentrale Begriff in Streecks Überlegungen und Analysen heißt: Krise. »Heute befindet sich der Kapitalismus der reichen demokratischen Gesellschaften in einer dreifachen Krise, die seit Jahren anhält, ohne dass ein Ende abzusehen wäre: einer

Bankenkrise, einer Krise der *Staatsfinanzen* und einer Krise der ›*Realökonomie*‹.«[97] Wenn Sie sich an meine Überlegungen zum Begriff der Krise erinnern, werden Sie mit mir darin übereinstimmen, dass Streecks Unterscheidung nur unter der Voraussetzung, dass der Kapitalismus der Spätkapitalismus ist, der sich in einer Dauerkrise befindet, einen heuristischen Wert besitzt.

Wie dargelegt geht das Krisentheorem jedoch am Kern des Problems vorbei. Die theoretische Grundlage des Krisentheorems haben Marx und Engels so ausgedrückt:»Die Geschichte aller bisherigen Gesellschaft ist die Geschichte von Klassenkämpfen. Freier und Sklave, Patrizier und Plebejer, Baron und Leibeigener, Zunftbürger und Gesell, kurz, Unterdrücker und Unterdrückte standen in stetem Gegensatz zueinander, führten einen ununterbrochenen, bald versteckten, bald offenen Kampf, einen Kampf, der jedesmal mit einer revolutionären Umgestaltung der ganzen Gesellschaft endete oder mit dem gemeinsamen Untergang der kämpfenden Klassen.«[98]

Dieses Geschichtsmodell, das letztlich auf die»Civita Dei« des Augustinus zurückgeht und die Geschichte als steten Kampf zweier gegensätzlicher Prinzipien begreift, zwang marxistische Historiker zu seltsamen Konstruktionen wie der der frühbürgerlichen Revolution in Deutschland, weil man nicht wusste, wie man mit den Bauern umgehen sollte, wo doch die antagonistischen Klassen Bourgeoisie und Feudaladel waren. Dem Konstrukt der frühbürgerlichen Revolution ähnelt das Phantom des Spätkapitalismus.

Man kann die deutsche Gesellschaft nicht mehr in Kapitalisten und Arbeiter teilen und als Schichten Angestellte, Handwerker, Angehörige freier Berufe und Beamte hinzufügen, spätestens seit dem Ende des sozialdemokratischen Zeitalters in den Siebzigerjahren des vorigen Jahrhunderts nicht mehr. Die Unterscheidung zwischen Arbeitnehmern und Arbeitgebern und Angehörigen freier Berufe und Selbstständigen ist hilfreicher, führt aber auch zu Problemen, wenn man bedenkt, dass der Handwerksmeister Arbeitgeber sein kann, aber, so er keinen Beschäftigten hat, ebenfalls Selbstständiger ist, will man ihn nicht ganz und gar als seinen eigenen Arbeitnehmer sehen. Schwierig wird die Unterteilung, wenn in Aktiengesellschaften Manager zugleich Arbeitgeber und Arbeitnehmer sind. Laut Streecks Einteilung besäßen Manager ohnehin eine doppelte Natur, als lohnabhängig durch den Arbeitslohn und als profitabhängig, weil ein Teil der Vergütung an Boni gebunden ist.

Der Soziologe Andreas Reckwitz benennt eine »Drei-Klassen-Gesellschaft«, die genau betrachtet eine Vier-Klassen-Gesellschaft ist, die er als Unterklasse (Prekariat), (alte und neue) Mittelklasse und Oberklasse fasst. Sein Hauptinteresse gilt jedoch der Mittelklasse, insbesondere der neuen Mittelklasse, die sich von der alten Mittelklasse löst, wodurch sein Modell von einem Drei- zu einem Vier-Klassen-Modell wird.[99]

Den Unterschied zwischen der neuen und der alten Mittelklasse sieht Reckwitz nicht so sehr im Einkommen, »sondern in der Kultur, im Lebensmodell«. Den zentralen Wert macht der Soziologe in der »Selbstverwirklichung« aus. Zur Selbstverwirklichung gehören allerdings »Erfolg und Prestige«, denn was nutzt das schöne Selbst, wenn es nicht auch von anderen bewundert wird und es sich nicht rechnet. Nein, das Selbst soll schon bedeutend sein. Reckwitz findet den schönen Ausdruck »Bürgerlichkeit und Bohème« und zeigt damit den illusionären Charakter des Selbstverständnisses der neuen Mittelklasse, das eher ein narzisstisches ist, denn eine Boheme in den festen Grenzen des neuen Spießbürgertums wäre denn auch keine Boheme mehr.

Reckwitz macht demzufolge seine famose neue Mittelklasse eher in den Städten aus, während er die alte Mittelklasse eher im ländlichen Bereich verortet. Wenn Sie sich auf dem »Land« umblicken, besonders im stadtnahen Bereich, werden Sie viele mittelständische Familien erleben, die aufs Land gezogen sind, weil sie sich die benötigte Wohnungsgröße nicht mehr in dem Stadtviertel leisten können, in dem sie leben wollen. Meiner Erfahrung nach ist die Unterscheidung, ob man auf dem Land oder in der Stadt lebt, so beliebt wie falsch. Möglich, dass es für einen Soziologen inzwischen ein heuristisches Problem darstellt, eine soziale Kategorie zu erstellen, der man selbst angehört, und dadurch die eigenen Lebensvorstellungen dieser Kategorisierung zugrunde zu legen. Die »alte Mitte« stellen für Reckwitz die grauen Langweiler dar, die weniger »mobil« sind. Klar, sie haben Familie und Kinder, dem Ausleben des Boheme-Gefühls sind Grenzen gesetzt. Kühn ist allerdings Reckwitz' Behauptung, dass die alte Mitte »nicht mehr die Mitte der Gesellschaft« repräsentiert und deren Bildungsabschlüsse angesichts der Akademisierung an »Wert« verlieren.

Schaut man genauer hin, dann werden zum Vertreter der alten Mittelklasse die Handwerker, die Gewerbetreibenden, die Akademiker, die in Scharen aufs Land ziehen, die Familien, während zur neuen Mittelklasse die Singles, die Studenten, auch die Dauer- oder Langzeitstudenten, die eigentlich nur den politischen Aktivismus vorantreiben, gehören.

Für die Herausbildung der neuen Mittelklasse benennt Reckwitz drei Faktoren: die Postindustrialisierung, »also die Entwicklung weg von der klassischen Industriegesellschaft hin zur Wissensökonomie, das hohe »kulturelle Kapital« der Mittelklasse und den »Wertewandel weg von reinen Pflichtwerten zu Werten der Selbstentfaltung und Individualität. Dieser Wertewandel wird entscheidend von der neuen Mittelklasse getragen«. Das Lebensgefühl der neuen Mittelklasse »ist kosmopolitischer, internationaler, liberaler«. Reckwitz' Befund ist zwar fragwürdig, weil die neue Mittelklasse die neue Mittelklasse beschreibt, trifft aber dennoch einen wichtigen Punkt: »Damit gibt es eine neue politische Konfliktlinie, welche die klassische Links-Rechts-Konfliktlinie durchschneidet.«

Die neue Unterschicht ist für Reckwitz ebenfalls neu. Zu ihr gehören Menschen, die in »sogenannten einfachen Dienstleistungen arbeiten. Dazu gehören auch Menschen, die nicht am Arbeitsmarkt aktiv sind. Man muss sich durchwursteln, mit der ständigen Gefahr von Lebenskrisen umgehen.« Interessant, dass Reckwitz zu einem ähnlichen Schluss wie Paul Collier kommt, wenn er schreibt: »Die Selbstverwirklichung der neuen Mittelklasse erscheint aus Sicht der Unterschicht als Paralleluniversum.« Schließlich kommt Reckwitz zu dem Schluss: »Die neue Mittelklasse prägt die Konsumpräferenzen, teilweise die medialen Darstellungen, sie hat auch in der Politik einen starken Einfluss auf die Parteien und Themen. Durch ihre hohen Bildungsabschlüsse hat sie eine starke Stellung in allen Bereichen.«[100]

Hier unterläuft Reckwitz ein kardinaler Fehler, wenn er hohen Bildungsabschluss mit hoher Bildung gleichsetzt. Der hohe Grad an Akademisierung resultiert aus einer Verflachung der Akademisierung. Die »neue Mittelklasse« verfügt zwar über hohe Bildungsabschlüsse, die alte übrigens auch, aber über eine vergleichsweise niedrige Bildung als Resultat des Sieges des langen Marsches der Achtundsechziger im Bildungssystem. Zunehmend klagen Hochschullehrer, wenige offen, die meisten hinter vorgehaltener Hand über das sinkende Niveau der Abiturienten, die an die Universitäten kommen. Die Kompetenzpädagogik – und das ist die größte gesellschaftliche Katastrophe – führt zu einer grassierenden Inkompetenz, führt dazu, dass einer Studie zufolge, »ein beträchtlicher Anteil von Studenten mit anderen Meinungen nicht konfrontiert werden will. Ein Drittel bis die Hälfte der Befragten sind dagegen, Redner mit abweichenden Meinungen zu den am meisten umstrittenen Themen Islam, Geschlecht und Zuwanderung an der Hochschule zu dulden. Noch höher ist der Anteil derer, die solchen Personen keine Lehrbefugnis geben würden, wiederum ein Drittel will ihre Bücher aus den Bibliotheken verbannen.«[101]

Reckwitz unterscheidet zwischen »neuer Mittelklasse, alter Mittelklasse und neuer Unterklasse als den drei großen Formationen, plus der winzigen Oberklasse.«[102] Der Blogger Michael Seemann hat das Selbstverständnis dieser »neuen Mittelklasse« unmissverständlich als Kampfansage formuliert. Da es selbstentlarvend ist und gut darüber Auskunft gibt, wer denn Reckwitz' neue Mittelklasse ist und wie sie sich und die anderen sieht, möchte ich ihr die Gelegenheit geben, sich darzustellen.[103] Michael Seemann sieht sich als typischer Angehöriger »einer globalisierten Klasse der Informationsarbeiter«, die großstädtisch lebt und die »so flüssig Englisch spricht wie ihre Muttersprache«. Das sagt allerdings wenig über die tatsächliche Sprachkompetenz dieser neuen Mittelklasse, über ihre tatsächliche Bildung, über ihre Fähigkeit zur sprachlichen Differenzierung aus.

Seemann bestätigt, dass diese neue Mittelklasse nicht in der Wirtschaft engagiert ist, sondern irgendwie etwas mit Medien macht und natürlich ihre Jobs in NGOs und Parteien hat, das heißt, weder Sie noch ich benötigten diese »neue Mittelklasse«, denn sie konsumiert nur, statt zu produzieren, aber geradezu indirekt proportional zu ihrem Beitrag zum Bruttoinlandsprodukt »gibt sie überall kulturell und politisch den Takt vor«. Wie die Kommunistische Partei Chinas »kontrolliert (sie) den Diskurs … kontrolliert (sie) die Moral«. Die Kommunisten definierten ihre Partei als organisierte Vorhut der revolutionären Arbeiterklasse, Seemann sieht Reckwitz' neue Mittelklasse als »progressivere(n) Teil des Bürgertums«, der sich »sozial enger mit seinesgleichen über Ländergrenzen hinweg zu vernetzen und kulturell zu orientieren« wünscht.

Was Reckwitz und Seemann als »neue Mittelklasse« beschreiben, nennt Paul Collier WEIRD, über die Collier treffend schreibt: »Erfüllt vom Selbstbewusstsein meritokratischer Überlegenheit, hielten sich die Angehörigen der Avantgarde für die neuen platonischen Wächter, die berechtigt waren, sich über die Werte anderer hinwegzusetzen.«[104] Und wie einst die revolutionäre Vorhut der Arbeiterklasse will auch diese »neue Mittelklasse« »globale Standards nicht nur in der Wirtschaft, sondern auch in Politik, Kultur und Moral« setzen. Wenn schon Klassenkampf, dann richtig, denn die »progressiven, zunehmend global Orientierten haben die anderen einfach abgehängt«, all die, die Werte schaffen, den Handwerker, den hochqualifizierten Arbeiter oder Meister in der modernen Industrie, die Väter und Mütter.« All jene, die Seemann meint, kulturell abgehängt zu haben.

Man glaubt, neue Herrenmenschen vor sich zu haben, wenn Seemann verkündet, dass die anderen, der trash, merkt, »dass uns ihre Welt zu klein geworden ist, dass wir uns moralisch überlegen fühlen und nach Größerem streben.« Da haben wir sie im O-Ton, die Neuen Herrscher, die moralisch Überlegenen, die nach Größerem streben«, Größerem als Familie, als ihrem Land zu dienen, als für die Freiheit und die Gleichheit einzutreten, denn sie sind ja etwas Größeres, moralische Übermenschen, die nach einer Art moralischer Weltherrschaft, finanziert von den Minderen, den kulturell Abgehängten, streben.

Diese neue Mittelklasse will im Great Reset in der Großen Transformation neue Standards setzen, denn die »alten Standards«, die durch die neuen Standards der neuen Mittelklasse »entwertet und verdrängt werden« sollen, »kamen mal aus dem Bürgertum, aus einer Zeit, als sie noch das Sagen hatten.« Um es konkret zu machen, denn diese »neue Mittelklasse« scheint im Rausch der eigenen Bedeutung nicht mehr zu wissen, worüber sie redet: Die bürgerlichen Standards finden sich in den Bürgerrechten, im Grundgesetz, es sind die Standards von Gleichheit, Freiheit, Brüderlichkeit, die Standards der Toleranz, der Religions- und Meinungsfreiheit, der sozialen Verantwortung, des Rechts auf Bildung, auf körperliche Unversehrtheit, auf demokratische Teilhabe, auf Freizügigkeit und auf Eigentum, darauf, seine Kinder erziehen zu dürfen, auf den Schutz vor Diskriminierung jeder Art, auch vor positiver Diskriminierung. Was Seemann will, ist »eine kulturelle Gentrifizierung.«[105] Doch was der Sänger der neuen Mittelklasse so nennt, hieß bei Karl Marx Klassenkampf und wurde bei Lenin, Stalin und Mao zur brutalen Machttechnik vervollkommnet, die über so überzeugende Mittel wie Gulag und Genickschuss, Bespitzelung und Gehirnwäsche sowie kollektive Überwachung verfügte. Die Selbstüberhebung ist typisch für die Bedeutungslosigkeit dieser neuen Klasse von Informationssklaven im Überwachungskapitalismus, die nicht frei und unabhängig sind, sondern eine Armee von Kleinbürgern, eine Armee von Mitläufern darstellen, die in ihren Appartements hocken, zu Partys gehen, Angst vor Bindungen haben und nur imaginieren, dass sie frei und unabhängig wären. Dass diese Klasse außer ihrer großen Hochachtung vor sich selbst über keinerlei Orientierung verfügt und das, was sie Werte nennt, Phrasen und Schlagworte sind, gesteht Seemann sogar ein: »Ist es nicht erschreckend, dass man sich als Linker in so vielen politischen Fragen auf einmal an der Seite von Angela Merkel wähnt?« Was ist also noch links? Zustimmung zu Angela Merkel?

Wir erkennen in der Orientierungslosigkeit und im Phrasengeklingel der neuen sich links dünkenden Mittelklasse, wie obsolet der künstlich geschürte Rechts-Links-Gegensatz ist, wie ungeeignet er ist, die politische Landschaft zu beschreiben und nur noch, aber das effektiv, als Propagandainstrument so hervorragend schlechte Dienste leistet. Um zu einer soziologischen Beschreibung der Gesellschaft zu kommen, werden wir das Rechts-Links-Schema, das den Blick auf die Realität verstellt, beiseiteschieben müssen.

Die politischen Positionsbezeichnungen von links und rechts leiten sich aus den Gesäßgeografien der Parlamente des ausgehenden 18. und des 19. Jahrhunderts her und bezeichnen den Gegensatz zwischen Konservativen und den auf große Umwälzungen bedacht seienden politischen Kräften. Während die Rechten oft die Herrschaft innehatten, mit wenigen zeitlich begrenzten Ausnahmen, befand sich die Linke in Opposition, hielt die Linke große Reformen oder gar Revolutionen für erforderlich, hielten die Rechten am Status quo fest, denn es war der Status quo, in dem sie herrschten und zumeist auch beherrschten.

Die Ausnahmen, in denen es zu einer kurzen Herrschaft der Linken kam, endeten in der Diktatur, deren früheste die der Jakobiner darstellte. Dass es den Linken immer um das Soziale ging, ist nicht ganz richtig, weil die Linken aus der sozialen Frage allmählich eine Ideologie machten, es ging ihnen daher nicht um das Soziale schlechthin, sondern um die Ideologie des Sozialen, und zum anderen erwiesen sich nicht selten die Rechten als couragierte Sozialreformer, wenn man an die Speenhamland-Gesetzgebung in England und an Bismarcks Einführung der Sozialversicherung in Deutschland denkt.

Spätestens mit der Sozialdemokratisierung der kapitalistischen Gesellschaften verlor die Unterscheidung von rechts und links ihren Sinn. In Deutschland galt die SPD als Mitte-Links-Partei, während CDU/CSU als Mitte-Rechts-Parteien gesehen wurden und sich auch als solche empfanden. Sie werden sich sicher noch an das berühmte Diktum von Franz-Josef Strauß erinnern, nach dem rechts von der CSU keine demokratisch legitimierte Partei mehr existieren dürfe.

In mustergültiger Weise repräsentierte das Parteiensystem die unterschiedlichen Wählerinteressen. Das Ende des sozialdemokratischen Zeitalters, Globalisierung und Finanzialisierung (der Tendenz des Kapitalismus hin zu einer Dominanz des Finanzsektors gegenüber anderen Bereichen) und die allmähliche Digitalisierung führten zur Veränderung des Kapitalismus und zu neuen Interessengegensätzen. In Deutschland hat die der Globalisierung und Finanzialisierung Rechnung tragende Agenda 2010 die innere Abwertung Deutschlands bewirkt, die Deutschlands Wettbewerbsfähigkeit erhöhte. Die Hartz-IV-Gesetzgebung fing die Verlierer der Globalisierung, die gering qualifizierten Arbeitnehmer auf und schuf so ein Prekariat, wenn man so will, ein Hartz-IV-Prekariat.

Doch für dieses Prekariat interessierten sich die Linksliberalen nicht mehr, war doch die Prekarisierung eines Teils der Bevölkerung auch Resultat der rotgrünen Politik, die nun wirklich die Herrschaft übernommen hat, ironischerweise politisch durch eine Bundeskanzlerin der CDU, die in einem atemberaubenden Linksschwenk die CDU zu einer Mitte-Links-Partei, zur eigentlichen sozialdemokratischen Partei in Deutschland machte. Dadurch tat sich Mitte-Rechts nicht nur eine Repräsentationslücke bedeutender Wählerschichten auf, die nicht mehr parteipolitisch vertreten werden. Die Repräsentationslücke, die inzwischen ein Repräsentationscanyon ist, führt zur Radikalisierung und stellt die Parteiendemokratie infrage, indem das Prinzip der Pluralität vom Dogma der Alternativlosigkeit mit seinen drei ideologischen Absicherungen, dem Armageddon-Argument, der, wie Wolfgang Streeck es nennt, »Expertenlüge« und dem argumentum ad hominem sukzessive ersetzt wird.

Das argumentum ad hominem richtet sich nicht gegen die Inhalte des politischen Gegners, sondern gegen die Person selbst, denn wenn man den Gegner als Unmenschen darstellt, dann muss man sich nicht mehr mit dessen Argumenten auseinandersetzen, weil die nur unmenschlich sein können, weil sie von einem Unmenschen stammen. Man kann es Diskursausschluss des Andersdenkenden, man kann es das Ende der Meinungsfreiheit, das Ende des Diskurses, das Ende der Demokratie nennen. Wie hieß es doch in dem vom Bundesfamilienministerium finanzierten Projekt »Demokratie leben«: »Es heißt Grundrecht auf freie Meinungsäußerung und nicht Grundrecht auf Scheißelabern.«[106] Wer urteilt darüber, was *Meinung* und was *Scheiße* ist? Die neue

Mittelklasse? Ist diese Beurteilung Teil ihrer »kulturellen Gentrifzierung«?

Im Prozess der Machtergreifung der Neuen Herrschaft, eines sich im Mitte-Links-Bereich drängelnden Bündnisses aus Linken, SPD, Grünen und CDU, verliert politisch das Rechts-Links-Schema an Bedeutung. Deutlich wird das an einer dramatischen Veränderung. Während bis zum Ende des Zweiten Weltkrieges und noch darüber hinaus ohngeachtet der moralischen Aufladung in den politischen Kampagnen Rechts und Links funktionale Kategorien waren, die disparate Standpunkte, unterschiedliche soziale Interessenvertretungen und auch verschiedene politische Philosophien ausdrückten, vermögen die Linken und Linksliberalen bis tief in die CDU hinein Rechts und Links nicht mehr inhaltlich zu definieren.

Die Begriffe »Links« und »Rechts« wurden ihrer Funktionalität beraubt und, um das Vakuum zu füllen, vollkommen moralisiert zum Werturteil, das sich jeglicher Rationalität entzieht. Beschleunigt wurde die Begriffsentleerung objektiv dadurch, dass sich in der Gesellschaft längst durch die Prozesse der Globalisierung und der Finanzialisierung andere Konfliktlinien herausgebildet hatten, eine andere »Klassenfrage« sich ergab, nämlich die zwischen Kommunitaristen, die im Mittelpunkt ihres Denkens ihre Heimat, ihre Tradition, familiäre und berufsethische Werte stellen, die ihre soziale Verantwortung in ihren Kommunen, in ihrer Lebensumwelt wahrnehmen, die dauerhafte und lokal basierte menschliche Beziehungen eingehen, und Globalisten. Hierin zeigt sich der eigentliche politische Konflikt unserer Zeit.

Links ist nun, was Michael Seemanns Selbstbildnis der »neuen Mittelklasse« zeigt, alles von der Antifa bis zur CDU, alles, was globalistisch denkt. Der Skandal ist, dass den Wurzellosen, den Kulturlosen, den Globalisten nicht einmal bewusst ist, dass, ginge Seemanns geforderter Konsens weiter, die Gesellschaft in den Totalitarismus stürzte. Diese neue Klasse, von der Seemann spricht, bereitet sich erhabene Gefühle, um sich darüber hinwegzutäuschen, dass sie abhängig, vereinzelt, schutzlos der neuen Herrschaft ausgeliefert ist, der sie in der Art nützlicher Idioten die Geschäfte betreibt.

Man kann es drehen und wenden, wie man will, alle Einteilungen besitzen einen heuristischen Wert, nur nicht für unsere Frage, was geschieht im anstehenden Paradigmenwechsel, wie er gestaltet werden muss, dass nicht die Bürger die Verlierer sind, dass sie mit ihrem und ihrer Kinder Wohlstand nicht für die Machtübernahme einer Bürokratie oder Oligarchie bezahlen. Wenn meine Annahme stimmt, dass wir uns in einem Paradigmenwechsel befinden, die grundsätzliche Veränderung in Rechnung stellt, besitzt nur die Unterscheidung zwischen den Verlierern und den Gewinnern der Großen Transformation einen heuristischen Wert, denn wer zu den Gewinnern und zu den Verlierern zählen wird, hängt davon ab, wie sich der Paradigmenwechsel vollzieht.

Es ist wichtig, dass keine Verwechslung oder falsche Gleichsetzung geschieht, der Paradigmenwechsel findet so oder so statt, die Frage für uns, für Sie und für mich lautet, wer bestimmt oder gestaltet ihn, und wie wird er vollzogen. Sollte die Mehrheit der Bürger zu den Verlierern gehören, würde das zweierlei Konsequenzen zur Folge haben: Erstens wäre damit die Große Transformation abzulehnen, und zweitens würde die Große Transformation zu einer gesellschaftlichen Krise größten Ausmaßes führen, über einen vorrevolutionären in einen revolutionären Zustand wechseln. Es hat derzeit den Anschein, dass sich die USA einer vorrevolutionären Krise nähern.

Zu den Verlierern zählen übrigens auch jene, die sich Illusionen über ihre Situation und ihre Funktion machen, die ideologisch disponiert sind, weil sie mit falschem Bewusstsein über ihre tatsächliche Lage handeln, indem sie nämlich kommunitaristisch leben und globalistisch denken – die neue Mittelklasse.

Auf der Suche nach einer Antwort, wer die Gewinner und die Verlierer der Großen Transformation sind, hilft uns eine Beschreibung weiter, die von Nancy Fraser am Beispiel der USA getroffen wurde:»Die US-amerikanische Form des progressiven Neoliberalismus beruht auf dem Bündnis ›neuer sozialer Bewegungen‹ (Feminismus, Antirassismus, LGBTQ) mit Vertretern hoch technisierter, ›symbolischer‹ und dienstleistungsbasierter Wirtschaftssektoren (Wall Street, Silicon Valley, Medien- und Kulturindustrie etc.). In dieser Allianz verbinden sich echte progressive Kräfte mit einer ›wissensbasierten Wirtschaft‹ und insbesondere dem Finanzwesen.«[107] Über Barack Obama urteilt Fraser:»Die Politik Clintons, von seinen Nachfolgern einschließlich Barack Obama fortgeführt, bewirkte eine Verschlechterung der Lebensverhältnisse *aller* Arbeitnehmer, besonders aber der Beschäftigten in der industriellen Produktion.« Auch wenn die Medienschaffenden der Neuen Herrschaft Barack Obama bereits zu einem Messias verklärten, war die Politik des neuen Messias katastrophal, er tat nichts für die, wie es die National Review ausdrückte, die es verdienen zu sterben, die kulturell gentrifiziert werden. Fraser beschreibt die neue Mittelklasse aus amerikanischer Sicht, die Reckwitz mit Blick auf Deutschland porträtiert, deren Selbstverständnis Michael Seemann zu Protokoll gegeben hat und die Paul Collier als WEIRD hinsichtlich Großbritanniens bezeichnete.

Wenn Seemann als Werte der neuen Mittelklasse ökologische, antirassistische, antisexistische, politisch korrekte Standards benennt, so bestätigt das nur die Beschreibung der Werte der neuen Mittelklasse, die sich bei Nancy Fraser so liest:»Sie setzen Emanzipation mit dem gesellschaftlichen Aufstieg der ›Begabten‹ unter den Frauen, Minderheiten und Homosexuellen gleich und wollen die *The-winner-takes-it-all*-Hierarchie nicht mehr abschaffen.«[108] Für die Mehrheit der Bevölkerung bleibt demnach nichts übrig?

Gewinner und Verlierer

In einem Interview, das der Verleger des linken Promedia Verlages, Hannes Hofbauer, dem RBB Inforadio gab, prognostizierte er, dass die Verlierer der neuen Weltordnung die Autoindustrie, der Mittelstand, die unternehmergeführten Betriebe im Gegensatz zu den Aktiengesellschaften sein werden.[109] Wenn man in Deutschland Autoindustrie sagt, spricht man vom Motor der deutschen Wirtschaft, redet man gleichzeitig über sehr viele Zulieferer und Lieferketten.

Hofbauer nennt die neue Ära kybernetisches Zeitalter, in dem es nicht mehr um die Effizienz der Arbeit, sondern um die Selbstoptimierung der eigenen Persönlichkeit gehe. Er gesteht ein, dass es in jedem Wechsel der Kapitalzyklen Verlierer gäbe. Wenn die deutsche Bundesregierung der Autobranche keine Förderung beispielsweise in Form einer Abwrackprämie zukommen lassen wolle, vermutet er, dann habe sie sich gegen die Autobranche entschieden, weil sie die Autobranche nicht für zukunftsfähig halte und deshalb dort kein Budget verschwenden wolle.

In den Traumstädten der Linksliberalen besitzen sie in der Tat keine Zukunft mehr. Doch Hofbauer begeht einen interessanten Fehler, er geht von Kapitalzyklen aus, so als habe er es mit einem Perpetuum mobile im luftleeren Raum zu tun, nur ist es entscheidend, auf welchen wie gearteten Märkten Kapitalzyklen vollzogen werden. Völlig unerwähnt bleibt, welche Produktionsweise die neue Weltordnung, über die er spricht, haben wird. Werden wir sie uns als Staatskapitalismus vorstellen müssen?. Unbeabsichtigt gibt er aber einen Hinweis, bei dem ich nicht zu entscheiden vermag, ob ihm selbst bewusst ist, was er damit beschrieb. Interessanterweise konstatiert Hannes Hofbauer nämlich wie selbstverständlich, dass eine so große Veränderung in der Gesellschaft, eine Große Transformation nur mittels autoritärer Maßnahmen gelänge, die der Schulterschluss von Politik und Kapital ermöglichen würde. Die Große Transformation oder die neue Weltordnung ließe sich also nicht demokratisch herstellen.

Hier ist die Katze aus dem Sack, denn die Katze heißt Staatskapitalismus, ein Mittel könne schließlich auch eine umfangreiche Verstaatlichung darstellen.[110] Was sollen wir uns auch sonst unter einem Schulterschluss von Politik und Kapital vorstellen, der Schulterschluss übrigens, den ich Neue Herrschaft nenne und den Sie in der Realität bereits besichtigen können. Aber die Katze führt zwei Namen, der andere lautet Diktatur. Hofbauer gesteht es auch ohne Zögern ein, dass der autoritäre Zugang notwendig sei, um den Umbruch, die Große Transformation zu vollziehen.

Geht also die neue Herrschaft davon aus, dass die Verlierer zum Verlieren gezwungen werden müssen? Das würde meine These bestätigen, dass die Große Transformation eine revolutionäre Situation herbeiführen wird. Wenn Sie mir gestatten, das Bild in die Schärfe der Karikatur zu treiben, so würde nach den Prämissen der marxistischen Revolutionstheorie die Große Transformation nur die Konterrevolution sein, die erst die Revolution freisetzt. Die revolutionäre Situation ist dann gegeben, wenn die Regierenden nicht mehr so weiterregieren können wie gehabt und das Volk nicht mehr so weiter zu existieren vermag. In der Schrift über den Zusammenbruch der II. Internationale drückte es Lenin so aus: »Die Unmöglichkeit für die herrschenden Klassen, ihre Herrschaft in unveränderter Form aufrechtzuerhalten; diese oder jene Krise der ›Spitzen‹, Krise der Politik der herrschenden Klasse, die einen Riss erzeugt, durch den die Unzufriedenheit und Empörung der unterdrückten Klassen hervorbricht.«[111] Noch befinden wir uns allerdings in Deutschland nicht einmal in einer vorrevolutionären Situation.

Unternehmen wir zum besseren Verständnis einen kurzen Perspektivwechsel. Der französische Wirtschaftswissenschaftler Thomas Piketty zeigte, dass die Wachstumsrate großer Vermögen mindestens zweimal höher als die des Durchschnittseinkommens und -vermögens sei. »Sollte sich eine solche Entwicklung unbegrenzt fortsetzen, könnten diese sehr kleinen Gruppen bis zum Ende des 21. Jahrhunderts einen sehr erheblichen Anteil am Weltvermögen besitzen.«[112] Auf den ersten Blick paradox mutet es an, dass die Vorstellungen der linken Utopiewerker, der linksliberalen Propagandisten der Großen Transformation und der Ultraliberalen des Great Reset diese Entwicklung nicht nur zu beschleunigen versuchen, sondern auch jeden Widerstand dagegen, auch wenn er dem Streben nach sozialer Gerechtigkeit entspringt, als rechts verketzern und mit allen Mitteln bekämpfen. Was ist in diesem Zusammenhang also rechts und was links? Von den Arbeitnehmern haben sich die Linken und Linksliberalen, wie ich gezeigt habe, verabschiedet.

Die Ideologie der offenen Grenzen, des Freihandels und des Globalismus, die ein und dasselbe sind, ermöglichen großen Vermögen, sich aus der sozialen Verantwortung zu stehlen, in ihren Herkunftsstaaten Steuern zu vermeiden und sich vom Gemeinwesen zu entkoppeln und ihr Vermögen vollständig dem Staat zu entziehen. Womöglich streichen sie Agglomerationsgewinne ein, die von der Mittelschicht, ob alt oder neu, ermöglicht wurden.

Gehobene und mittlere Vermögen werden durch eine Vielzahl an Abgaben, zuletzt durch die Besteuerung der Atemluft (CO_2-Bepreisung) in Deutschland gezwungen, die Lücke zu füllen, die von den großen Vermögen hinterlassen wird. Durch die Alterung der Gesellschaft, stärker aber noch in Deutschland durch die Masseneinwanderung in die Sozialsysteme wird man durch einen Mix aus Geldherstellung, Schuldenaufnahme und die Erhöhung der Staatsquote versuchen, den Kollaps der Sozialsysteme zu verhindern. Allerdings durch die praktische Deindustrialisierungspolitik der Regierung, durch eine desaströse Energiepolitik, durch die politische Hinrichtung des Diesels und falsche Weichenstellungen zur E-Mobilität.

Durch die gigantische grüne Blase, die von der Bundesregierung und der EU-Administration, sehr zur Freude der Finanzindustrie, aufgeblasen wird, werden immer weniger Bürger in die Sozialsysteme einzahlen, auf die immer mehr Menschen angewiesen sein werden. Thomas Piketty rechnet vor, dass bei einem Jahreszuwachs des Vermögens des obersten Tausendstels von sechs Prozent, während im gleichen Zeitraum die Durchschnittsvermögen nur um zwei Prozent steigen, das oberste Tausendstel nach dreißig Jahren seinen Anteil am globalen Kapital mehr als verdreifacht haben würde, sodass es mehr als sechzig Prozent des Weltvermögens besäße.»Im Rahmen der gegenwärtigen politischen Einrichtungen ist das nur schwer vorstellbar, es sei denn, man ginge von einem besonders wirkungsvollen Unterdrückungs- und Überzeugungsapparat aus – oder von beiden.«[113] Was sich Piketty nicht vorzustellen vermag, nannte Hofbauer den Schulterschluss von Politik und Kapital. Dieses autoritäre Mittel zur Durchsetzung der neuen Weltordnung, in der zwei Prozent der Menschheit sechzig Prozent des Weltvermögens besäßen, könnte – und das ist die nun wirklich irre Pointe – nur zustande kommen, weil Linke und Linksliberale an diesem Projekt eifrig mitwirken, ohne allerdings die Konsequenz zu begreifen – so wirklichkeitsblind haben sie sich in ihren Träumen vom Systemumbau verloren. Was Piketty noch nicht ahnen konnte, war, dass wir infolge politischer Einflussnahmen auf das Wirtschaftsgeschehen nicht einmal mehr so ohne Weiteres von einem jährlichen Zuwachs der Durchschnittseinkommen von zwei Prozent ausgehen können – bedingt durch die Klimaapokalyptik und die Folgen der Shut- und Lockdowns auf die Wirtschaft, die sich bisher nur in den Wachstumseinbrüchen zeigen können, da das Insolvenzrecht teils außer Kraft gesetzt ist und Kurzarbeitergeld gezahlt wird, wodurch der Anstieg der Arbeitslosenquote verhindert wird.

Die mittelstandsfeindliche Wirtschaftspolitik Deutschlands, die sich von der wachsenden Staatsquote bis hin zur wachsenden

Bürokratie zeigt, die Vernachlässigung der Infrastruktur, der Bildung und der inneren Sicherheit, die immer mehr zulasten der Bürger geht, die arbeiten und Steuern zahlen, eine deutschen Interessen entgegenstehende Einwanderungs- und Energiepolitik – all das lässt sich nur mithilfe eines »Überzeugungsapparats« durchsetzen, als den sich ein Großteil der deutschen Medien – und auch Verlage – inzwischen selbst sieht.

Es lässt tief blicken, wenn der Grünen-Chef Robert Habeck, der Ambitionen auf das Finanzministerium in einer schwarzgrünen Koalition hat, um sich von seinen Beamten die Pendlerpauschale und die Aufgaben der Bafin erklären zu lassen, in einem Interview mit dem Deutschlandfunk äußert, dass er auch in »Räume der gesellschaftlichen Gemeinsamkeit, Schulen, Freibäder, Schwimmbäder, Spielplätze, Bibliotheken, öffentlichen Personennahverkehr, you name it«, investieren will, weil sie »aufrechterhalten« werden müssen.[114] Können Sie mir erklären, wofür ich Steuern entrichte, wenn nicht dazu, um solche »Räume der gesellschaftlichen Gemeinsamkeit ...« aufrechtzuerhalten? Ich dachte bisher, dass ich unter anderem dafür zahle. Habecks Einlassung kann doch nur heißen, sofern er weiß, worüber er spricht, dass der Staat zu wenig Geld dafür ausgibt, weil er Steuergelder dort verpulvert, wo es im Sinne der Ideologie, der politischen Romantik, nicht aber im Interesse der Bürger liegt?

Im Schatten der Coronapandemie arbeitet man inzwischen ergänzend dazu an dem von Thomas Piketty erwähnten Unterdrückungsapparat. Das Dritte Infektionsschutzgesetz schränkt die bürgerlichen Freiheiten in einem Maße ein, dass es immer schwerer fällt, von einer Demokratie zu sprechen. Die Bundeskanzlerin regiert weitgehend ohne Parlament – und das Parlament ist inzwischen zum Treffpunkt der Parteiapparate geworden. In der *FAZ* denkt man laut darüber nach, ob »offene Gesellschaften weniger gut auf globale Bedrohungen reagieren können als autoritäre Systeme«, und findet, dass eine Debatte fällig wäre, wie sich die Demokratie auf die neue Gefahrenlage einstellen kann. Das benennt im Klartext, wie man in Deutschland die gelenkte Demokratie einführen kann, denn wer die Infektionsschutzgesetze billigt, der gesteht der Regierung das Recht auf Selbstermächtigung zu.

Man rechtfertigt die Einschränkung der Freiheitsrechte mit dem Argument:»Und zu der Fähigkeit, von der Zukunft her zu denken und dadurch zeitweilige Einschränkungen der Freizügigkeit nicht als Verletzung des Freiheitsprinzips zu verstehen, sondern als Ermöglichung umso größerer Freizügigkeit danach.«[115] Damit plagiiert man im Grunde nur die kommunistische Maxime:»So wie wir Werktätigen heute arbeiten, wird morgen unser Leben sein.«[116]

Sämtliche Diktaturen, sämtliche Totalitarismen werden»von der Zukunft her« gedacht. Das Denken von der Zukunft her, man kann es auch Utopismus nennen, rechtfertigt nur die Einrichtung von Unterdrückungsapparaten, deren Sinn eben nicht in der Bekämpfung der Pandemie besteht, sondern in der Durchsetzung der Großen Transformation. Wie schon bei Schomerus darf auch in der *FAZ* nicht der Hinweis auf die noch viel größere Katastrophe des Klimawandels fehlen, der auch diktatorische Maßnahmen erfordert. Dass man hinsichtlich der Einschränkung der Freiheitsrechte, der Einschränkung oder Aushebelung der Demokratie inzwischen die Coronakrise durch»Suche und Ersetze« mit der Klimakrise mühelos austauschen kann, zeigt, dass es letztlich nicht um den Klimawandel und um die Coronakrise geht, was einige Medien- und Kulturschaffende womöglich wirklich glauben.

Findet der Paradigmenwechsel als Große Transformation oder als Great Reset statt, dann werden die Gewinner die Finanzindustrie, Teile der Digitalindustrie, die Medien und die Kulturindustrie sein, auch die Realwirtschaft, aber nur, insofern sie nicht mittelständisch ist und sie international agiert, und natürlich die Oberschicht. Verlieren werden in dramatischem Ausmaß die alte und die neue Mittelschicht, auch wenn viele Vertreter der neuen Mittelschicht sich darüber Illusionen machen, und die Unterschichten, verlieren werden die Familien, weil der Staat Bildung von notwendiger Qualität und die innere Sicherheit nicht mehr garantieren kann und es im Sozialbereich zu harten Verdrängungs- und Konkurrenzkämpfen kommen wird, da der Staat immer weniger in der Lage sein wird, die steigende Summe der Sozialtransfers bereitzustellen.

Änderung ist möglich. Grundsätzlich besteht sie darin, die Mittelschicht – auch personell – zu stärken, indem eine aktive Politik die Weichen dafür stellt, dass es Angehörigen der Unterschicht ermöglicht wird, zunächst in die untere Mittelschicht aufzusteigen. Das setzt allerdings erstens voraus, eine Germany-first-Politik zu konzipieren, zweitens statt einer Deindustrialisierung eine Industrialisierung 2.0 zu fördern, drittens konsequent die Bildungsstandards zu erhöhen, nicht über das Budget, sondern über die Bildungsinhalte, viertens die Masseneinwanderung, fünftens mittelfristig das Experiment des Euros klug zu beenden und sechstens eine konsequente Politik der Deregulierung und des Bürokratieabbaus durchzuführen.

Sie werden fragen, wer das erzwingen soll? Meine Antwort auf Ihre Frage, dass es die Verlierer sein werden, wird Sie nicht befriedigen, denn noch leben zu viele von den künftigen Verlierern in dem Glauben, zu den Gewinnern zu gehören, wenn sie über haupt die grundsätzliche Veränderung Deutschlands wahrnehmen oder sie lieber verdrängen, indem sie lieber einen Blick in die Tagesschau als in die Fakten werfen.

Doch die Geschichte ist eine Angelegenheit der Geduld, denn in der Geschichte fallen das Erkennen der Situation und die Rezeption dieser Erkenntnis oft zeitlich auseinander. Viele von denen, die zu den Verlierern der Großen Transformation zählen werden, ob neue oder alte Mittelschicht, werden das, zumal in

Westdeutschland, erst erkennen, wenn sie konkret, sozial, wirtschaftlich und gesellschaftlich diese Erfahrung machen. Ihre Lebenserfahrung kennt im Gegensatz zu den Ostdeutschen nur das Prosperieren der Bundesrepublik, nur eine Richtung, nämlich die Steigerung des Wohlstandes – doch es wird anders kommen. Noch geben sich viele der Illusion hin, dass nichts sich ändern wird, und leisten sich deshalb eine aparte Moral – zu ihrem eigenen Nachteil. Noch glauben sie, dass offene Grenzen ein Ausdruck von Modernität sind, und finden jede Einwanderung gut und bereichernd. Die EU ist für sie wie Urlaub in Italien oder in Spanien, ohne dass man Geld wechseln müsste. Sie trauen der Propaganda, die behauptet, dass Deutschland sich aus Gründen des Klimawandels deindustrialisieren müsste, sie empfinden politischen Realismus als rechts und rechts als unanständig, sie meinen, dass Deutschland ein so reiches Land sei, dass es sich sogar die Vernichtung des eigenen Reichtums leisten könne. Auch hier wird die Realität ihre eigene Sprache sprechen, aber sie wird erst dann gehört, wenn sie nicht mehr zu überhören ist, wenn die Raten für das Eigenheim oder das Auto nicht mehr aufgebracht werden können, wenn man arbeitslos oder insolvent wird.

Deutsche Politik muss sich an Deutschlands Wohl orientieren – und das ist das Wohl seiner Bürger. Das hat nichts mit rechts oder links zu tun. Der Rechts-Links-Gegensatz ist historisch überholt und leistet nur der neuen Herrschaft gute Dienste bei der Sicherung ihrer Macht.

Die Zukunft muss und wird von den vielen Bürgern dieses Landes gestaltet werden, die zu den Verlierern des Paradigmenwechsel gehören werden, wenn sie nicht ihre Interessen erkennen und durchsetzen – davon würden übrigens alle in unserem Land profitieren.

Was also läuft in die falsche Richtung, und was muss sich wie ändern? Was müssen die Vielen, die von der Neuen Herrschaft zu Verlierern bestimmt worden sind, anpacken?

Der Lauf der Geschichte

Der Lauf der Begriffe

Was heute schon geleistet werden kann und geleistet werden muss, ist, die Begriffe richtigzustellen. Wer die Begriffe besetzt und seine Interpretationen der Wirklichkeit zumindest medial zum Allgemeingut, zur gültigen Version zu erklären vermag, verfügt über Diskursmacht, die als eine der sieben Säulen die politische Macht trägt, als da außer der Diskursmacht die Verteilungsmacht, die Gesetzgebungsmacht, die Exekutivmacht, die Wirtschaftsmacht, die Kulturmacht und schließlich in der Wissensgesellschaft die Wissenschaftsmacht zählen. Der französische Philosoph Michel Foucault wies in »Die Ordnung des Diskurses« darauf hin, »dass in jeder Gesellschaft die Produktion des Diskurses zugleich kontrolliert, selektiert, organisiert und kanalisiert wird – und zwar durch gewisse Prozeduren, deren Aufgabe es ist, die Kräfte und die Gefahren des Diskurses zu bändigen, sein unberechenbar Ereignishaftes zu bannen, seine schwere und bedrohliche Materialität zu umgehen.«[117]

Es wird also darauf hinauslaufen, zu untersuchen, wer die Begriffe beherrscht und ob die Begriffe nicht ihre Begrifflichkeit, also das, was sie beschreiben, verloren haben und – wie das Rechts-Links-Schema – zu Chiffren, Symbolen, Metaphern oder Schlagworten geworden sind, die nicht mehr die Prozesse und die Dinge selbst, sondern stattdessen nur noch die Haltung zu den Begriffen und zu den Dingen ausdrücken. Wir werden der Frage kaum ausweichen können, was das eigentlich für eine Gesellschaft ist, in der es nicht mehr auf das Wissen, sondern nur noch auf die Haltung ankommt, wie es zu diesem hochtechnologisierten Aberglauben und trotz vielfältiger Informationsmöglichkeiten zu diesem Sturz in den Irrationalismus gekommen ist.

Wenn Begriffe den Gegenstandsbezug verlieren, wenn nicht mehr begriffen, sondern nur noch bewertet wird – und die Bewertung ihrerseits wiederum nicht auf Wissen, sondern nur noch auf Haltung beruht, es auf eine quasi öffentliche Demonstration selbiger ankommt –, dann bildet die Debatte nicht mehr die Wirklichkeit ab, sondern gibt totalitär die Bewertung oder Interpretation der Realität vor, werden Sachäußerungen durch Glaubensbekenntnisse ersetzt.

Unterdessen scheitern die Politikwissenschaft und die Soziologie daran – und müssen auch dabei versagen –, das 21. Jahrhundert mit dem Werkzeugkasten des 19. Jahrhunderts zu bearbeiten. An dem Eingeständnis führt kein Weg vorbei: Wir haben keine Begriffe mehr für unsere Welt. Neu ist das nicht, sondern stellt sich historisch immer dann ein, wenn man in große gesellschaftliche Umbrüche gerät.

Konfuzius benannte dieses Phänomen in den Zeiten der Wirren in China vor über zweieinhalbtausend Jahren erstaunlich deutlich. So fragt im Kapitel XIII der Gespräche der Schüler Zi Lu Konfuzius: »»Wenn Euch der Herrscher des Staates Wu die Regierung anvertraute – was würdet ihr zuerst tun?‹ Der Meister antwortete: ›Unbedingt die Namen (Begriffe) richtigstellen.‹« Der Schüler mokierte sich über die Antwort des Meisters, die er nicht verstand, sodass ihn Konfuzius tadelnd belehrte: »Stimmen die Namen und Begriffe nicht, so ist die Sprache konfus. Ist die Sprache konfus, so entstehen Unordnung und Misserfolg, so geraten Anstand und gute Sitten in Verfall. Sind Anstand und gute Sitten infrage gestellt, so gibt es keine gerechten Strafen mehr. Gibt es keine gerechten Strafen mehr, so weiß das Volk nicht, was es tun und was es lassen soll.«

Wir müssen uns dringend von der Vorstellung freimachen, dass die Große Transformation alternativlos und der objektiv anstehende Paradigmenwechsel und die subjektiv als Ziel verfolgte Große Transformation identisch seien. Lassen Sie uns also unabhängig von den unterschiedlichen Zielen der Frage nachgehen, worin tatsächlich der Paradigmenwechsel besteht und welche unterschiedlichen Möglichkeiten der Entwicklung er birgt. Benötigt wird ein Begriff, der die Veränderungen als offenen Prozess beschreibt und dadurch die Pluralität der Alternativen benennt. Hierfür bietet sich der terminus technicus des Paradigmenwechsels an, weil er definiert, was ist, und nicht das, was sein soll. Denn das Sollen wechselt je nach politischen, wirtschaftlichen oder auch kulturellen Interessen.

Große Transformation oder Paradigmenwechsel

Beginnen wir mit dem Faktischen, mit der Geschichte. Die Geschichte verläuft in wechselnden Perioden langsamer und rascher Veränderungen, arbeitet diskontinuierlich und kennt in ihrer Entwicklung nicht die arithmetische Reihe. Bedeutsame radikale Änderungen treten zwar plötzlich ein, doch besitzen sie einen langen Vorlauf in Zeiten scheinbarer Ruhe. Wenige erkennen oder spüren diese zunächst beinah unmerklichen seismischen Bewegungen in der Tektonik der Gesellschaft, doch gelingt es ihnen nicht, ihre Mitmenschen davon zu überzeugen.

Sie erinnern sich. Die lebensklugen Griechen kannten den Fluch der Gegenwartsblindheit nur allzu gut, und sie gestalteten ihn im Schicksal der Kassandra. Die Troerin wurde wegen ihrer Schönheit von Apollon heiß begehrt. Um an sein Ziel zu gelangen, verlieh der Gott ihr die Gabe der Weissagung, doch sie wies ihn ab. Da er ihr die verliehene Gabe nicht mehr entziehen konnte, belegte er sie mit dem Fluch, dass niemand ihren Voraussagen Glauben schenken würde. So verhallten auch ihre Warnungen vor dem Trojanischen Pferd ungehört – mit dem bekannten Ergebnis.

Gegenwartsblindheit gehört zu den anthropologischen Konstanten – und sie richtet so lange keinen Schaden an, solange

Gesellschaften sich dynamisch, rational und stabil entwickeln. Allerdings setzen auch diejenigen, die größere gesellschaftliche Veränderungen anstreben, die nicht im Interesse der Bürger sind, auf diese Gegenwartsblindheit, sie setzen als Wächter des Diskurses darauf, dass die Prozeduren nicht hinterfragt werden. Trauen wir deshalb Kassandra. Kassandra hat stets recht behalten. Gegenüber dem Achtgroschenjungen des Zeitgeistes allemal, denn Zeitgeist war und ist Zeit minus Geist.

Die Krisen, die wir erleben, weil sie tatsächlich stattfinden, wie die Finanzkrise, die Migrationskrise, die Schuldenkrise, die Überbevölkerungskrise, die Coronakrise, und die erfunden werden, weil sie verschwörungstheoretisch als Mittel einer bestimmten Politik zur Durchsetzung verhelfen sollen, wie die Klimakrise, gehören zusammen und verweisen darauf, dass die deutsche Gesellschaft, überhaupt die westliche Welt, ohne es in ihrer wirklichen Dimension und Gestalt zu reflektieren, in eine epochale Veränderung eingetreten ist, in einen Paradigmenwechsel, der allenfalls vergleichbar ist mit dem Übergang von der Spätantike zum Mittelalter und vom Spätmittelalter zur Neuzeit. Diese Feststellung mag Ihnen banal vorkommen, weil sie anscheinend auf der Hand liegt, doch sie ist alles andere als dies, sondern von größter Wichtigkeit, weil daraus folgt, dass viele subjektive Fehlleistungen auf objektive Ursachen zurückzuführen sind. Auch die Vielzahl der Krisen selbst.

Wer beispielsweise, wie es so oft geschieht, die Bundeskanzlerin dämonisiert und sie zur allmächtigen Schöpferin hochstilisiert, greift bei Weitem zu kurz, der lässt sich von der Fassade einfangen und fragt nicht mehr, was sich hinter der Fassade der Macht abspielt. Angela Merkel mag eine effektive Projektionsfläche abgeben, aber sie ist nicht die Sache selbst. Dass sie als Akteurin einer bestimmten politischen Richtung unter den Bedingungen des Paradigmenwechsels agiert, ist evident, die Frage ist nicht die psychoanalytische, was die Bundeskanzlerin zu ihrem

Handeln treibt, sondern eine gesellschaftsanalytische, nämlich danach, wessen Interessen sie vertritt – und wessen nicht.

Um den Paradigmenwechsel zu verstehen, bedürfen wir einiger Einsichten in das Wesen von Paradigmen. Denn weder Sie noch ich sind dazu verurteilt, den Paradigmenwechsel mit schreckgeweiteten Augen wie ein schweres Gewitter nur zu beobachten oder nur zur Kenntnis zu nehmen, sondern wir besitzen die Möglichkeit, ihn zu gestalten.

Um eine fruchtlose Diskussion über *Umbruch* und *Transformation* zu vermeiden oder politisch vereinnahmt zu werden, verwende ich im Weiteren den Begriff des Paradigmenwechsels, der das Faktum nicht nur besser beschreibt, sondern erlaubt, erstens das herrschende gesellschaftliche Großmuster genau zu definieren und zweitens den Zerfall des alten und das Entstehen des neuen Paradigmas zu verfolgen und zu erfassen. Während die Vorstellung der *Transformation* allzu evolutionär daherkommt, vermittelt der Begriff *Umbruch* einen allzu abrupten, temporär punktuellen Wechsel. Transformation und Umbruch sind Aktionsformen des Paradigmenwechsels.

Aus dem Griechischen stammend, bedeutet Paradigma zunächst Muster oder auch Beispiel, kann also auch für Weltsicht oder Weltanschauung stehen. Aristoteles benutzt das Wort als Bezeichnung des induktiven Arguments in der Rhetorik, das aber einen Sonderfall der Induktion darstellt, da nicht vom Besonderen zum Allgemeinen, sondern vom Besonderen zum Besonderen geschlussfolgert wird. Wichtig hierbei ist, dass es um Besonderheiten geht. Wenn man davon ausgeht, dass es sich um Besonderheiten handelt, so stellt natürliches jede historische Epoche etwas Besonderes dar.

Für Michel Foucault äußert sich ein Paradigma als ein Ensemble von Diskursen, und für den amerikanischen Philosophen Thomas S. Kuhn ist ein Paradigma »das, was die Mitglieder einer wissenschaftlichen Gemeinschaft miteinander teilen, eine Gesamtheit von Techniken, Modellen und Werten«.[118] Der Begriff des Paradigmas erhielt seine wissenschaftstheoretische Fassung von Thomas S. Kuhn, dessen Vorstellung vom Paradigma der italienische Philosoph Giorgio Agamben so auf den Begriff brachte: »Einerseits steht er für die ganze Konstellation von Meinungen, Werten, Methoden usw., die von den Mitgliedern einer gegebenen Gemeinschaft geteilt werden. Andererseits bezeichnet er ein Element in dieser Konstellation, die konkreten Problemlösungen, die, als Vorbilder oder Beispiele gebraucht, explizite Regeln als Basis für die Lösung der übrigen Probleme der ›normalen Wissenschaft‹ ersetzen können.«[119]

Wendet man den Begriff des Paradigmas als Beschreibung einer Gesellschaftsepoche oder Gesellschaftsformation, ganz allgemein für einen längeren Zeitabschnitt in der Geschichte der Menschen an, um Konstanz und Veränderung zu beschreiben, dann umfasst ein Paradigma die grundsätzlich allen Menschen gemeinsamen Vorstellungen von der Beschaffenheit der Welt und der Gesellschaft, der verbindlichen Normen und Werte, der Akzeptanz der Legitimität, der Glaubensinhalte und letztlich, was oft vergessen wird, einer gemeinsamen Ontologie, die ihre Ausprägung in der Vorstellung von Subjekt und Objekt findet. Die einfachste Konsequenz der ontologischen Frage findet sich in der Bestimmung des Verhältnisses des Staatsbürgers zum Staat. Paradigmen stellen ein System von Normen und Übereinkünften dar, die Gesellschaft erst ermöglichen.

Konkret können wir uns die weltanschaulichen Aspekte des Wechsels des Paradigmas am Übergang vom Spätmittelalter zur Neuzeit vorstellen. Nicht umsonst und vollkommen zu Recht bezeichnete Immanuel Kant die von Luthers Schrift »Von der Freiheit eines Christenmenschen« ausgehende grundstürzende Veränderung des Verständnisses von Subjekt und Objekt, die zum Rationalismus führte und zum ersten Mal von René Descartes gefasst wurde, als »kopernikanische Wende«.

So sehr das heliozentrische Weltbild die Vorstellung von der Welt veränderte, so wirkmächtig stürzte die komplette Neubestimmung des Verhältnisses von Subjekt und Objekt die mittelalterliche Weltanschauung und führte in Europa zu einer in der Welt einzigartigen Entwicklung, die Wissenschaft und Technik, Demokratie und die Definition der Menschenrechte, die Gesetzesrang erhielten, erst ermöglichte. Während das Mittelalter unter dem Subjekt im Wortsinn das Unterlegte, das Unterworfene, das Untergeschobene, das Zugrundegelegte, Abhängige, die Substanz, das also von einem Objekt Abhängige verstand, wurde durch die Entdeckung des Individuums das Subjekt zum aktiven Element. Auf der Entdeckung des Individuums und seiner ihm zugestandenen Freiheiten, auf dem Handeln von Subjekten beruht das Paradigma unserer kapitalistischen Welt.

Stand im geozentrischen Weltbild noch die Erde im Mittelpunkt des Alls, um das alle Planeten, aber auch die Sonne kreisten, so rückte das heliozentrische Weltbild die Sonne in den Mittelpunkt, wodurch die Erde zum wandelnden, zum sich selbst bewegenden Planeten wurde. Der Dichter Novalis brachte die weltanschaulichen Auswirkungen einer so grundsätzlichen Veränderung in die hellsichtige Beschreibung: »So wehrte er (gemeint ist der Papst) den kühnen Denkern öffentlich zu behaupten, daß die Erde ein unbedeutender Wandelstern sey, denn er wußte wohl, daß die Menschen mit der Achtung für ihren Wohnsitz und ihr irdisches Vaterland, auch die Achtung vor der himmlischen Heimath und ihrem Geschlecht verlieren, und das eingeschränkte Wissen dem unendlichen Glauben vorziehen und sich gewöhnen würden alles Große und Wunderwürdige zu verachten, und als todte Gesetzwirkung zu betrachten.«[120]

Novalis beschreibt den Anfang der Säkularisation, den Übergang vom theologischen zum metaphysischen Zeitalter, wie Carl Schmitt es benennt, von Glauben zur Wissenschaft, wobei die Wissenschaft dort, wo wir einen ideologischen Begriff von Wissenschaft bilden, sie also Ideologie wird, oder sie in den Dienst einer Ideologie gestellt wird, wie man das in der Klimaapokalyptik beobachtet, wieder in den Glauben kippen kann. Es ist kein Rationalismus rational genug, als dass er nicht wieder irrational werden kann.

Mit anderen Worten, das bürgerliche Subjekt wird zum Schöpfer seiner Welt, einer Welt, die auf Bildung, Wissenschaft, die erst im 17. Jahrhundert erfunden wird, Freiheit und kapitalistischer Produktionsweise beruht und schließlich Wohlstand für immer mehr Menschen schafft. Während im Mittelalter alles Neue als Neuerungssucht und als Hochmut galt, der zu den sieben Todsünden zählt, der Autoritätsbeweis als höchster Beweis angesehen wurde, hatte sich jeder neue Gedanke als Fortsetzung, mehr noch als Interpretation des Alten zu rechtfertigen. Verkürzt gesagt bestimmte das mittelalterliche Paradigma die Maxime: Alles Alte ist besser als alles Neue, während unser Paradigma, das zu Ende geht, aus dem Glauben heraus lebt, dass alles Neue besser als alles Alte wäre.

Man kann als einen weiteren Fakt für den weltanschaulichen Unterschied zwischen Mittelalter und Neuzeit anführen, dass es im Mittelalter auf die ars moriendi, auf die Kunst des guten Sterbens, und nicht auf ars vivendi, die Kunst des guten Lebens ankam, während die Neuzeit, besonders die Moderne die Frage der ars vivendi antrieb.

In der Sphäre des Rechts kam es in der Neuzeit nun nicht mehr auf das Gottesurteil, sondern auf Verfahren und Beweis an. So wird zur eigentlichen Sphäre der Folter nicht das Mittelalter, sondern die frühe Neuzeit, denn nichts ist beweiskräftiger als ein Geständnis.

Die simple, ein wenig mechanische Vorstellung der Marxisten von Basis und Überbau übersieht die Tatsache, dass große geistige und religiöse Bestrebungen dem Wechsel des Paradigmas vorausgingen. Ohne Martin Luthers grundstürzende Vorstellung von der Rechtfertigung aus Gnade, ohne der Vorstellung, dass der Mensch selbst und eigenverantwortlich sein Verhältnis zu Gott zu klären hatte, ohne die Zwei-Regimenten-Lehre gäbe es keine Entdeckung des Individuums. Nicht umsonst zeigte Max Weber in einer großen Studie, dass der Geist des Kapitalismus eigentlich die säkularisierte Form des Geistes des Protestantismus war. Der Begriff des Fortschritts, was gründlich vergessen wurde, verdankt seine Entstehung der Werktagsmoral des Protestantismus. Die Idee des Vervollkommnungswillens der Seele des in der persönlichen Verantwortung zu Gott und zum Glauben stehenden Individuums wurde auf die weltliche Sphäre übertragen und öffnete so die Tore für die Rationalisierung und für die Moderne.

Interessant hierbei ist, dass die Reformation selbst entscheidend von einer technischen und technologischen Neuerung vorangetrieben wurde, von der Erfindung des Buchdrucks mit beweglichen Lettern, die wiederum die serielle Vervielfältigung von Büchern in großer Stückzahl, wie sie für eine Wissensgesellschaft bedingend ist, ermöglichte. Wie ich in meiner Biografie des Erfinders des Buchdrucks mit beweglichen Lettern gezeigt habe, ging es Johannes Gutenberg nicht in erster Linie um die Produktion von Büchern, sondern um die serielle Produktion und darum, gut kapitalistisch den Markt durch die Innovation zu erobern, die erlaubte, größere Mengen in kürzerer Zeit und preiswerter bereitzustellen.

Mit dem Buchdruck begann das technische und technologische Zeitalter, die Wissensgesellschaft, die Wachstum produzierte, weil sie immer rationellere Formen der Produktion fand, immer neue Erfindungen und immer neue wissenschaftliche Fortschritte machte. Das Buch wurde zum Leitbild des analogen Paradigmas, das in unseren Tagen zu Ende zu gehen scheint. Objektiv, abseits aller politischen Bestrebungen drängt die Entwicklung zu einem digitalen Zeitalter, in dem auch die Stellung des Menschen in der Gesellschaft, in der Welt, im Weltbild, seine Freiheit und Autonomie zur Disposition stehen. Wir berühren nun eine der spannendsten Fragen überhaupt: Kann der Paradigmenwechsel innerhalb des Kapitalismus stattfinden oder haben die Propagandisten der Großen Transformation doch recht und wir schaffen eine völlig neue Weise zu leben und zu wirtschaften, eine neue Produktionsweise? Gewinnt die Große Transformation im Übergang von der Industriegesellschaft zur Dienstleistungsgesellschaft ihre Form?

Die neuen Industrien

Hatte Karl Marx noch vom doppelt freien Lohnarbeiter gesprochen, dem Heros des Kapitalismus, der frei von feudalen Banden ist und frei seine Arbeitskraft auf dem Arbeitsmarkt verkaufen kann, so glauben die Ideologen der Großen Transformation oder des Great Reset dass sie in ihrer neuen, schönen Welt diesen doppelt freien Lohnarbeiter nicht mehr benötigen, weil sie seine Arbeitskraft nicht verwerten können, denn sie interessiert nur die Verwertung der Biografien, der Träume, der Hoffnungen, der Vorlieben und Abneigungen, der Interessen der Menschen, die sie noch dazu umsonst bekommen.

Wenn Marx recht hat, dass die Quelle des Reichtums im Kapitalismus die Arbeit des doppelt freien Lohnarbeiters ist, modern gesprochen des Arbeitnehmers, dann ist für die Digital- und für die Finanzwirtschaft der Kapitalismus obsolet geworden, weil sie ihn nicht mehr benötigen. Der Rohstoff der digitalen Industrie ist nicht Eisen oder Öl, sondern das Innere, das Intimste des Menschen. Nicht die Arbeit des Menschen schafft Werte, sondern die Wertschöpfung beruht auf Manipulation, Datenraub und Enteignung. Die Aktivitäten des Menschen heißen im Jargon der digitalen Industrie »Datenabgase«. In deren Augen sind Sie oder ich nur eine Ansammlung von Datenabgasen. Man macht uns – mit unserer aktiven Unterstützung – zum frei verfügbaren Konsumsklaven, zur Summe von Datenabgasen im Internet, zur Facebook-Monade, zum Algorithmenfutter und zur Humanschnittstelle. Für diese Firmen sind Sie, was für einen Erdölkonzern das Erdöl ist: der lukrative Rohstoff. Selbst Ihre leiseste und kleinste Aktivität macht sich für diese Firmen bezahlt. Und sie bekommen sie von Ihnen umsonst, weil Sie nichts dagegen unternehmen können, dass sie sich ihrer einfach bedienen, dass Sie beraubt werden. Ihre und meine Datenabgase ermöglichen Big Data die Sammlung von Daten, um Denk-, Bewegungs-, Gefühls-, Angst- und Hoffnungsprofile von jedem Menschen zu erstellen, um ihn manipulieren zu können.

Um diesen Unternehmen die Arbeit zu erleichtern, tritt die Bundeskanzlerin für die Aufweichung des Datenschutzes ein: »Unser Verhältnis zu Daten ist in vielen Fällen zu stark vom Schutzgedanken geprägt (...) und vielleicht noch nicht ausreichend von dem Gedanken, dass man mithilfe von Daten interessante Produkte entwickeln kann. (...) Deshalb muss das ›Data Mining‹ (...) die Erhebung und der Umgang mit großen Datenmengen, etwas werden, das sozusagen ein Hoffnungssignal sendet.«[121] Hoffnung für wen? Für die großen Internetgiganten, für die Gewinner der Großen Transformation?

Nicht in der Arbeit sehen sie wie noch die klassischen Ökonomen die Quelle des Reichtums, sondern in der digitalen Verwertung des Rohstoffs Mensch selbst, in seiner Zurichtung und Ausbeutung. Das ist zynisch; zynisch, wie die Welt nach den Vorstellungen der Digital- und Finanzindustrie wäre.

Die Träume der digitalen Dienstleistungsökonomie besitzen allerdings einen blinden Fleck. Wo kommt die Hardware für die Software-Träume der neuen Untertanen her, die allein ermöglicht, das Wunschgespinst einer reinen Dienstleistungsgesellschaft aufrechtzuerhalten? So viel lässt sich jetzt schon sagen, die neue, gern postkapitalistisch genannte Gesellschaft wird auf einem Wirtschaftsmodell der Verlagerung nach dem Motto »Aus dem Augen, aus dem Sinn« beruhen.

Auch Dienstleister müssen essen, trinken, sich kleiden, wollen reisen und ein Smartphone benutzen. Alles jedoch, was europäischen Arbeits-, Gesundheits- und Umweltstandards nicht entspricht oder dessen Herstellung gemäß dieser Standards zu aufwendig wäre, wird aus europäischer Sicht an die »Peripherie« verlagert, mit dem Erfolg, dass die Peripherie immer mächtiger und Europa immer machtloser wird. Europa wird immer mehr zur Benutzeroberfläche, im nächsten Schritt zum Zubehör der Benutzeroberfläche, kurz User genannt, bleibt Hund zwar, aber nur in dem Sinne, dass inzwischen der Schwanz mit dem Hund wackelt.

Das Geschäftsmodell der Digitalwirtschaft, die vor allem in China und in den USA beheimatet ist, besteht in der Enteignung des Menschen von sich selbst. Wenn sich die Digitalwirtschaft als Leitwirtschaft durchsetzt, dann war der »doppelt freie Lohnarbeiter« nur eine Episode in der Geschichte der Menschen. Niemand liebt die Ironie inniger als die Geschichte – und es stellt wahrlich eine Ironie der Geschichte dar, dass die neue Gesellschaft mit ihren neuen Produktions- und Herrschaftsweisen sogar mit den Kategorien und Theorien des Marxismus von Karl Marx – unter Ignorieren von Lenin, Stalin, Mao – bis hin zu Jürgen Habermas, Nancy Fraser und Rahel Jaeggi zu beschreiben wäre.

Die marxistische Vorstellung der Entfremdung des – wie man heute sagen müsste – Arbeitnehmers hinkte immer etwas, war stärker von der Hegel'schen Dialektik als von der Wirklichkeit inspiriert, doch die neue Transformation setzt zum ersten Mal die wirkliche Entfremdung und Selbstentfremdung in Gang, als Entfremdung, indem dem Individuum das Individuelle entfremdet, das heißt geraubt wird, und indem das Individuum sich im Akte der Manipulation seines Individuellen, der Selbstoptimierung selbst entledigt, sich auch selbst entfremdet. Vieles geschieht freiwillig – zumindest an der Benutzeroberfläche. Die amerikanische Wirtschaftswissenschaftlerin Shoshanna Zuboff hat diesen Aspekt in ihrem Buch über den digitalen Überwachungskapitalismus analysiert. Ich werde darauf zurückkommen, weil er einer der Treiber des angestrebten Gesellschaftsumbaus ist, der nicht nur zu verhindern ist, sondern dem die uns gemäße Alternative entgegengestellt gehört.

Die Indikatoren des Paradigmenwechsels

Was sind die Indikatoren des Paradigmenwechsels? Im Folgenden gebe ich Ihnen thesenhaft einen Überblick. Zunächst einmal wird er durch drei gesellschaftliche Megatrends ausgelöst:

Erstens führten der Zusammenbruch des Kommunismus und der Siegeszug der Globalisierung, dazu, dass in der Tat *eine* Welt entstand, in der sich niemand separieren kann, sondern sich alle in einem universellen und facettenreichen Abhängigkeitsverhältnis voneinander befinden.

Zweitens verändert die Digitalisierung die Kommunikation und vor allem unser Weltbild, im wahrsten Sinne unsere Weltanschauung. Google Earth zum Beispiel ermöglicht uns, jeden Ort der Erde auf unserem Bildschirm anzuschauen. Die Welt wird durch eine virtuelle Welt verdoppelt, die erstmals fünfdimensional ist, zu den drei Dimensionen des Raumes treten die Dimension der Zeit und die Dimension der eigenen Aktion, der Interaktion, denn wir werden durch unsere Interaktion Angehörige der virtuellen Welt. Die virtuelle Welt wird immer realer und die reale Welt immer virtueller. Die Menschen entwickeln sich zu Spielern ihrer Wirklichkeit, das Computerspiel stellt so gesehen einen Sonderfall des Spiels der Wirklichkeit dar.

Ich möchte Ihnen die hübsche Parallelität nicht vorenthalten, dass die Kernkompetenz des Renaissancemagiers, eines Wundermannes wie Dr. Johann Faust zum Beispiel, im ausgehenden Mittelalter in der »Kommunikation über weite Entfernungen, blitzschnelle Fortbewegung, Reisen durch Raum und Zeit«[122] bestand. So sind wir alle inzwischen zu Magiern geworden, doch bisweilen eher zu Zauberlehrlingen denn Zauberern.

Gleichzeitig wächst die Verunsicherung. Wir verfügen immer weniger über ererbtes Wissen, auch Alltagswissen, weshalb wir Ratgeber und alle möglichen Online-Assistenten benötigen, um durch unseren Alltag zu manövrieren. War der Übergang vom Spätmittelalter zur Neuzeit durch den Siegeszug der Wissensgesellschaft und des Buches, des Schriftmediums geprägt, so kehrt die Macht der Bilder, der Icons zurück.

Die Möglichkeiten und die Geschwindigkeit der Wirklichkeit verunsichern den Menschen, eine Verunsicherung, die in der säkularen Gesellschaft nicht mehr durch die Religion aufgefangen werden kann. So wird der Mensch allmächtig ohnmächtig und ohnmächtig allmächtig, er kann alles und nichts. Maschinen und Systeme künstlicher Intelligenz nehmen ihm immer mehr Tätigkeiten im praktischen wie im theoretischen Bereich ab. Der Paradigmenwechsel verunsichert den Menschen zutiefst. Eine Zeit lang dachte ich, dass der Mensch zu langsam für die Geschwindigkeit der Gesellschaft geworden ist, doch inzwischen bin ich der Meinung, dass unser Bildungssystem heillos der neuen Wirklichkeit hinterherhinkt, doch dazu später.

Das Problem liegt darin, dass von der Neuen Herrschaft ein Orientierungssystem gecancelt wird, ohne dass ein neues, eines, dass genau diesem Paradigmenwechsel Rechnung trägt, geschaffen wird. Die alten Ideologien des Marxismus und des Linksliberalismus, die aufgehübscht als Postkolonialismus, Identitätspolitik, Genderismus, Feminismus und Antirassismus wiederkehren, sind es jedenfalls nicht. Ihre Subjekte, die zu Unterdrückten erklärten Gruppen wie Frauen, Homosexuelle, People of Color stellen nur den Ersatz dar für die Arbeiterklasse als revolutionäres Subjekt.

Die dritte Veränderung betrifft die explosive Entwicklung von Wissenschaft und Technik, die den Menschen in Regionen vorstoßen lässt, die zuvor Gott vorbehalten waren. Dadurch entsteht der Widerspruch zwischen den wissenschaftlich-technischen Fertigkeiten und den ethischen Fähigkeiten des Menschen, der in die Frage mündet, ob der Mensch das, was er tut, auch verantworten kann. In Ansehung der Apparatemedizin steht dringend die Frage an, wann Leben beginnt und wann es endet, wer entscheiden darf, wann die lebenserhaltenden Maßnahmen eingestellt werden, wann der Stecker gezogen wird. Die Aufrechterhaltung biologischer Funktion bedeutet nicht unbedingt Lebenserhaltung. Die Erfolge in der Medizin, aber auch in der Ernährung führen zur Überbevölkerung. Bisher verdrängt die Gesellschaft die Fragen von Krankheit, Siechtum und Tod. Die nun sehr alten oder sehr kranken Menschen werden abgeschoben, separiert, drohen auch zu vereinsamen.

Werfen wir nun einen Blick auf die einzelnen Indikatoren:

1. Seit den späten Achtzigerjahren vollzieht sich eine dramatische Verschiebung der Bedeutung von der Real- zur Finanzwirtschaft. Damit einher gehen zwei Phänomene, die sich gegenseitig potenzieren. Zum einen konzentriert sich das Kapital in immer weniger Händen, zum anderen wachsen große ererbte Vermögen schneller als erarbeitete Vermögen. Letzteres ist zwar nichts Neues, doch steigen in der globalisierten Welt die Anlagemöglichkeiten, die Gelegenheiten, durch Investitionen und »Finanzprodukte« Gewinne zu generieren, die im gleichen Maße durch die Produktion nicht zu erzielen sind. Gegen die Erbin Liliane Bettencourt war Steve Jobs ein armer Mann.

Die durch die Globalisierung gestiegenen Möglichkeiten großer Vermögen, märchenhafte Renditen allein »aufgrund des schieren Faktums« ihrer »Größe« zu erwirtschaften[123], führt zur Konzentration des Vermögens der Welt in den Händen immer weniger Menschen. Das Wachstum der Vermögen aus »schierer« Größe gefährdet immer stärker Demokratie und Freiheit, weil sich diese Vermögen dank der Steueroasen aus der sozialen Verantwortung entlassen und nicht mehr zur Finanzierung des Sozialstaates beitragen. Es wird sie nicht überraschen, dass aus der Perspektive der Besitzer großer Vermögen und aus dem Blickwinkel der für sie tätigen großen Anlagefirmen, die global agieren, Staaten überflüssig sind. Die Theorie der postnationalen Staaten versteckt diese Tatsache hinter einen hübschen Schein. Notwendig ist also die Schließung aller Steueroasen – weltweit.

2. Linke, Linksliberale – aus ideologischen Gründen – und Ultraliberale – aus wirtschaftlichen Interessen – verbindet die Vorstellung einer Welt ohne Grenzen, das Konzept postnationaler Staaten, die Auflösung der Nationalstaaten. Allerdings übersehen die Linken dabei, dass die Voraussetzung für den Sozialstaat wiederum, wie wir schon gesehen haben, der Nationalstaat ist. Was die Linken und Linksliberalen nicht auf der Rechnung haben: Mit der Überwindung des Nationalstaates vermag sich das Kapital vollends der sozialen Verantwortung zu entziehen. Im Abstreifen jeglicher sozialer Verpflichtungen liegt für die Ultraliberalen der Charme der Ideologie der »offenen Grenzen«, in einem Konzept, in dem die Linken und auch die Linksliberalen also ihre frühere Klientel verraten, die dringend eines starken Sozialstaates bedarf.

3. Die Linken und Linksliberalen haben längst die konkreten sozial Schwachen der eigenen Bevölkerung gegen die abstrakt Bedürftigen dieser Welt eingetauscht. Und das betrifft nicht nur die sozial Schwachen. Die Linken und die Linksliberalen haben sich auch von den Arbeitnehmern, von den Angehörigen der freien Berufe, den Handwerkern und den Mittelständlern, den Familien abgewandt. Sie sind nun zuständig

für die Welt, nicht mehr für die eigene Bevölkerung – und das ganz und gar nicht im sozialen Bereich.

4. Die an sich notwendige Digitalisierung voranzutreiben, entwickelt sich auf falschem Weg. Längst sind Social-Media-Firmen nicht mehr politisch neutrale, rein wirtschaftliche Dienstleister, sondern sie verfolgen eine eigene politische Agenda, die wirtschaftlich von dem Ziel getrieben wird, Oligopole zu bilden. Twitters Engagement gegen Donald Trump, das in der Sperrung des Twitter-Accounts des politisch missliebigen Präsidenten mündete, stellte die Spitze und logische Konsequenz des Wahlkampfes, den der Social-Media-Dienstleister gegen Trump führte, dar, weil die America-First-Politik des Präsidenten gegen die Interessen der Digitalwirtschaft, aber auch der Wall Street verstieß, vor allem sein Versuch, das Anwachsen der chinesischen Hegemonie zu verhindern. Generell stellt es einen Widerspruch dar, wenn Social Media in der Hand eines Einzelnen oder einer Gruppe von Menschen ist.

5. Die Schaffung großer Strukturen in der Politik und in der Gesellschaft wie in der EU löst das Prinzip der Subsidiarität auf, befördert oligarchische Strukturen, die zur Zerrüttung der Demokratie führen. Ferne Technokraten entscheiden über das Wohl und Wehe der Bürger der Mitgliedsländer der EU, während die nationalen Parlamente zu Scheinveranstaltungen, zur Folklore werden. Wie nebensächlich das Parlament, wie fortgeschritten der Aushöhlungsprozess der Volksvertretung bereits ist, hat die Bundesregierung in der Coronakrise allen vor Augen geführt.

6. Während die Digitalwirtschaft durch die Erstellung von Persönlichkeitsprofilen einen Überwachungsimperialismus schaffen, erzeugt die Finanzwirtschaft, um einem Wort des britischen Historikers Niall Ferguson zu folgen, eine neue Schuldknechtschaft und neue wirtschaftliche Abhängigkeiten in feudalistischem Maßstab. Die durch Präsident Bill Clinton

angestoßene lockere Finanzierung von Immobilien in den USA führte zur Weltfinanzkrise 2007/08. Auch wenn Ferguson, David Kennedy und Joseph Stieglitz auf Gesetze verweisen, die »Finanzinstituten gestatten, räuberische Kreditgeschäfte zu betreiben«, und überdies das neue Insolvenzrecht in den USA dafür verantwortlich machen, »eine neue Schicht von teilweise in Schuldknechtschaft lebenden Menschen geschaffen« zu haben – »Menschen, die für den Rest ihres Lebens womöglich bis zu 25 % ihres Verdienstes an Banken abgeben müssen«[124], bleibt festzuhalten, dass dieser Trend der Verschuldung und Überschuldung auch in Deutschland festzustellen ist. 2019 lasteten durchschnittlich 28 240 Euro Schulden auf jedem deutschen Haushalt, von denen die Deutschen 11 657 Euro ihren Kreditinstituten schulden.[125]

7. Es scheint, dass internationale Firmenkonsortien, sogenannte Global Player, mit ihrem totalitären Interesse der Ausbeutung aller Menschen neue Imperien bilden und die Staaten sich zu outgesourcten Repressionsapparaten dieser internationalen Firmenkonsortien, der Digitalfirmen und der Hochfinanz entwickeln. Schließlich geraten, schaut man sich die Entwicklung der Staatsschulden an, die Staaten in die Abhängigkeit von Staatsfinanzierern, aber auch von Investoren, die in die Wirtschaft des Landes investieren, oder von großen Konzernen, die einen bedeutenden Teil der Wirtschaftsleistung des Landes hervorbringen, die Arbeitsplätze schaffen. Der Rückzug der Investoren aus einem Land führt zu Wirtschaftskrisen. Investoren und Konzerne halten dadurch sehr wirkungsvolle Druckmittel gegen Regierungen in der Hand, die ihre besondere Stärke erst unter der Konkurrenz der Standorte in der globalisierten Welt erreichen.

Wir werden uns also entscheiden müssen, ob wir Deutschland als Nationalstaat in einer lockeren europäischen Union favorisieren, in einem Europa der freien, demokratischen Staaten. Als Land mit wirtschaftlichem Erfolg, mit Wohlstand für seine Bürger, mit bezahlbaren Standards in der Bildung und in der Medizin für alle Bürger, mit einer Daseinsvorsorge, die ihrem Namen auch entspricht. Ein föderales, freies und demokratisches Land, in dem das Wort des Bürgers gilt, der Bundeskanzler nicht die Welt retten will, sondern sich als erster Angestellter seiner Bürger versteht, ein Land mit vielfältigen Regionen, die Heimat bieten, weil sie auf Eigenheit, Kultur und Tradition bauen.

Oder ob wir zu Monaden, zu Datenabhängigen zu werden wünschen, zu Schuldsklaven internationaler Konsortien, beherrscht und drangsaliert werden möchten durch eine Brüsseler Bürokratie, in einem fallenden Staat, mit sinkendem Wohlstand, mit schlechter Gesundheitsversorgung, indem die mangelhafte Bildung seiner Bürger den Niedergang beschleunigt, in dem die innere Sicherheit zunehmend der Willkommenskultur zum Opfer fällt, einem Staat, dessen Sozialsysteme durch Überlastung gesprengt wurden, einem Staat, in dem Genderideologie und Identitätspolitik dem Bürger vorschreiben, was er sagen darf und wie er es zu sagen hat.

Wollen wir einen neuen Aufbruch, eine neue Dynamik, die Chancen, die uns die Welt und unser Land bieten, nutzen oder der spätdeutschen Dekadenz verfallen? Die Frage lautet kurz und knapp, ob wir zu Gewinnern oder zu Verlierern des Paradigmenwechsels werden wollen. Noch haben wir die Wahl.

Teil II:
Was ist notwendig?

»Faulheit und Feigheit sind die Ursachen, warum ein so großer Teil der Menschen, nachdem sie die Natur längst von fremder Leitung frei gesprochen (naturaliter majorennes), dennoch gerne zeitlebens unmündig bleiben; und warum es anderen so leicht wird, sich zu deren Vormündern aufzuwerfen. Es ist so bequem, unmündig zu sein. Habe ich ein Buch, das für mich Verstand hat, einen Seelsorger, der für mich Gewissen hat, einen Arzt, der für mich die Diät beurtheilt, u. s. w., so brauche ich mich ja nicht selbst zu bemühen. Ich habe nicht nötig zu denken, wenn ich nur bezahlen kann; andere werden das verdrießliche Geschäft schon für mich übernehmen. Daß der bei weitem größte Theil der Menschen (darunter das ganze schöne Geschlecht) den Schritt zur Mündigkeit, außer dem daß er beschwerlich ist, auch für sehr gefährlich halte: dafür sorgen schon jene Vormünder, die die Oberaufsicht über sie gütigst auf sich genommen haben. Nachdem sie ihr Hausvieh zuerst dumm gemacht haben, und sorgfältig verhüteten, daß diese ruhigen Geschöpfe ja keinen Schritt außer dem Gängelwagen, darin sie sie einsperreten, wagen durften; so zeigen sie ihnen nachher die Gefahr, die ihnen drohet, wenn sie es versuchen allein zu gehen.«

Immanuel Kant »Was ist Aufklärung«

Ohne Kultur keine Demokratie

Verteidigung und Erhaltung unserer Kultur

Ein Blick auf die Art und Weise, wie Sie leben, was Ihnen wichtig und teuer ist, etwas pathetisch gesagt, wofür Sie leben, was Sie gesichert und garantiert wissen möchte, worauf Sie sich verlassen dürfen, all das, zumindest vieles von dem, würden Sie verlieren oder würde beschädigt werden, wenn Deutschland als freiheitlicher, demokratischer und wirtschaftlich prosperierender Staat nicht mehr existierte. Deutschland macht seine Kultur, seine politische Ordnung, seine Geschichte, seine wirtschaftliche Kraft, seine Landschaften als die von Menschen in Jahrtausenden von Generation zu Generation bearbeitete Natur, seine Errungenschaften, seine demokratischen und sozialen Standards aus.

Es geht nicht nur darum, das alles zu erhalten, sondern vor allem, darin den Weg zu erkennen, die Zukunft zu gestalten. Wir sind so, weil wir so geworden sind, weil wir aus unserer Heimat, aus unserer Tradition etwas erhalten haben, was wir an unsere Kinder weitergeben wollen, den Reichtum, den ich Deutschland nenne, dass sie ihn mehren, auf dass sie glücklich werden. Denn, so wusste bereits Aristoteles, das Ziel des Menschen besteht darin, glücklich zu werden. Zu den Quellen des Glücks zählt es, das, was wir empfangen haben, verbessert noch an unsere Nachkommen weiterzugeben.

Im Laufe der Geschichte wurden Erfahrungen zu Werten, unseren Werten, die wiederum unserem Leben Orientierung geben. Ich bin fest davon überzeugt, dass Menschen Werte benötigen und Urteile darüber, was schön und hässlich, was gut und schlecht ist, was man macht und was man unterlässt. Die Gesamtheit der Werte, Urteile und Verhaltensweisen nenne ich

Kultur. Gemeinschaften unterscheiden sich in ihren Kulturen, entweder geringer oder größer. Das ist wichtig, denn die Unterschiedlichkeit der Kulturen macht unser Leben aus. Ich bin geprägt von der deutschen Kultur. Wie meine Mitmenschen auch. Ich nenne diese Kultur Deutschland. Kultur ist nichts Statisches, aber sie ist auch nicht beliebig und schon gar durch Weisung einer Bundeskanzlerin veränderbar.

Weil ich aber um die Besonderheit, um den Reichtum der deutschen Kultur weiß, wie ich auch die großartige italienische oder französische oder englische, die polnische und ungarische Kultur bewundere, überhaupt die stupende Vielfalt der europäischen Kulturen, die Quelle der Stärke Europas und seiner Zukunft sind, besteht meine Grundforderung darin, alles zu tun, damit diese Kulturen sich in Frieden und Freiheit und Wohlstand entwickeln, weiterleben können, weil sie vererbt, reicher noch weitergegeben werden. Was sie reicher macht, ist das Leben, das italienische Leben, das französische Leben, das deutsche Leben.

Die Zukunft unseres Kontinents liegt im Konzert seiner selbstständigen Kulturen. Alle Versuche, eine Universalregierung zu installieren, sind gescheitert. Darüber gibt uns das Mittelalter mit dem Ringen der Päpste und der Kaiser um die Führung in Europa beredt Auskunft. Die Moderne in Europa, der Siegeszug von Wissenschaft und Technik, die Aufklärung, die den modernen Staat und das moderne Denken schuf, die Rationalisierung, die der Kapitalismus mit sich brachte, all das ist ein Werk der Nationalstaatsbestrebungen, die eindeutig im späten 15. Jahrhundert einsetzten.

Dabei geht die Vorstellung der Nation auf die römische Idee der patria zurück – und vor allem auf die Vorstellung von Heimat, vom Zusammenleben und Kooperieren mit Menschen gleicher Kultur, auf die Identität, denn Nation leitet sich her von natus sum, davon, wo ich geboren bin. Dabei ist die Nation nichts

Statisches oder Hermetisches, sondern etwas, das sich entwickelt. Menschen aus anderen Kulturen stoßen dazu, weil sie in dieser Kultur ihr Glück machen möchten – und sie bringen etwas ein und sie bringen etwas dazu, aber eben dazu. Denn die Voraussetzung auch für die Einwanderung – und dafür sind die Identitätspolitiker und die Offene-Grenzen-Ideologen blind – besteht darin, dass die Werte und die Eigenheiten der Nation erhalten bleiben, garantiert und respektiert werden. Nicht über alles in der Welt möchte ich Deutschland sehen, aber auch nicht unter allem, nur weil eine Bundeskanzlerin meint, zuerst die Welt retten zu müssen, bevor sie an ihre Mitbürger denkt, oder zuerst alle anderen geimpft werden müssen, bevor die Deutschen gegen den Covid-19-Erreger immunisiert werden. Zu Verlierern werden Sie und ich, wenn wir unsere Kultur verlieren, weil sie gecancelt werden soll, weil die Neue Herrschaft den deutschen Staat in die EU aufzulösen gedenkt und sich der gefährlichen Illusion hingibt, dass der Zentralstaat Europa ein Friedensprojekt sein würde. Ich kann und ich will es nicht anders sagen: Gegenwart und Zukunft Europas liegen in dem Bündnis der souveränen Staaten Europas, der aufgeklärten und freien Nationen Europas.

Meine erste und grundlegende Forderung besteht folglich in der Verteidigung und Erhaltung der deutschen Kultur, besteht darin, den Kulturrevisionismus derjenigen aufzuhalten, die meinen, Literatur müsse politisch korrekt sein und die deutschen Geistesgrößen haben vor dem Gesinnungstribunal linksliberaler Tugendwächter anzutanzen. Beispiele für den Kulturrevisionismus finden sich zuhauf, hier sei nur die Literaturkritikerin Katharina Döbler zitiert, die im Sinne der Cancel Culture zu dem Urteil kommt: »*Buddenbrooks* war beim Wiederlesen ein viel schlichterer Roman, als ich ihn in Erinnerung hatte. Natürlich gibt es großartige Passagen darin. Aber es ist kein Buch, das es verdient hat, immer noch an der Spitze des deutschen Literaturkanons zu stehen.« Als Grund dafür vermag die Literaturkritikerin allerdings kein literaturwissenschaftliches oder ästhetisches Argument anzuführen, nur ein ideologisches: »Er repräsentiert vielmehr eine sehr eingeschränkte männlich-bürgerliche Sichtweise auf die Gesellschaft.«[126]

Welcher Verlust an Wissenschaftlichkeit scheint in der Literaturwissenschaft inzwischen zu herrschen, wenn der Literaturkritikerin im Studium nicht einmal der Begriff der Erzählperspektive unterkam? Ansonsten ist das alles nicht neu, sondern kenne ich die ideologische Bewertung von Kunst aus der DDR, und Döblers Kriterien erinnern doch sehr an Stalins »Ingenieure der Seele«, an das Verdikt von Franz Kafkas Erzählung »Die Verwandlung«, nach dem die Verwandlung eines Werktätigen in ein Insekt für die sozialistische Ästhetik keine gesellschaftliche Initiative darstellen würde, oder für heute paraphrasiert: Die Erzählung repräsentiert vielmehr eine sehr eingeschränkte männlich-zoologische Sichtweise auf die Gesellschaft.

Wenn Sie nicht zu den Verlierern gehören wollen, dann bestehen Sie auf den deutschen Staat als politische Form unserer Kultur.

Kultur als Hindernis der Großen Transformation

Lassen Sie uns zum Verständnis einen kurzen Blick zurück werfen, weil im Paradigmenwechsel der Weg für das wiedervereinigte Deutschland darin besteht, die unvollendete Revolution von 1989 zu vollenden.

Nach der Wiedervereinigung, die für die Linken und Linksliberalen der Bundesrepublik Schock und narzisstische Kränkung in einem war, ging es für sie nicht zuletzt darum, die Deutungshoheit, die sie letztlich nach und im Historikerstreit errungen hatten und nun in Gefahr sahen, zu retten und auf eine totale Art und Weise zu sichern, die davor schützen sollte, dass sie noch einmal auch nur ansatzweise in diese missliche Situation geraten würde. Der Drang, das wiedervereinigte Deutschland so schnell als möglich loszuwerden, anstatt es als Geschenk und Chance der Geschichte zu begreifen, und es stattdessen in die Vereinigten Staaten von Europa aufzulösen, wurde nun zur ihrer vordringlichen Agenda.

Jürgen Trittin publizierte 1993 die Kampfschrift »Gefahr aus der Mitte. Die Republik rückt nach rechts«, in der er die Verschwörungstheorie vom Rechtsruck unter das linksliberale Medienvolk brachte. Der CDU-Mann Friedbert Pflüger veröffentlichte 1994 das Pamphlet: »Deutschland driftet. Die Konservative Revolution entdeckt ihre Kinder«, in dem er sich wie Trittin darum sorgte, dass die Mitte nach rechts rücke. Letztlich plädierte er sogar für die Verharmlosung der Verbrechen des Kommunismus. In diesem Klima erschien im *Spiegel* 1993 der Essay »Anschwellender Bocksgesang« von Botho Strauß und löste einen Sturm aus. Ein renommierter Autor wagte es, die linke Hegemonie in ihrer Geistlosigkeit zu skizzieren: »Es mag in Osteuropa geschehen, was will, bei uns ist links nach wie vor dort, wo sich die kulturelle Mehrheit befindet.«[127] In der Nachschrift von 1994 prophezeite Strauß: »Es droht von den Linken keinerlei geistige Anregung mehr; sie wird sich allenfalls beteiligen an der Organisation des gesellschaftlichen Zerfalls in Form der politischen Korrektheit.«[128]

Der Essay von Botho Strauß und die heftige Reaktion darauf führten den beiden Redakteuren der *Welt am Sonntag*, Ulrich Schacht und Heimo Schwilk, vor Augen, dass hier eine Debatte über die künftige Verfasstheit und Gestalt des wiedervereinigten Deutschlands nicht verdrängt, sondern geführt werden müsse, weil man Deutschland nicht denen überlassen dürfe, die nichts damit anzufangen wissen. Die Redakteure regten einen Sammelband an, in dem sich prominente Autoren ausgehend vom »Anschwellenden Bocksgesang« Gedanken über das wiedervereinigte Deutschland machten. Schacht und Schwilk gingen von der

Überlegung aus, dass die deutsche Nation nur dann eine Zukunft habe, wenn sie sich ihrer selbst bewusst werde.»Das deutsche Selbstvertrauen aber ist gebrochen. Dafür gibt es bösen Grund. Jedes Nachdenken über deutsche Identität muss sich dieses bösen Grundes bewusst sein.«[129] Gerade aus diesem Grund sahen es die Herausgeber als wichtig an, dass sich ein Selbstbewusstsein bilde, dass »sich nicht gegen andere« formiere, sondern »sich auf sich selbst hin« forme.

Die Deutschen sind sich ihrer selbst, ihrer kulturellen Identität nicht bewusst, deshalb vermag derzeit nichts dem Zusammenbruch der bürgerlichen Ordnung entgegenzutreten, denn die bürgerliche Ordnung ist inhaltslos. Angela Merkel und Björn Höcke vereint, dass sie beide nichts von Deutschland verstehen. Die Bundeskanzlerin nicht, weil ihr alles Deutsche fremd ist. 2016 mochte sie auch gar nicht mehr von den Deutschen, sondern nur von denen, die schon etwas länger hier sind, sprechen.[130] Björn Höcke nicht, weil er einem nationalromantischen Deutschlandbild folgt, das insofern reaktionär ist, weil es den chauvinistischen Nationalismus des 19. Jahrhundert wiederzubeleben versucht. Der Internationalismus der Bundeskanzlerin, der sich aus dem proletarischen Internationalismus von Marx und Engels herleitet, und der Nationalismus Höckes sind beide gleichermaßen untauglich, eine bürgerliche Ordnung Deutschlands für das 21. Jahrhunderts zu formulieren, weil sie tief im 19. Jahrhundert stecken.

Über welche kulturellen Grundlagen der bürgerlichen Ordnung Deutschlands sprechen wir also?

Die Bedeutung von Kultur wird weithin unterschätzt, dabei existiert ohne Kultur keine Sprache, übrigens auch keine Demokratie. Mit der deutschen Kultur würde zugleich die deutsche Demokratie verschwinden. Das Konzert der europäischen Demokratien wird von den unterschiedlichen Kulturen in Europa angestimmt. Aus der Vielfalt Europas erwuchs der Erfolg des

Kontinents. Wer diese Vielfalt beseitigen möchte, indem er eine staatliche Vereinigung Europas unter der Brüsseler Administration vorantreibt, wird die europäischen Kulturen zerstören und der Fülle der Demokratien den Garaus machen. Unweigerlich würden Not, Armut, Innovationslosigkeit, Kulturlosigkeit, Verelendung, das Ende von Wissenschaft und Wirtschaft Einzug halten. Europa würde zur globalisierten Kolonie, seine Bewohner zu Schuldsklaven und Dateneigenen. Diese Tatsache wird erstaunlicherweise vom linksliberalen Mainstream übersehen. Die Neue Herrschaft hat sich von der sozialen Frage verabschiedet, auch von der deutschen Kultur und Geschichte, von den Interessen derer, die schon länger hier leben – und die man inzwischen nur noch »die Menschen« nennt. Doch deutsche Bürger, deutsche Demokratie, Paulskirche – diese scheinbar veralteten Begriffe stehen für Kultur, politische Verfassung und Geschichte.

Der Angriff auf unsere Demokratie läuft unterdessen auf Hochtouren, und er setzte ein mit den Attacken auf die Kultur und Geschichte unseres Landes. Er wird vorgetragen über die Revision von Geschichte und Kultur und über die Regulierung von Sprache, die zum einen sich in den sprachpolizeilichen Bemühungen der Political Correctness und zum anderen in der Schaffung von Sprachstrafbeständen vollzieht. Eine ideologisierte Politikwissenschaft kreiert immer neue Schlagworte und Etiketten für das Böse, die gern auf das Suffix -phob enden, wie islamophob, homophob. Alle Bemühungen der Sprachregulierung dienen dem Zweck, die Diskurshoheit, die Herrschaft und Kontrolle über die gesellschaftliche Kommunikation aufrechtzuerhalten.

Sprachregulierung und Geschichts- sowie Kulturrevisionismus verstärken sich in einem Wechselspiel, wobei Ersteres kurzfristiger und Letzteres langfristiger angelegt ist. Sie können die Wirkung von Sprachregulierung leicht bei sich selbst und in Ihrem Umfeld beobachten, wenn Sie Ihr Augenmerk darauf richten, welche Worte Sie nicht mehr verwenden, welche Sie lieber unterdrücken oder nur im vertrauten Kreise äußern, weil Sie soziale Sanktionen fürchten, die übrigens schon bei den banalsten Dingen einsetzen.

Oder denken Sie an Bezeichnungen, wo Sie oder andere plötzlich nicht wissen, welches der korrekte Ausdruck dafür ist. Die Umbenennung von Straßen und Plätzen und Geschäften und Restaurants, die einen Angriff im Stile der Roten Garden auf den öffentlichen Raum darstellen, sind ein eindeutiger Beleg, denn mit diesen Umbenennungen verändert man Geschichte. Oder der Angriff auf die Literatur, der damit beginnt, dass Texte geändert werden, wie die der Schriftstellerin Astrid Lindgren. Oder literaturfeindliche, Kinder indoktrinierende Kita-Leiterinnen, wie die Chefin einer Hamburger Kita, die bedauert, dass Jim Knopf immer noch gelesen wird, denn:»Jim Knopf reproduziert viele Klischees, zum angeblich typischen Wesen und Äußeren von Schwarzen.«[131] Die Kita-Leiterin tritt für eine »rassismuskritische Frühbildung in den Kitas ein«, also für eine Indoktrination der Kinder in Orwell'scher Manier. Und damit nichts schiefgeht, werden die Erzieherinnen vorindoktriniert:»Ich habe bald nach meinem Antritt dafür gesorgt, dass alle Kolleginnen und Kollegen ein Antirassismustraining machen.« Denn Weiße sind schon allein deshalb rassistisch, weil sie weiß sind, und bedürfen einer Schulung, um den Rassismus in sich zu entdecken und tagtäglich gegen ihn anzugehen.

Dass hier das Neutralitätsgebot des Staates verletzt wird, kümmert die Neue Herrschaft nicht, denn sie will ja Indoktrination, schließlich wurde auch von der Antonio Amadeu Stiftung unter dem Titel »Ene, mene, muh und raus bist du!« – Zum Umgang mit Rechtspopulismus und Menschenfeindlichkeit in Kitas« eine erfahrungsgesättigte Anleitung für Kita-Erzieherinnen herausgegeben, wie sie von den Kindern die politische Gesinnung der

Eltern ausspionieren können, vom Familienministerium unterstützt und mit einem Geleitwort der zuständigen Ministerin Franziska Giffey versehen.[132]

Das Ziel besteht aus deutscher Sicht darin, Deutschland in einem europäischen Zentralstaat aufgehen zu lassen, Deutschland als Staat und als Nation abzuschaffen, auch wenn ausgeblendet wird, dass Deutschland mit dieser Vorstellung in der EU allein steht. Wie geschickt dabei agiert wird, zeigt folgende Vorgehensweise. Wahrheitswidrig wird das Bild erzeugt, als würde der Protest gegen die Berliner Pläne eine große Regression darstellen. Die Kritiker werden bereits vor Beginn der Debatte als Reaktionäre diffamiert, weil sie etwas zurückzudrängen beabsichtigen, was längst erreicht ist, nämlich die vielen Kompetenzen, die von den nationalen Regierungen auf die demokratisch nicht legitimierte EU-Kommission, wie man jüngst bei der Beschaffung des Impfstoffes gegen Covid-19 beobachten konnte, übertragen worden sind. Aber ein Nicht-weiter ist kein Zurück, auch wenn die Agitatoren der Großen Transformation die Verminderung des Tempos der Vertiefung der EU für einen Rückschritt halten. Man versucht also, eine notwendige Diskussion durch Stigmatisierung zu unterbinden. Im guten, alten Klassenkampfmodus wird dabei vor nichts zurückgeschreckt, denn schließlich handelt man im Auftrag des Fortschritts, des Guten – und wenn das nicht reicht, im Auftrag der Menschlichkeit, der Tierlichkeit, der Vögel und Bienen und Käfer. Der Kritiker wird zum Gegner, der Gegner zum Feind. Das Holz für die Scheiterhaufen der Ideologie wird gesammelt, um das Glaubensfest der Willkommenskultur zu feiern. Der Kult des höchsten Wesens, womit die Jakobiner das Christentum ersetzen wollten, erfährt seine Wiederkunft als Kult obergrenzenloser Menschlichkeit.

Ohne Kultur jedoch existiert keine Demokratie. Wir müssen unsere Demokratie verteidigen. Trotz ihrer Unvollkommenheit bleibt die Demokratie die beste Regierungsform, die wir kennen, weil sie den friedlichen Wechsel von Herrschaft ermöglicht und Regularien besitzt, Herrschaft einzugrenzen. Aber auch sie vermag Dekadenz nicht zu verhindern, auch sie begünstigt im Verlauf ihrer Geschichte die Bildung von Kartellen des Mittelmaßes, auch sie kann nicht ausschließen, dass die Grenzen der Macht aufgelöst werden, weil aufgrund eines Korporatismus, der über Parteigrenzen hinwegrankt, Parteien zur Mimik des Establishments werden.

Als Symptom zeigt sich immer öfter das Wir-ihr-Schema, das messerscharf unterscheidet zwischen den allwissenden Politikern auf der einen und den störrischen Bürgern auf der anderen Seite. Julia Klöckner hat sogar den Mitgliedern ihrer Partei attestiert, unfähig zu sein, über den Koalitionsvertrag abzustimmen, denn die einfachen Parteifreunde verfügen nun mal nicht über »die Informationen, die wir ja hatten«.[133] Der brillante Soziologe Wolfgang Streeck hat in einem Aufsatz gezeigt, dass die Diener der Göttin TINA (There Is No Alternative) der Expertenlüge bedürfen.[134] Doch Experten stehen immer im Dienst von Mächtigen, ihre Expertise stellt häufig auf deren Bedürfnisse ab. Die Gesamtheit der von der Regierung und den Medien zu Experten Ernannten wird inzwischen Interpretationseliten genannt. Nimmt man Klöckner beim Wort, dürfte man die Bürger auch nicht mehr wählen lassen, denn schließlich verfügen sie auch nicht über die Informationen, über die Politiker verfügen. Aus ihrer Perspektive sind politische Entscheidungen so komplex, dass es den unterkomplexen Bürgern schwerfällt, sie zu verstehen.

Diese Vorstellung verwässert das Wahlrecht des deutschen Volkes, wenn man, wie die Grünen, jedem das Wahlrecht geben will, dessen Lebensmittelpunkt in Deutschland liegt. Damit kann man das Wahlrecht der deutschen Bürger durch Migration auflösen. Oder wenn der belgische Historiker David van Reybrouck fragt, ob »Wahlen … nicht vielleicht doch eine altmodische Methode sind«, weil die Bürger nicht »ihre beste Seite an den Tag« legen, »wenn sie ... hinter dem geschlossenen Vorhang der Wahlkabine wichtige Entscheidungen ... treffen«.[135] Wer die Wahlen in der DDR noch erlebt hat und weiß, dass das Aufsuchen der Wahlkabine bereits als staatsfeindliche Provokation angesehen wurde, dem ist bewusst, dass van Reybroucks Vorstellungen eine diktatorische Pointe besitzen.

Wenn die deutsche Demokratie eine historische Tatsache der deutschen Geschichte ist und ihre Prägung durch die deutsche Kultur erhielt, dann kann die Neubegründung der bürgerlichen Ordnung als Alternative zur Großen Transformation oder zum Great Reset auch nur aus der deutschen Kultur und aus dem Verständnis der deutschen Geschichte heraus geschehen. Ähnliches gilt übrigens auch für jede andere europäische Demokratie.

In Frankreich ließ sich beobachten, wie ein verfestigtes Kartell des Mittelmaßes, ein ancien regime der Mediokrität, geradezu weggesprengt wurde, nicht durch eine Partei, sondern durch eine Bewegung, die das veraltete Rechts-Links-Schema durchbrach und sich kühn »En marche!« nannte. Emmanuel Macron hat die Demokratie demokratisiert, indem er die lähmende Parteienbürokratie durchschlug. Die Art und Weise, wie das geschah, entsprang der politischen Kultur der Franzosen. Und sie konnte so nur in einem Staat stattfinden, der historisch und kulturell kein Föderal-, sondern ein Zentralstaat ist. Weil »En marche!« von den Voraussetzungen einer Kultur lebt, die sich mit dem Zentralstaat im 16. Jahrhundert bildete, ist eine ähnliche Bewegung für das föderal geprägte Deutschland bisher undenkbar, allerdings werden auch hier Überraschungen ins Haus stehen, wenn das Parteiensystem nicht mehr die Bandbreite politischer Interessen abbildet. Es geht für die Parteien ums Überleben als politische Institutionen, wie wir noch sehen werden, und ich bin mir nicht sicher, ob die classe politique den Ernst der Lage verstanden hat.

Als 2010 Thilo Sarrazin in dem Buch »Deutschland schafft sich ab. Wie wir unser Land aufs Spiel setzen« seine inzwischen von der Wirklichkeit übertroffene Prognose publizierte, brach eine Hexenjagd los. Heiko Maas nannte ihn in seiner subtilen Art auf Twitter »Idiot«, und weit subtiler noch die Kolumnistin Mely Kiyak eine »lispelnde, stotternde, zuckende Menschenkarikatur«, und der Journalist Deniz Yücel nahm den Ball seiner Kollegin auf und schrieb in einer Sprache, die Victor Klemperer als Lingua Tertii Imperii analysiert hätte: »Buchautor Thilo S., den man, und das nur in Klammern, auch dann eine lispelnde, stotternde, zuckende Menschenkarikatur nennen darf, wenn man weiß, dass dieser infolge eines Schlaganfalls derart verunstaltet wurde und dem man nur wünschen kann, der nächste Schlaganfall möge sein Werk gründlicher verrichten.«[136]

Mehr Hass, hate speech des hochmoralischen Establishments, einer Elite, die nichts sehnlicher wünscht, als alles, was nach deutscher Kultur klingt, zu vernichten, ist kaum vorstellbar. Ihnen dürfte Yücel in seiner Humor- und Stillosigkeit aus dem Herzen gesprochen haben, als er behauptete: »Der baldige Abgang der Deutschen aber ist Völkersterben von seiner schönsten Seite.« Ungewollt verwies er auf den Zusammenhang von Volk, Sprache und Kultur: »Der Erhalt der deutschen Sprache übrigens ist kein Argument dafür, die deutsche Population am Leben zu erhalten.« Denn, schreibt der Mann, der sich einiges auf seine Beherrschung der deutschen Sprache einbildet, stilsicher und elegant: »Im Interesse der deutschen Sprache können die Deutschen gar nicht schnell genug die Biege machen.«[137]

Zum Beweis dafür, dass die deutsche Geschichte im Grunde nur aus Nazis und Pränazis besteht, wurde Luther zum Antisemiten erklärt. Der Ratsvorsitzende Bedford-Strohm schämte sich öffentlich für den Reformator[138], und die EKD-Beauftragte für das Reformationsjubiläum, Käßmann, litt an den »dunklen Seiten der Reformation«.[139]

Die Professorin Naika Foroutan raunte: »Es gibt aber auch zahlreiche Zitate von Luther und Kant, die zutiefst antisemitisch sind«[140], ohne diese übrigens anzugeben. Foroutan wollte Deutschland verlassen und nach Kanada gehen, weil »die gesellschaftlichen Entwicklungen ... in eine präfaschistische Phase« weisen. Da sie die angestrebte Professur in Toronto nicht bekam, wird sie weiter hier ausharren und der deutsche Steuerzahler sie finanzieren müssen.[141]

Luther, Bach, Kant wurden zu Antisemiten erklärt und die deutsche Geschichte vor 1933 ahistorisch aus der Perspektive des Holocausts interpretiert. Von diesem Versuch aus war es nur ein kleiner Schritt, eine Art Opfertranslation vorzunehmen. Der Vorurteilsforscher Wolfgang Benz behauptete, dass die Muslime in Deutschland diskriminiert würden und es ihnen so erginge wie den Juden im Deutschen Reich. Durch Suche und Ersetzen wurden aus den diskriminierten Juden im Deutschland des ausgehenden 19. Jahrhunderts die Muslime in der Bundesrepublik des 21. Jahrhunderts.[142]

Damit wurde an der Legende gestrickt, dass die Deutschen immer Täter bleiben würden, weshalb man Deutschland auflösen müsste – und mit ihm am besten gleich die deutsche und christliche Kultur. Denn ganz Eifrige bemerkten, dass christliche Feste wie den Martinstag, Ostern oder Weihnachten zu feiern den Muslimen gegenüber nicht kultursensibel und in Grunde diskriminierend sei. Aus Kultursensibilität verschwand aus einigen Kantinen auch das Schweinefleisch. Inzwischen wird von der Journalistin Ferda Ataman, die der Lobbyorganisation »Neue Deutsche Medienmacher« angehört, verkündet: »Die Abgrenzung zum Islam macht das Deutschsein erst aus.«[143] Denkt man Atamans Gedanken weiter, würde das heißen, dass die Abgrenzung zum Islam das Deutschsein erst ausmachen würde, weshalb das Deutschsein abgeschafft gehört. Ferda Ataman hält den Islam für Deutschland inzwischen für so wichtig, dass sie Deutschsein nur aus der Haltung zum Islam zu definieren weiß.

Die Neuen Deutschen Medienmacher, die übrigens ein »Glossar zur Berichterstattung im Einwanderungsland«, eine »Sammlung von Formulierungshilfen«[144] für den politisch korrekten Journalisten entwickelt haben, damit auch nichts schiefgehen kann und man nicht eventuell Beifall von der falschen Seite bekommt, »sind ein bundesweiter Zusammenschluss von Medienschaffenden mit unterschiedlichen kulturellen und sprachlichen Kompetenzen und Wurzeln. Wir setzen uns für mehr Vielfalt in den Medien ein: Vor und hinter den Kameras und Mikrofonen. An den Redaktionstischen. Und auch in den Planungsstäben, Führungsetagen und Aufsichtsgremien.«[145] Man kann das auch Machtübernahme oder frei nach Orwell Wahrheitsministerium nennen. Wer sich fragt, weshalb Medien tendenziös berichten, braucht nur ein Blick auf die Homepage der »Neuen Deutschen Medienmacher« zu werfen und wird erkennen, wie viel Einfluss diese Pressure-Group besitzt und wer sie unterstützt.[146]

Wer die deutsche Kultur ablehnt, lehnt auch die deutsche Demokratie ab. Die Erneuerung der deutschen Demokratie kann hingegen nur in Kenntnis der deutschen Geschichte aus der deutschen Kultur in Angriff genommen werden. Deutsch bedeutet nicht Ethnie, sondern Kultur, eine Kultur, die in der Geschichte gewachsen ist und in der Sprache lebt. Zur Kultur gehören Heimat und Tradition. Über Tradition, Erbe, Geschichte und Heimat werden wir konkret im Zusammenhang mit Bildung sprechen, denn Geschichte Tradition und Erbe müssen vermittelt werden.

Kultur und Geschichte sind aber auch das Schlachtfeld, auf dem wir für unser Land, für unsere Demokratie und für unsere Art zu leben streiten müssen. Ein Volk, das seine Geschichte, seine Kultur und Tradition verliert, stirbt oder fällt unter den zentrifugalen Kräften der Weltpolitik auseinander, weil sein Gravitationszentrum fehlt.

Während die Große Transformation die Demokratie in das Rätesystem der Zivilgesellschaft überführen will und den Staat über NGOs ausbaut, wird es für diejenigen, die darauf angewiesen sind, die bürgerliche Ordnung neu zu begründen, um nicht zu Verlierern gemacht zu werden, zur Aufgabe, die Demokratie zu retten, indem sie die Demokratie erneuern.

Herrschaft des Volkes
oder für das Volk

Ich habe bereits erwähnt, dass Zagrebelsky in seinem Essay
»Gegen die Diktatur des Jetzt« feinsinnig zwischen der Demokratie als Herrschaft des Volkes oder als Herrschaft für das Volk
unterscheidet.[147] Er weist darauf hin, dass als Herrschaft für das
Volk noch die schlimmste Diktatur Rechtfertigung erfährt. »In
diesem Sinne des Begriffs konnten sich als Demokratie, genauer
gesagt als ›wirkliche‹, ›wahre‹, ›eigentliche‹ Demokratie auch die
Herrschaft der Sowjets (»demokratisch ist all das, was den Interessen des Volkes dient«), der Faschismus (»organisierte, zentra-
lisierte, autoritäre Demokratie«) und alle noch so gewalttätigen
und willkürlichen Herrschaftsformen der Welt bezeichnen, die,
wenn sie einmal die Bürger ihrer Rechte beraubt haben, sich zu
Freunden und Verteidigern des Volkes erklärt haben und selbst
erklären.«[148] Zagrebelsky irrt jedoch, wenn er die Demokratie als Form der Politik charakterisiert, denn sie ist nicht Form
der Politik, sondern eine Form der Herrschaft. Bekanntlich hat
Max Weber zwischen legaler, traditioneller und charismatischer
Herrschaft unterschieden. Herrschaften beruhen für ihn auf den
beiden Elementen Legitimität und Verwaltung. Ihre Aufgabe
besteht darin, füge ich hinzu, den Interessenausgleich zwischen
wesentlichen Gruppen der Bevölkerung zu organisieren. Sollten
die Interessen wesentlicher Bevölkerungsgruppen nicht mehr
ausbalanciert werden können, bricht eine Staatskrise aus.

Charismatische Herrschaft benötigt die »außeralltägliche
Hingabe an die Heiligkeit oder die Heldenkraft oder die Ver-
bindlichkeit einer Person und der durch sie offenbarten oder
geschaffenen Ordnungen«[149], ihre Verwaltung realisiert sich in
der Gefolgschaft, ihre politische Form ist in der Gegenwart die
Diktatur. Die traditionelle Herrschaft wird getragen von der Un-

antastbarkeit der Tradition. Ihre Verwaltung wird von Dienern gebildet.[150] Sie existiert im Grunde nicht mehr.

Die legale Herrschaft schließlich, als die wir die Demokratie sehen, setzt die Unveräußerlichkeit und die Geltung der Rechtsordnung voraus und stützt sich in der Verwaltung auf Beamte. Die Rechtsordnung geht von den Bürgerechten aus, von den bürgerlichen Freiheiten, genauer noch, ihre Aufgabe besteht in zweierlei, zum einen hat sie den Schutz der bürgerlichen Freiheiten in geltendes Recht zu übersetzen und zum anderen sorgt sie durch die rechtliche Kodifizierung dafür, dass die bürgerlichen Freiheiten von einem abstrakten Status in eine konkrete Praxis überführt werden. Wo das nicht mehr geschieht und die bürgerlichen Freiheiten eingeschränkt werden, Rechtsordnung nicht mehr von den Bürgerechten ausgeht, wird die legale Herrschaft reine Verwaltung, kippt die Demokratie in die Bürokratie oder als eine Sonderform der Bürokratie in die Technokratie.

Bedenken wir, wie wesentlich, wie grundlegend, wie alles entscheidend die Frage der Demokratie für unser Leben ist, für unseren Wohlstand, der von Innovation und Wirtschaftswachstum abhängt, und sehen wir andererseits die bröckelnden bürgerlichen Freiheiten, den Übergang der Demokratie in einen Staatsbonapartismus, den man als Bündnis von Technokratie und Bürokratie bezeichnen darf, wird deutlich, dass für Deutschland eine umfassende Reform der Demokratie, ja eine Revitalisierung der Demokratie ansteht. Denn durch den Verlust der Demokratie werden wir Verlierer erst zu den Verlierern, weil wir kaum noch Möglichkeiten besitzen, auf die Geschicke unseres Landes Einfluss zu nehmen.

Da die Mehrheit der deutschen Bürger zu den Verlierern der Großen Transformation gehören wird, liegt es im Interesse dieser Bürger, in unserem Interesse, gegen den Great Reset zu votieren. Doch wie kann diese Mehrheit sich organisieren, wie sich ausdrücken, wie überhaupt erst zum Bewusstsein ihrer selbst und ihrer tatsächlichen Lage kommen? Die Antwort lautet: Aufklärung, Bildung und Reform der Demokratie, um ihrer Bürokratisierung zu wehren. Bevor wir der Frage nachgehen, wer Änderung bewirken kann, wie sich der legitime Aufstand der Bürger als Wähler zur Neubegründung der bürgerlichen Ordnung für das 21. Jahrhundert verwirklicht, widmen wir uns zunächst dem, was verändert werden muss.

Wollen wir die Zukunft gestalten, müssen wir die Demokratie reformieren, denn eine dynamische Gesellschaft benötigt eine dynamische, eine lebendige Demokratie, denn nur die offene Bürgergesellschaft wird auch die Talente hervorbringen und fördern, die in der Industriegesellschaft 2.0 benötigt werden. Wohlstand für alle in der Gesellschaft ist möglich, wenn es eine freie und demokratische Gesellschaft ist, die auf den Werten der Aufklärung, der Freiheit, der Selbstbestimmung und der Verantwortung beruht, die verteidigungsbereit und hochgebildet ist, aber keinen Bildungshochmut entwickelt und nicht zu einer Ansammlung veralteter Clankulturen zerfällt. Diese Bürgergesellschaft wird nicht Meinungsfreiheit einschränken unter dem Vorwand, »kultursensibel« sein zu müssen, heißt auch illiberales, diskriminierendes Verhalten zu akzeptieren, nur weil es Migranten oder Deutsche mit Migrationshintergrund an den Tag legen, sondern durch und durch freiheitlich sein, in ihr werden weder Denkverbote noch Einschränkungen der künstlerischen und der Meinungsfreiheit geduldet.

Das Blasphemiegesetz gehört abgeschafft. Als Christ bin ich der Überzeugung, dass Religion es aushalten muss, verhöhnt zu werden, auch aus religiöser Sicht. Die neue bürgerliche Ordnung wird nicht gesinnungsethisch, sondern verantwortungsethisch basiert sein. Die Neue Herrschaft argumentiert gesinnungsethisch, weil allein der ethische Zweck ihres Handelns ihre Handlungen rechtfertigt, nicht Analyse und Erkenntnis der Realität, sondern die moralische Haltung ist entscheidend. Das Ziel der Großen Transformation rechtfertigt alle Mittel ihrer Verwirklichung.[151] »Verantwortlich« fühlt sich der Gesinnungsethiker nur dafür«, äußert Max Weber in dem noch immer sehr aktuellen Vortrag »Politik als Beruf«, »dass die Flamme der reinen Gesinnung, die Flamme z. B. des Protestes gegen die Ungerechtigkeit der sozialen Ordnung, nicht erlischt. Sie stets neu anzufachen, ist der Zweck seiner, vom möglichen Erfolg her beurteilt, ganz irrationalen Taten, die nur exemplarischen Wert haben können und sollen.«[152]

Sie können das in der Argumentation der Klimaapokalyptiker beobachten, denn nichts hat Bestand vor den Zielen der Pariser Klimakonferenz, diesen Zielen wird buchstäblich alles untergeordnet. Der Verantwortungsethiker handelt hingegen nach der Maßgabe, »dass man für die (voraussehbaren) Folgen seines Handelns aufzukommen hat.«[153] Weber diskutiert zwar eine Balance zwischen Verantwortungs- und Gesinnungsethik, doch sehe ich gegenwärtig das Pendel in der Politik der Neuen Herrschaft so weit in Richtung Gesinnungsethik ausgeschlagen, dass ich für einen reinen, rationalen Ansatz der Verantwortungsethik plädiere.

Der Great Reset beabsichtigt, eine Gesellschaft zu schaffen, in der Demokratie als Herrschaft für das Volk verstanden wird, nämlich eine fürsorgliche Herrschaft derer, die sich in Davos treffen, der Fachleute, der Technokraten, der Brüsseler Administratoren, während die neue bürgerliche Ordnung der Bürgergesellschaft, für die ich mich engagiere, unter Demokratie die Herrschaft des Volkes versteht. Befindet sich die deutsche Gesellschaft an der Weggabelung, so auch die deutsche Demokratie. Wir müssen sie verteidigen, indem wir sie reformieren, wollen wir nicht die immer weitere Einschränkung von Demokratie nach Maßgabe des Armageddon-Arguments erleben, nach dem die Demokratie angeblich nicht in der Lage wäre, die großen Probleme und Krisen zu lösen. Nach der kulturellen Selbstvergewisserung und der Verteidigung unserer Kultur, Geschichte und Sprache muss die deutsche Demokratie reformiert werden.

Die Reform der Demokratie

Den Bürger selbst befragen

Grundsätzlich – und hier stimme ich mit den Grünen überein – sind Elemente der direkten Demokratie zu stärken, indem die Möglichkeit geschaffen wird, auch Volksentscheide auf Bundesebene durchzuführen, die aber nur Fragen grundsätzlicher Bedeutung betreffen dürfen.

Ich will an einem markanten Beispiel zeigen, was unter grundsätzlicher Bedeutung zu verstehen ist. Im Jahr 2004 hatten die Regierungen der Mitgliedsländer der EU in Rom einen Vertrag über eine Europäische Verfassung unterzeichnet. Für die Ratifizierung genügte in einigen Ländern das Votum des Parlaments, in anderen Ländern waren Verfassungsreferenden notwendig. Es ging schließlich um nichts geringeres als um das Institut einer Verfassung, die für die Bürger der Mitgliedsländer der EU verbindlich werden würde, nicht um ein Einzelgesetz, das sich immer an der Verfassung wird messen lassen müssen, sondern um die Verfassung selbst. In dieser grundsätzlichen Frage hat aber der Bürger selbst befragt zu werden, wie es ja auch in fast allen Mitgliedsländern geschah.

Ich erkundigte mich damals bei einem sehr einflussreichen Abgeordneten der CDU-Bundestagsfraktion, ob nicht das fehlende Referendum in Deutschland zur Verfassung selbiger die demokratische Legitimität versagte. Der Abgeordnete verneinte, hielt sich jedoch nicht mit juristischen Begründungen auf, sondern verwies kurz und knapp darauf, dass man in einem Referendum keine Zustimmung zur europäischen Verfassung erhalten hätte, so wäre es doch besser, wenn der Bundestag mit seinen Abgeordneten und nicht der unqualifizierte Bürger über eine so wichtige Angelegenheit wie die Europäische Verfassung befinde. Im Grunde hat man dann auch folgerichtig mit der Einführung des Euros den demokratischen durch den fiskalpolitischen, einen demokratischen durch einen technokratischen Prozess ersetzt. Es wundert daher nicht, dass der Euro sogar vor der Verfassung eingeführt worden ist, weil die Europäische Verfassung vom Euro erzwungen wurde. Merkels Wort, dass, wenn der Euro scheitert, Europa scheitere, illustriert nur diesen Zusammenhang.[154] Welche tiefgreifende Folgen für die Demokratie die Ersetzung des demokratischen durch den technokratischen Prozess hat, zeigt sich in der Abgabe weitreichender Kompetenzen nationaler Parlamente, so über den Haushalt, nicht an das EU-Parlament, sondern an die von niemandem gewählte EU-Kommission, die ein Musterbeispiel nicht von demokratischer, sondern von bürokratischer Herrschaft darstellt, zu der die EZB-Führung als Technokratie tritt.

Halten wir also als ersten Punkt einer Reform der Demokratie fest, die Einführung von Plebisziten auch auf Bundesebene für verfassungsrechtliche Fragen auf deutscher oder europäischer Ebene. Die Frage, ob alle deutschen Autofahrer, wie sie fast schon als entschieden gilt, bis 2025 ihre Benziner abzugeben haben, die Entscheidung für eine Klimapolitik, die so tief in das Leben der Bürger einschneidet, gehört ebenfalls in den Komplex plebiszitär zu entscheidender Fragen. Ein Plebiszit führt zu einem Begründungszwang der vorgeschlagenen Gesetze vor dem Souverän und dadurch zu einer großen demokratischen Beteiligung, der einen demokratischen Diskurs aller Bürger voraussetzt.

Die Zukunft der Demokratie

Im November 1983 hielt der italienische Philosoph Norberto Bobbio vor der Cortes, dem spanischen Parlament, einen Vortrag mit dem Titel »Die Zukunft der Demokratie«. Bobbio sprach von den »nicht eingehaltenen Versprechen der Demokratie«. Ich will

Bobbios Aufzählung der gebrochenen Versprechen ein wenig folgen, weil sie genau die Hindernisse berühren, die der Funktion der Demokratie im Wege stehen, ihren Wechsel in eine Bürokratie befördern und die dringend durch eine Reform aus den Weg geräumt werden müssen.

Unter Demokratie wollen wir mit Bobbio verstehen, dass »eine sehr hohe Anzahl von Bürgern ... auf direkte oder indirekte« Weise an »kollektiven Entscheidungen« mitwirkt und hierbei im Normalfall die Mehrheits- oder im Ausnahmefall die Einstimmigkeitsregel gilt und die »zur Entscheidung Aufgerufenen«»vor reale Alternativen gestellt« werden und sie »in die Lage versetzt werden, sich für eine von ihnen zu entscheiden.«[155] Die Entscheidungen müssen, um akzeptiert zu werden, auf der Grundlage von Regeln gefällt werden. Sie erinnern sich, in der Demokratie gilt die Mehrheitsregel. Würde unsere Demokratie funktionieren, hätte Angela Merkel nach der Äußerung, in der sie eine demokratische Wahl »unverzeihlich« nannte und ihre Kassation forderte,[156] als Bundeskanzlerin zurücktreten müssen, weil sie den Wählerwillen missachtete.

Das Mehrheitsprinzip der Demokratie ermöglicht die Interessenabstimmung, indem es einen diskursiven Verhandlungsraum eröffnet, während die »Vorab-Regeln« (regole preliminari) von den verfassungsrechtlichen Normen geregelt werden und die Legitimität garantieren. Wir sehen auch hier das Zusammentreten von Legitimität und Interessenausgleich repräsentiert. Die verfassungsrechtlichen Normen bilden die Grundlage für den liberalen Rechtsstaat. Anders als jede andere Herrschaftsform ist die Demokratie an die Existenz des liberalen Rechtsstaates gebunden.

Bobbio trifft eine wichtige Feststellung, die ich als goldene Regel, von deren penibler und skrupulöser Beachtung alles abhängt, bezeichnen will: »Es ist wenig wahrscheinlich, dass ein nicht liberaler Staat ein korrektes Funktionieren der Demokratie gewährleisten kann, und es ist andererseits genauso wenig wahrscheinlich, dass ein nicht demokratischer Staat in der Lage ist, die Grundfreiheiten zu garantieren. Der historische Beweis für diese Wechselbeziehung liegt in der Tatsache, dass demokratischer Staat und liberaler Staat, wenn sie fallen, miteinander fallen.«[157]

Diese existenzielle Abhängigkeit von liberalem Rechtsstaat und demokratischem Staat voneinander – im Grunde können wir sie in eins setzen, bilden sie doch verso und reverso ein und derselben Münze – sollten wir gut im Auge behalten. Eine demokratische Regierung, die Recht und Gesetz nicht einhält oder Recht und Gesetz ignoriert, ist keine mehr. Sie transformiert durch ihre Handlungen den demokratischen Staat in einen bürokratischen. Dagegen gilt es, sich zu wehren.

Die Wähler in Thüringen haben es in der Hand, die Profiteure des undemokratischen Vorgangs zu bestrafen, aber sie können und sollten es auch nur, wenn FDP und CDU vorab erklären, sich keinerlei Beschränkungen in der Wahl eines möglichen Koalitionspartners aufzuerlegen. Die Aufgabe der CDU und der FDP besteht in Thüringen darin, eine bürgerliche Regierung zu schaffen, gelingt es ihnen oder lehnen sie das gar ab, machen sie sich als Parteien überflüssig, weil sie dann keinen Alternative zu den Linken und den Linksliberalen anbieten.

Ich komme hier auf einen Punkt zu sprechen, der kompliziert ist, schon allein deshalb, weil gegenwärtig niemand verlässliche Aussagen zur Rolle der Parteien in einer künftigen Demokratie seriös zu machen in der Lage ist. Ich bin ein großer Verfechter des Wirkens der Parteien, die an der politischen Willensbildung mitwirken. Wenn aber Parteien nicht mehr mitwirken, sondern die politische Willensbildung allein bewirken wollen, dann entledigen sie sich a la longue ihrer Existenzgrundlage. Wenn die CDU – und es ist ihre Aufgabe, weil sie für diesen Zustand verantwortlich ist – nicht die Lücke zwischen der AfD und ihrer gegenwärtigen linksliberalen Orientierung schließt, indem sie ihren konservativen Flügel und die Mittelstandsvereinigung stärkt, und zwar massiv stärkt, sodass liberale und konservative Projekte wieder in die Politik der CDU einfließen, dann wird das Parteiengefüge ins Wanken geraten, dann werden sich notwendigerweise andere Formen der politischen Vertretung finden. Doch danach, dass die CDU ihre staatspolitische und ihre gesellschaftliche Verantwortung wahrnimmt, sieht es nicht aus. Mit der Wahl von Armin Laschet, dem Kandidaten Merkels – die sich damit die Option offenhält, sich eventuell vom Parteivolk bitten zu lassen, noch einmal anzutreten –, hat die CDU sich darauf festgelegt, eine Mitte-Links-Partei zu sein.

Sie merken, dass ich mich langsam auf unbekanntes Terrain vorwage, weil ich zu denken habe, was ich eigentlich nicht denken will. Ich halte es angesichts der Entwicklung für nahezu ausgeschlossen, dass sich eine neue Partei bilden kann. Mit der Gründung einer Partei ist kaum etwas getan, denn nun beginnt der zeitaufwendige und komplizierte Prozess, den ich Parteiwerdung nenne. Die Partei muss sich finden, sich inhaltlich ausbalancieren.

Die erste Schwierigkeit zeigt sich darin, dass in die Gremien einer neuen Partei sich erst einmal alle Leute drängeln, die schon einige Parteimitgliedschaften hinter sich haben, ohne dass sich ihre Karrierewünsche erfüllten, allerdings dürfte die Kette ihrer Misserfolge sie in Gremienkampf geschult haben. Auch an diesem Aspekt sind die Piraten gescheitert. Das zweite große Problem besteht darin, dass die mutigen Parteigründer einen Großteil der Medien gegen sich haben werden. Unter dem medialen Dauerfeuer ist Sahra Wagenknechts Initiative auch zusammengebrochen, daran, dass man ihr nicht die Zeit ließ, sich inhaltlich zu finden. Welche märchenhaft lange und fast idyllische Zeit hatten hingegen die Grünen, die sich im neuen Wohlstandsbiotop des Linksliberalismus entwickeln durften. Eine neue Partei würde bis auf eine Ausnahme nicht die nötige Zeit und die nötige Ruhe besitzen, sich zu entwickeln.

Die Ausnahme besteht im Folgenden. Ein Teil der AfD ist Fleisch vom Fleisch der CDU. Wenn sich also die liberalen und konservativen Kräfte aus der FDP, der CDU und der AfD zu einer liberalen Partei als Mitte-Rechts-Partei zusammenfänden, würde ich dieser Partei die Erringung eines Anteils an Wahlstimmen von 15 Prozent zutrauen. Wenn weiter die Parteien die Formen der politischen Willensbildung sein sollen, ist es unabdingbar, dass alle bedeutenden Gruppen in der Gesellschaft von Parteien repräsentiert werden. Bekommen die Wähler, die weder die Merkel-CDU noch die AfD wählen, keine politische Repräsentation im Parteiengefüge, dann wird dadurch das Parteiensystem selbst infrage gestellt, weil es zu leisten verweigert, was es zu leisten hat.

Lassen Sie mich der Einfachheit halber das Rechts-Links-Schema deshalb verwenden, weil sich die Parteien in diesem Schema selbst definieren. Denkbar wäre es, dass sich diese Kräfte sammeln würden, um dann an Wahlen teilnehmen zu können. Vorstellbar – und ich bin mir der Kühnheit der Vorstellung bewusst, dass es zu Koalitionen von linken, den einen oder anderen Linksliberalen und Mitte-Rechts-Kräften auf der Grundlage der sozialen Frage und der Nationalstaaten kommen wird.

Die soziale Frage, wenn sich die Linken ihrer erinnern, wird zum Feld, auf dem sich diese unterschiedlichen politischen Kräfte treffen werden, die sich nicht zu »nützlichen Idioten« des Great Reset machen lassen wollen, nicht länger den Karren der großen Transformation mitzuziehen beabsichtigen. Das allerdings ist nichts, was man planen kann, sondern was die Wirklichkeit erzwingen wird. Eintreten wird es, wenn sich in Deutschland eine vorrevolutionäre Situation abzeichnet.

Den Liebhabern der Schubladen sei ausdrücklich gesagt, die von mir skizzierte Entwicklung hat nichts mit Querfront zu tun, die Zwanziger-, Dreißigerjahre des vorigen Jahrhunderts sind ein für alle Mal Geschichte, und auch nichts mit Querdenken. Aber in der Bewegung der Querdenker zeigt sich, dass bestimmte politische Fragen sich dem obsoleten Rechts-Links-Schema entziehen. Die politische Landschaft wird sich aufgrund der wirtschaftlichen Verwerfungen verändern. Neue Fragestellungen oder alte, die wieder an Aktualität gewinnen, wie die soziale Frage, die Frage der kulturellen Identität, der Freiheit und Chancengleichheit, kurz, wer zu den Verlierern und wer zu den Gewinnern des Paradigmenwechsels gehören wird, werden unsere Demokratie verändern und neue Formen hervorrufen.

Wie sehr sich die Neue Herrschaft dessen bewusst ist, wie blank die Nerven liegen, enthüllen die überzogenen, fast schon hysterischen Urteile der Regierenden über politisch Andersdenkende, die man mit RAF-Terroristen[158] gleichsetzt, wie es Markus Söder tat, oder die man psychiatrisieren will wie die Bundeskanzlerin, die meinte: »Das übliche Argumentieren, das hilft da nicht, deshalb ist das für uns schon eine besondere Herausforderung. ... Das wird vielleicht auch eine Aufgabe für Psychologen sein.«[159]

Was versteht die Bundeskanzlerin unter üblichem und unüblichem Argumentieren? Wer im politischen Raum meint, Argumentieren helfe nicht, der muss sich fragen lassen, ob er über konsistente Argumente verfügt, oder sind übliche Argumente nur eigene Einschätzungen, die man allen Bürgern alternativlos vorzuschreiben gedenkt. Meinungsfreiheit bedeutet, dass man auch den dümmsten Unfug äußern darf, denn schließlich stellte sich andernfalls die Frage, wer darüber entscheidet, was Unfug ist und was nicht. Wäre diese Regierung nur halb so effektiv in der Beschaffung des Impfstoffes gewesen, wie sie in ihren »üblichen Argumenten« ist, wären die Deutschen im März immun.

Doch was, sieht man von neuen demokratischen Playern ab, muss an unserer Demokratie außer der Erweiterung plebiszitärer Elemente reformiert werden?

Dynamisierung der Demokratie

Als erstes Versprechen, das nicht eingehalten wurde, benennt Norbert Bobbio den Fakt, dass statt der souveränen Individuen, wie es die klassische Staatslehre für die Demokratie vorsieht, »Gruppen, Großorganisationen, Verbände unterschiedlicher Natur, Gewerkschaften der verschiedensten Berufsgruppen, Parteien mit den diversen Ideologien ... und immer weniger die Individuen« zu den »politisch relevanten Subjekten« der Demokratie wurden.[160] Das Volk als ideale Einheit würde nicht existieren, es sei gespalten in »entgegengesetzte und miteinander konkurrierende Gruppen«.

Doch stellt das eigentlich kein Problem dar, denn die »reale Gesellschaft« der Demokratie ist »pluralistisch«, im Gegenteil, füge ich hinzu, das ist sogar von Vorteil, weil es die Vielfalt der Gesellschaft in der Vielfalt der Interessen ausdrückt. Es kommt also auf zweierlei an. Werden erstens die relevanten Interessen in der aktuellen deutschen Demokratie repräsentiert und sollen sie auch repräsentiert werden, oder wird zweitens deren Repräsentation auf vielfältigem Weg behindert, wie die durch den Linksschwenk der CDU entstandene Repräsentationslücke zeigt, auch wenn sie von purem Machterhalt motiviert gewesen sein mag und mittelfristigen Erfolg für die CDU, nicht aber für die Pluralität unserer Demokratie erreichte und ihre Statik ins Wanken brachte?

Den Souverän der Demokratie bilden nicht »Menschen«, sondern Bürger, die Rechte besitzen. Das Problem beginnt allerdings dort, wo Parteien meinen, dass ihre Aufgabe nicht darin besteht, an der politischen Willensbildung mitzuwirken, sondern die politische Willensbildung vorzunehmen. In dem Moment, in dem diese Verwechslung stattfindet, verdrängen die Machtinteressen der Parteifunktionäre die Interessen der Partei, werden die Bürger missachtet, verfallen Parteifunktionäre der Vorstellung, dass sie hervorragende Arbeit leisten, es deshalb dem Bürger so gut wie noch nie in dem besten Deutschland, in dem wir je gelebt haben, gehe, nur dass der dumme Bürger das einfach nicht begreife. Gern sprechen Politiker in diesem Sinne vom Vermittlungsproblem, nur, wer ein Vermittlungsproblem hat, hat eigentlich ein inhaltliches Problem, denn was nicht vermittelbar ist, ist auch falsch. Hinzu kommen Kompetenzdefizite, die nur deshalb nicht in ihrer ganzen Deutlichkeit sichtbar werden, weil die Medien bei den Politikern, die sie fördern wollen, nicht kritisch nachfragen und ihnen in Talkshows, sollten sie doch in die Bredouille geraten, Schützenhilfe des Moderators geben. Die Kernkompetenz des Politikers liegt inzwischen nicht mehr im Politischen, sondern im Karrieristischen. Max Weber hatte schon unterschieden zwischen Politikern, die für die Politik und die von der Politik leben. Um nicht falsch verstanden zu werden, sich um eine Karriere zu bemühen, fällt nicht unter ein Verdikt, aber die Verschiebung der Talente vom Politischen zum Karrieristischen hin destabilisiert die Demokratie. Für diese Entwicklung lassen sich objektive, systemische Ursachen benennen, denen mit einer einfachen, aber konsequenten Reform begegnet werden kann.

Sowohl die SPD als auch die CDU legen ungewollt das Problem frei, wenn sie die Verkleinerung des in der Tat zu großen Bundestags anzugehen sich vornehmen. Aber sie wollen nur die Direktmandate verringern. Das stellt ein Musterbeispiel für die Demokratieferne der Apparatschiks dar. Nicht die Parteien an sich sind das Problem, sondern ihre Apparate, ihre Bürokratien. Die Parteibürokratien leben in einer Zeit ohne Uhren und werden zumeist von Leuten bevölkert, die nie im Leben etwas anderes kennengelernt haben als Politik, von der Schulbank auf die Abgeordnetenbank. Die Demokratie verkalkt von den Parteiapparaten her, die von Machtapparaten zu Karriereapparaten degenerierten.

Es bedarf einer Dynamisierung. Dreh- und Angelpunkt der Reform wird die Einführung eines einfachen Mehrheitswahlrechts sein. Von allen Vorschlägen, die ich unterbreite, wird dieser der am heftigsten bekämpfte sein, mit allen anderen würden sich die Apparatschiks zur Not anfreunden können – nur nicht mit diesem. An der Zweitstimme, der Parteistimme, hängt die karrierefördernde oder karrierezerstörende Macht des Apparats. Mit der Entscheidung über den Listenplatz wird die Entscheidung über den Einzug ins Parlament gefällt, die Liste hat eine ungeheure und ungeheuerliche Disziplinierungsmacht. Parteiapparat ist Bürokratie, und die Bürokratie erzeugt Bürokraten, eine Abgeordnetenbürokratie.

Anders beim Direktkandidaten. Wer in eine Volksvertretung als Abgeordneter einziehen will, der soll auch von den Bürgern abgeordnet werden, je mehr Stimmen derjenige auf sich vereinigen kann, umso gewisser ist, dass er auch die Mehrheit seines Wahlkreises vertritt, ihre Interessen im Blick hat. Nicht unwesentlich ist, dass die Wähler in ihrem Wahlkreis wissen, wem sie ihre Stimme geben.

Norberto Bobbio spricht als zweites Versprechen, das von der Demokratie nicht gehalten wurde, die »Veränderung der Repräsentation«[161] an. Der Listenabgeordnete, der seine Wahl dem Apparat verdankt, wird im Zweifelsfalle die Interessen des Apparates vertreten. Sein Mandat wäre demzufolge nach Bobbio ein »gebundenes« oder imperatives Mandat, doch das Prinzip der Repräsentation geht vom Gegenteil aus, vom freien Mandat. Bobbio fügt einen historischen Aspekt seiner Argumentation zu: »Als offensichtlicher Ausdruck der Souveränität wurde dann das freie Mandat von der Souveränität des Königs auf die Souveränität der vom Volk gewählten Versammlung übertragen.«[162] Resigniert schätzt der italienische Philosoph ein: »Doch keine Verfassungsnorm wurde häufiger verletzt als das Verbot des imperativen Mandats, und keinem Prinzip wurde je weniger Aufmerksamkeit geschenkt als dem der politischen Repräsentation.«[163]

Qualifizierung der Abgeordneten

Ist diese Reform ins Werk gesetzt, würde sie die Parlamente und die Demokratie stärken. Ein zweiter Reformvorschlag betrifft die Qualifizierung der Abgeordneten. Wer sein passives Wahlrecht ausüben und sich um ein Mandat für den Landtag oder den Bundestag bewerben möchte, sollte erstens über eine abgeschlossene Berufsausbildung oder über einen Studienabschluss verfügen und zweitens mindestens fünf Jahre in seinem Beruf gearbeitet haben. Es ist von erheblichem Nachteil nicht nur für die Demokratie im Besonderen, sondern auch für die Politik im Allgemeinen, wenn die Erfahrungen eines Abgeordneten sich auf die Partei und den Politikbetrieb beschränken. Denn die Frage lautet doch, was oder wen der Abgeordnete repräsentiert, auf welche Erfahrung, die das Berufsleben betrifft, er zurückgreifen kann. Im Idealfalle sollte Politik derjenige machen, für den es auch ein Leben nach der Politik gibt, der in seinen Beruf zurückkehren kann.

Kontinuität der Dynamik

Ein dritter Reformvorschlag betrifft die Anzahl der Legislaturen. Ämter in der Demokratie sind Ämter auf Zeit. Werden politische Führungspositionen zu lange von einer Person bekleidet, bilden sich Gefolgschaften heraus. In ihrer überaus langen Amtszeit als Bundeskanzlerin hat Angela Merkel ihre Machtmöglichkeiten benutzt, um aus der CDU eine Merkel-Gefolgschaft zu machen, Kritiker wurden marginalisiert, eine Programmdebatte, die auch nur ansatzweise diesen Namen verdient, fand und findet nicht statt. Die Partei ist inhaltlich und konzeptionell ein Vakuum.

Wenn ein Bundeskanzler maximal zwei Legislaturperioden im Amt bleiben darf, wird sich in der Mitte der zweiten Amtszeit derjenige positionieren müssen, der im Amte folgen will.

Das würde die Demokratie beleben, dynamisieren und vor allem qualifizieren durch den Wettbewerbsdruck. Komplementär wären auch die Amtszeiten der Ministerpräsidenten auf zwei zu reduzieren. Demokratie benötigt Diskontinuitäten. Der englische Historiker Lord Acton hatte recht, wenn er postulierte: Macht korrumpiert, absolute Macht korrumpiert absolut. In der Diskontinuität der Demokratie besteht die Kontinuität ihrer Dynamik und Selbsterneuerung.

Macht ohne Maske

Als weitere Frage stellt sich, ob die Transparenz gewährleistet ist. Norberto Bobbio weist darauf hin, dass zu den nicht eingelösten Versprechen die »Beseitigung der unsichtbaren Macht« gehört. Laut dem englischen Politikwissenschaftler Alan Wolfe existiert ein Doppelstaat, neben dem sichtbaren bestehenden noch ein unsichtbarer Staat. »Es ist wohlbekannt, dass die Demokratie mit der Perspektive entstand, ein für alle Mal die unsichtbare Macht aus den menschlichen Gesellschaften zu verbannen, um eine Regierung ins Leben zu rufen, deren Handlungen ... ›im hellen Licht der öffentlichen Meinungen‹ stattfinden sollen.« Man hoffte, »die demokratische Regierung« werde »endlich zu einer Transparenz der Macht führen, zur Macht ohne Maske.«[164] Das Gegenteil ist der Fall. Zur Auflösung der Demokratie wird in Deutschland unter Verwendung erheblicher Steuergelder der tiefe Staat verwirklicht, tief in dem originellen Sinne, dass der Staat einen Vorbau errichtet, den er Zivilgesellschaft nennt, die aber nur ein klingender Name für das Netzwerk von linken und linksliberalen NGOs und Thinktanks ist. Der Bundesfinanzminister bezifferte stolz die Summe von sage und schreibe 1,1 Milliarden Euro, die er aus dem Steueraufkommen zur Finanzierung der Zivilgesellschaft, also von NGOs, linken Initiativen und wohl auch Werbefirmen ausgibt, um den doppelten oder tiefen Staat zu finanzieren.

Der doppelte oder tiefe Staat wird zur Vorfeldmacht der Neuen Herrschaft zur Durchsetzung des Great Reset oder der Großen Transformation. Natürlich wird diese Steuergeldentfremdung unter dem Titel »Kampf gegen rechts« geführt. Man muss dazu nur wissen, dass sich rechts von den Linken und den Linksliberalen die Mitte der Gesellschaft befindet. Dass sich auch die CDU inzwischen links von der Mitte verortet, hat der stellvertretende CDU-Vorsitzende Armin Laschet im Interview mit der *FAS* bestätigt, als er sagte, dass es nicht Ziel der CDU sein könne, »alles, auch programmatisch, zu sammeln, das rechts von der politischen Linken ist«.[165]

Rechts von der politischen Linken ist nur aus der Sicht der politischen Linken »rechts«, im Gesamtbild befindet sich jedoch rechts von der politischen Linken erst einmal die politische Mitte der Gesellschaft, im Grunde die Heimat der CDU. Angela Merkels asymmetrische Demobilisierung, die zur symmetrischen Mobilisierung der Grünen auf Kosten der CDU führte, zerstörte nicht nur die politische Statik Deutschlands, sie hatte zudem als Kollateralschaden die Desorientierung der eigenen Partei zur Folge. Niemand weiß mehr, wo und wofür die CDU steht, anscheinend nicht einmal einer ihrer stellvertretenden Parteivorsitzenden.

Bei näherem Hinsehen kommen allerdings die kurzen Beine des »Rechtsrucks« der Gesellschaft zum Vorschein. Worin sollte er auch bestehen? In der Aussetzung der Wehrpflicht? In der Energiewende? In der Euro-Rettungspolitik? Im Mindestlohn? In der Ehe für alle? In offenen Grenzen? In den Beschlüssen des Klimakabinetts? Im Einstieg in die Schulden- und Transferunion? Im Green New Deal?

Oder dient die rechte Gefahr in der Art einer Verschwörungstheorie nur zur Legitimation eines Linksrucks, dessen Ziel in der

Errichtung des Ökosozialismus besteht? Die verbindende Klammer so scheinbarer Gegensätze wie Minderheitenhegemonismus, Moralisierung und Pädagogisierung der Gesellschaft der Grünen und der Aushebelung des Marktes durch Monopolisierung der Ultraliberalen findet sich in einem gesellschaftlichen Zustand, den die einen no borders oder offene Grenzen und die anderen Globalisierung nennen. Gemeinsam haben sie die Verachtung der lokalbasierten Mittelschicht, die man als Globalisierungsverlierer herabwürdigt, um ihre berechtigte Kritik als Ressentiments abzutun.

An dieser wachsenden Differenz werden sich gesellschaftliche Konflikte entzünden, die politische Klasse hat die Rückbindung an ihre Interessenmilieus verloren. Es lässt sich nicht mehr ignorieren, dass die Politik inzwischen unwirklich geworden ist, weil sie die Wirklichkeit eingebüßt hat. Sie repräsentiert nicht mehr und kann ihre Herrschaft nur aufrechterhalten, in dem sie die Demokratie bürokratisiert, indem sie Parallelstrukturen, zum Beispiel Räte schafft. Bürokratische Herrschaft sicherlich, doch Politik findet nicht mehr statt. Politik benötigt Kultur, und Kultur gerät immer stärker unter Populismusverdacht

Vom Urteil zum Recht

Mithilfe der Zivilgesellschaft wird die Demokratie ausgehebelt. Deshalb gehört zur Demokratiereform, mehr noch zum Schutz der Demokratie das Verbot staatlicher Finanzierung der Zivilgesellschaft. Der Begriff der Zivilgesellschaft stammt von dem italienischen Marxisten Antonio Gramsci, der unter der Zivilgesellschaft die Überwinderin der bürgerlichen Gesellschaft verstand: »Eine Klasse, die sich selbst als geeignet setzt, die ganze Gesellschaft zu assimilieren, und die zugleich wirklich fähig ist, diesen Prozess hervorzubringen, führt diese Auffassung vom Staat und vom Recht zur Vollendung, bis sie schließlich das Ende des Staates und Rechts konzipiert, insofern sie überflüssig geworden sind, weil sie ihre Aufgabe erfüllt haben und von der Zivilgesellschaft aufgesogen worden sind.«[166] Der Übergang vom Recht der bürgerlichen Gesellschaft zum Urteil der Zivilgesellschaft erfolgt über die Moralisierung des Politischen. Orwell hat die höchste Ausprägung der Zivilgesellschaft in dem Roman »1984« beschrieben. Im Jahr 1989 argwöhnten nur erfahrene oder subtile Gemüter, dass Lenin und Gramsci noch einmal aktuell werden könnten. Inzwischen wird der öffentliche Diskurs und werden die geisteswissenschaftlichen Fakultäten von den Ideen der Linken beherrscht, die gesamte Ideologie, die sich in der Hauptsache von Lenin, Stalin, Mao und Frantz Fanon herleitet, ihren Schliff von Althusser, Foucault und Derrida erhielt, um schließlich von Judith Butler et al. banalisiert zu werden, feiert fröhliche Urständ. Bei Lenin heißt es:»Wer eine ›reine‹ soziale Revolution erwartet, der wird sie niemals erleben. Der ist nur in Worten ein Revolutionär, der versteht nicht die wirkliche Revolution.« Der Mitarbeiter eines Thinktanks der Linken, der deutsche Philosoph Michael Brie, erläuterte diesen Satz so:»Angelegt war aber ein instrumentelles Verhältnis zu den bäuerlichen, nationalen und antikolonialen Bewegungen. Sie schienen als niedere Form der Führung bedürftig, gut nur, solange sie die sozialistischen Kräfte unterstützen oder stärken.«[167] Zeitgemäß müsste man die Aufzählung um die Migrantenorganisationen, die Klimabewegung und die LGBTQ-Organisationen erweitern.

Der Übergang vom Recht der bürgerlichen Gesellschaft zum Urteil der Zivilgesellschaft geht einher mit typischen Dekadenzphänomenen, wie sie Gesellschaften charakterisieren, die ihre Dynamik verlieren, wenn »schlummern die Gäng und die Gassen« und es fast scheinen will, als befände man sich »in der bleiernen Zeit«, wie Friedrich Hölderlin dichtete.

Zu den Dekadenzphänomenen, für die man genügend historische Beispiele findet, gehört der Verlust der Tradition, der historischen und kulturellen Identität. Der freie Bürger entfreit sich, indem er einerseits vereinzelt, atomisiert, zur Leibniz'schen Monade wird, er in der Verwahrlosung, die man stets mit Freiheit verwechselt, tief in seiner Vereinsamung eingekerkert ist, was die Marxisten mit dem Begriff der Entfremdung und Selbstentfremdung beschreiben, und andererseits er die gesellschaftliche Freiheit nicht mehr zulassen kann, weil sie die einzige Zugehörigkeit, den einzigen Halt in der aufgelösten Welt, nämlich die Moral, infrage stellt. Die Ersetzung der Freiheit durch die Moral führt zu unethischem Handeln. Die Zivilgesellschaft ist gezwungen, die Geschichte, die Kultur, die Tradition der bürgerlichen Gesellschaft zu zerstören, damit sie »Staat und Recht« – nun halterungslos – aufsaugen kann. Die Zivilgesellschaft bedroht ergo die Demokratie. Sie ist zudem intransparent.

Treten wir also dieser Zivilgesellschaft entgegen, indem wir für eine neue bürgerliche Ordnung eintreten. Die Reform der Demokratie würde leblos bleiben, auch nur ein bürokratischer Akt werden, wenn nicht Sie und ich, wenn wir Bürger dieses Landes unsere Demokratie beleben, indem wir uns nicht einschüchtern lassen, sondern sagen, was wir denken, und es so sagen, wie es unserer Sprache entspricht. Nutzen wir die großartigen Möglichkeiten der deutschen Sprache in all ihren Facetten, ihren Bildern, ihren Klängen. Nehmen wir nichts ungeprüft entgegen. Engagieren wir uns in Vereinen oder gründen wir welche, vergessen wir nicht, dass unsere Abgeordneten uns in ihren Wahlkreisen rechenschaftspflichtig sind. Sprechen wir mit ihnen in ihren Bürgersprechstunden, formulieren wir unsere Wünsche und unsere Forderungen. Reformieren wir die Demokratie, aber wichtiger noch, nutzen wir die Rechte, die wir jetzt schon haben. Fordern wir sie ein, verstehen wir endlich selbst, dass die Demokratie keine Herrschaft für das Volk, sondern eine Herrschaft des Volkes ist.

Lassen Sie es mich an einem Beispiel erläutern. Die Gebührenerhöhung für die öffentlich-rechtlichen Medien kam deshalb nicht zustande, weil aus einer Not heraus der Ministerpräsident die Novellierung des Rundfunkstaatsvertrages dem Parlament nicht zur Ratifizierung vorlegte, weil er verhindern wollte, dass die Ratifizierung im Parlament durchfallen würde. Wirklich für die Novellierung waren nur die Abgeordneten der SPD und der Grünen, die Linken fanden sich eher widerstrebend dazu, weil sie nicht mit der AfD zusammen dagegen stimmen wollten. Reiner Haseloff befürchtete zu Recht, dass die Novellierung am Votum der Abgeordneten der CDU und der AfD scheitern würde und damit die Grünen und die SPD die Regierungskoalition verlassen würden.

Sie werden mir recht geben, dass der Abgeordnete seine Entscheidungen vom Thema abhängig machen muss und nicht davon, wer dafür und dagegen votiert. Aber lehrreich ist etwas anderes. Die CDU-Abgeordneten blieben trotz »guten Zuredens« bei ihrer Position, auch deshalb, weil sie bei ihren Wählern in ihren Wahlkreisen im Wort standen, sie hätten ihren konkreten Wählern in ihren Wahlkreisen nicht erklären können, weshalb sie in dieser Frage »umgefallen« waren. Es nützt also doch etwas, wenn genügend Bürger ihre Abgeordneten mit ihrer Meinung vertraut machen würden, wenn sie konkrete Forderungen an ihre Repräsentanten stellen würden.

Deshalb lautet meine Kernforderung – auch an Sie: Reformieren und beleben wir unsere großartige Demokratie!

Eine Grundform der Freiheit

Einige Hellsichtige ahnten damals schon, als Berlin die Hauptstadt des wiedervereinigten Deutschlands wurde, dass diese Entscheidung zum Nachteil des deutschen Föderalismus ausschlagen würde. Ein guter Provinzialismus ist besser als ein politisch korrekter Zentralstaatsdirigismus. Umso wichtiger wird es in unserer Demokratie, dass unabhängige, sich einem kritischen Journalismus verpflichtete Medien um eine objektive Berichterstattung bemühen – und von Ihnen unterstützt werden, denn sie sind David im Kampfe gegen Goliath. Sie bekommen keinerlei staatliche Unterstützung, werden nicht von Stiftungen wie der Open Society des Milliardärs Soros finanziert, stattdessen werden sie und die für sie arbeiten diffamiert, wo es geht, und juristisch verfolgt. Der Mitarbeiter einer großen Werbeagentur rief die Werbekunden dazu auf, nicht in Medien, wie beispielsweise *Tichys Einblick*, zu werben. Die Werbeagentur, bei der dieser Mitarbeiter tätig war, der versucht hatte, den Boykott zu organisieren, bekam kurz nach der Kampagne einen großen Auftrag der Bundesregierung.

Essenziell für unsere Demokratie ist es, dass die Bürger die Möglichkeit haben, sich vielseitig zu informieren, deshalb appelliere ich an Sie, nicht immer nur die *Süddeutsche Zeitung* oder die *FAZ* zu unterstützen, sondern aus Gründen der Vielfalt auch die *Achse des Guten* oder *Tichys Einblick* – sie sind zu Garanten der Freiheit geworden. Wenn Sie keine Einheitsmedien wollen, sollten Sie für die sogenannten alternativen Medien spenden, denn sie sind doch nur alternativ, weil die Neue Herrschaft der Alternativlosigkeit, der Gesinnungsethik und dem aktivistischen Journalismus frönt. Wie es dazu kam, will ich kurz schildern.

In der alten Bundesrepublik liebte man es noch dezentral, die Zeitungen und Sender hatten zwar ihre Bonner Korrespondenten und auch Redaktionen in der Bundeshauptstadt, doch fuhr man am Wochenende wieder nach Hause, und die Entscheidung, was gedruckt wurde, fiel ohnehin in den Medienhäusern in Frankfurt am Main, in München oder Hamburg. Nun haben alle Medien ihre Berlin-Redaktionen, und die Journalisten leben in Berlin auf engstem Raum mit der Politik in einer einzigen Blase, die von Welt sein will und doch nur vom Dorf ist.

Erst in Berlin konnte sich der politisch-medial-kulturelle Komplex mit derart korporatistischen Zügen ausprägen, dass seine Angehörigen sich gegenseitig bestätigen und einen Zirkel für sich bilden. Sie frönen einem neuen Zentralismus, der eine mehr grün als rot lackierte Mutation des Wilhelminismus erzeugt, eine neudeutsche Großmannssucht. Wie hatte doch Kurt Tucholsky vor fast einhundert Jahren schon gespottet: »Verdumpft, verengt, verpennt, blockiert,/so geht das seit zehn Jahren./Wie sind die Deutschen dezimiert,/die einst von Goethe waren!/Ein Mittel gibts – und das ist rar./Das Mittel das ist dies:/Mensch, ein Mal auf dem Buhlewar!/Mensch, ein Mal in Paris! (...)//Ich wünsch der Angestelltenschar/statt brandenburger Kies:/nur ein Mal auf dem Buhlewar!/nur ein Mal in Paris!//Da draußen kümmert sich kein Bein/um eure Fahrdienstleiter./Ihr könnt Hep-Hep und Hurra schrein:/die Welt geht ruhig weiter./Die Völker leben. Freude lacht./Wir stehn in letzter Reihe./Was sich bei uns so mausig macht,/das sollte mal ins Freie!«[168]

Die Hermetik und Arroganz, der Verlust von Maß und Mitte sticht deutlich hervor, wenn öffentlich-rechtliche Journalisten sich für das Alpha und Omega, für den Nabel der Welt halten, allen Ernstes glauben, dass die Nichterhöhung der Gebühren einem Anschlag auf die Demokratie gleichkommt. Framende Journalisten, deutsche Meister in der Disziplin Tabuslalom, halten sich allen Ernstes für die Säule der Demokratie, wo sie doch in Wahrheit Propagandisten eines neuen Autoritarismus sind, Agitatoren der Großen Transformation, deren Glaubensbekenntnis in dem Satz gerinnt: Nur das, worüber ich berichte, existiert, und auch nur in der Art, wie ich darüber berichte. Sie nennen es aktivistischen Journalismus.

Der große Hajo Friedrichs hatte in einem Interview mit dem *Spiegel* noch gemahnt: »Das hab' ich in meinen fünf Jahren bei der BBC in London gelernt: Distanz halten, sich nicht gemein machen mit einer Sache, auch nicht mit einer guten, nicht in öffentliche Betroffenheit versinken, im Umgang mit Katastrophen cool bleiben, ohne kalt zu sein. Nur so schaffst du es, dass die Zuschauer dir vertrauen, dich zu einem Familienmitglied machen, dich jeden Abend einschalten und dir zuhören.«[169]

Achtzehn Jahre später drückte Georg Dietz – der, als er das schrieb, noch *Spiegel*-Kolumnist war – das Selbstverständnis seiner Zunft aus, das von Anja Reschke bis Georg Restle bestätigt wird: »Was heißt es zum Beispiel, wenn der Feuilletonchef der *Süddeutschen Zeitung* meint, ein Journalist dürfe sich nicht mit einer Sache gemein machen, auch nicht mit einer guten? Der Journalist dürfe, mit anderen Worten, nicht zum Aktivisten werden.« Dietzens Antwort auf die rhetorische Frage impliziert, dass Objektivität eine veraltete und überdies schlechte Angewohnheit ist, die abzulegen man sich schleunigst befleißigen sollte: »Abgesehen von den theoretischen Problemen, etwa festzulegen, was ›Objektivität‹ je war außer eine Maske der Macht, oder der Frage, wie man das ›Richtige‹ und damit ›Gute‹ überhaupt erkennen kann und wie man das dann, wenn man es erkannt hat, ignorieren soll – es findet ja längst statt.« Denn, so Dietz weiter: »Um auf die neue Gegenwart zu reagieren, braucht es auch einen anderen Journalismus, analytischer, individualistischer, klarer, härter, aktivistischer, mutiger, offener, verständlicher, entschlossener, leidenschaftlicher.[170]

Dieser »andere Journalismus« produziert jedoch aus politischer Motivation heraus Framing, Schweigen und Fake News. Er kennt den mündigen Leser nicht, nur den ständig zu belehrenden Lümmel, dem das Gute eingehämmert werden muss. Dieser sich so menschlich gebende Journalismus fußt auf einem fragwürdigen Menschenbild. Ihm ist nicht zu trauen, weil er Ihnen sagen will, was Sie denken sollen. Doch für den aktivistischen Journalisten hat das Ersetzen der Berichterstattung durch Propaganda längst eine existenzielle Dimension, denn er gehört in einer symbiotischen Form zum neuen Establishment, bildet im Althusser'schen Sinne einen Teil der »Ideologischen Staatsapparate« der Neuen Herrschaft und teilt demzufolge ihr Schicksal.

Dieser aktivistische Journalismus ist zentralistisch, denn inzwischen werden auch die Mantelteile der Regionalzeitungen von Zentralredaktionen angefertigt, Zentralredaktionen wie dem RedaktionsNetzwerk Deutschland (RND). Zum RND schreibt Wikipedia: »Das RedaktionsNetzwerk Deutschland (RND) ist die Redaktion für überregionale Inhalte der Verlagsgesellschaft Madsack in Hannover. Das RND versorgt nach eigenen Angaben mehr als 50 Tageszeitungen mit einer täglichen Gesamtauflage von mehr als 2,3 Mio. mit Berichterstattung. Die größte Kommanditistin der Mutterverlagsgesellschaft mit ca. 24 % ist die Deutsche Druck- und Verlagsgesellschaft, das Medienbeteiligungsunternehmen der SPD.«[171] Über die Funke Mediengruppe lässt uns Wikipedia wissen: »Die Funke Mediengruppe besitzt in Deutschland mit Eigentumsmehrheit oder als großer Minderheitsgesellschafter dreizehn Tageszeitungstitel.«

Des Weiteren existiert eine fragwürdige Verbindung zwischen privatrechtlichen und gebührenfinanzierten, öffentlich-rechtlichen Medien, der Rechercheverbund NDR, WDR und *Süddeutsche Zeitung*, der ein 2014 gegründeter deutscher »Investigativ-Rechercheverbund« ist. Die *Schweriner Volkszeitung* weist auf die Problematik dieses Verbundes hin: »Die beiden mächtigsten Anstalten der ARD, der Norddeutsche Rundfunk und der Westdeutsche Rundfunk, sind in diesen Tagen eine merkwürdig undefinierbare Verbindung eingegangen, die ›Rechercheverbund‹

heißt. Je länger man sich diesen Bund ansieht, umso mehr erweist er sich als liaison dangereuse … Dass ein stolzer Print-Titel Juniorpartner eines Dreigestirns mit zwei gebührenfinanzierten Sendern ist, könnte ein Dammbruch sein – ein Dammbruch, der der Politik auch Einfluss auf die bisher nicht von ihr direkt oder indirekt gelenkten Redaktionen gibt.«[172]

Nicht nur medial setzt die Neue Herrschaft auf Zentralismus, sondern auch wirtschaftlich, wie wir noch sehen werden, und politisch und hat das Prinzip der Subsidiarität entkernt.

Subsidiarität bedeutet, dass der Staat nicht Aufgaben übernimmt, die Selbstverwaltungskörperschaften wie Gemeinden und Kommunen oder gesellschaftliche Vereinigungen wie Genossenschaften auch allein lösen können. Grundsätzlich gilt, dass Aufgaben bewältigt, Entscheidungen getroffen und Handlungen ausgeführt werden sollen von der untersten und damit bürgernächsten Organisation der Gesellschaft. Es steht daher außer Frage, dass jede bürgerliche Ordnung auf dem Prinzip der Subsidiarität beruht, das auch die Handlungsbasis für Regionalismus und Föderalismus bildet.

Doch nicht genug damit, dass in der Bundesrepublik ein deutlicher Zug zum Zentralismus zu spüren ist – man denke nur an die Konferenz der Ministerpräsidenten, so, als ob es keinen Bundesrat gäbe –, wird er vollends in Kraft gesetzt durch die Übertragung nationaler Kompetenzen auf eine inzwischen wirtschafts- und wohlstandsgefährdende und mittelstandsfeindliche EU-Bürokratie, die immer neue Regelungen erlässt, die vor allem Mittelständler durch ausufernde Berichtspflichten und Verbote in die Bredouille bringen, im Alltagsgeschäft entscheiden zu müssen, ob sie das Geschäft einstellen oder sich strafbar machen sollen. Wir haben es hier nicht mit bürokratischen Auswüchsen zu tun, sondern mit dem Wesen der Brüsseler Administration.

Weiterhin: Das Königsrecht des Parlaments besteht im Budgetrecht. Wegen der Infragestellung des Haushaltsrechts brachen

Revolutionen aus. Doch durch den ESM, durch das Sure-Ge-währleistungsgesetz und vor allem durch EU-Wiederaufbau-bonds wird das Budgetrecht des Bundestages entkernt, weil nun der Bundestag nicht mehr die Hoheit über Steuereinnahmen und Bundeshaushalt hat. Die Brüsseler EU-Administration wird zum Zentralstaat mit Akteuren, die demokratisch nicht legitimiert sind, denn sie verfügt über eigene Einnahmen, über die Möglich-keit, Schulden aufzunehmen, für die dann die Mitgliedsländer haften, auch Deutschland, und Deutschland als größter Netto-zahler vor allem, ohne dass der Bundestag, der sich in dieser Fra-ge selbst entmächtigt hat, auch nur das geringste Wörtchen mit-reden dürfte.

Insgesamt beziffert sich das Coronapaket der EU auf 1800 Mil-liarden oder 1,8 Billionen Euro, Geld, für das wir, unsere Kinder und Kindeskinder geradestehen werden – eine wahrhaft nachhal-tige Politik. Die Wiederaufbaubonds in Höhe von 750 Milliarden, die wie ein schuldenfinanziertes Konjunkturpaket aussehen, sind in Wahrheit ein Finanzierungspaket für die Südländer. Italien er-hält beispielsweise aus dem Pandemie-Fonds circa 200 Milliarden Euro. Doch von den 200 Milliarden Euro fließen einem Bericht der *Welt* zufolge nicht einmal »zehn Prozent in Medizin und in die Pflege«. Stattdessen gibt es Boni für die Anschaffung einer Heizung, bis zu 110 Prozent, für den Kauf von Neuwagen 2000 bis 6000 Euro in Form von Zuschüssen, wobei in diesem Fall der Green Deal nicht gilt, denn die Antriebsart des Fahrzeugs, ob Benziner, Diesel oder E-Motor ist völlig egal. Zudem fließt Geld in die Rentenkasse. Das hochverschuldete Italien kann sich das leisten, denn der linke Politiker Nicola Zingaretti, dessen post-kommunistische Partei PD in Rom mitregiert, verkündet:»Ge-nug Geld ist da.«

Der früheren Regierungschef Matteo Renzi verfiel sogar auf die Idee, kein Geld aus den Pandemie-Zuwendungen der EU für den Bau einer Schnellbahn nach Süditalien auszugeben, sondern die dafür benötigten Summen auf dem Finanzmarkt aufzunehmen. Am Ende haftet ohnehin Deutschland dafür – und man hätte noch einmal die Zuwendungen der EU faktisch durch die Kreditaufnahme erhöht.[173] Inzwischen gibt es Überlegungen, ob Brüssel nicht auch eine eigene Armee bekommt.

Deutschland öffnet seine Sozialkassen für Europa, denn das Prinzip der sozialen Gerechtigkeit muss für ganz Europa gelten. Interessant dabei ist nur, dass der französische Rentner schon mit 62 Jahren in Rente geht. Der französische Staat bringt 15 Prozent der Wirtschaftsleistung für Renten auf, der deutsche 10 Prozent. Die Durchschnittsrente in Deutschland beträgt 1264 Euro, in Frankreich 1638 und in Italien 1724 Euro. Dagegen betragen die Staatsschulden in Relation zur Wirtschaftsleistung in Italien 132 Prozent, in Deutschland 71 Prozent. Der Publizist Roland Tichy wies in einem Artikel darauf hin, dass »Studenten in Athen in den Mensen kostenlos drei Mahlzeiten am Tag« erhalten, »während deutsche Studenten dafür bezahlen.«[174] Auch im Pro-Kopf–Vermögen liegen die Deutschen hinter den Italienern und Franzosen.

Es ist der Euro, der zur zentralstaatlichen Entwicklung der EU drängt. Das haben die Notenbank-Präsidenten von Deutschland und Frankreich, Jens Weidmann und François Villeroy de Galhau, in einem Gastbeitrag für die *Süddeutsche Zeitung* im Jahr 2016 bestätigt. Europa stehe angesichts der hohen Defizite und der ökonomischen Ungleichgewichte an einem Scheideweg. Sie schlugen daher »die Schaffung eines gemeinsamen Finanzministeriums für den Euro-Raum« vor, was bedeuten würde, »in erheblichem Maße Souveränität und Befugnisse auf die europäische Ebene« zu übertragen. Ohne dass der Bürger gefragt wird, befindet er sich im Brüsseler Zentralstaat.

Natürlich verweisen die Banker auch auf die ungeliebte Alternative: »Sollten die Regierungen und Parlamente im Euro-Raum jedoch vor der politischen Dimension einer umfassenden Union zurückschrecken, dann bliebe nur noch ein gangbarer Weg übrig – ein dezentraler Ansatz auf der Grundlage von Eigenverantwortung mit strengeren Regeln.«[175] Gegenwärtig entledigt man sich der letzten Regeln. Weidmann und Villeroy de Galhau plädierten dafür, dass die EU ein Staat werden würde, den man nicht unbedingt Staat nennen müsste, es genüge, wenn Brüssel die Kompetenzen eines Zentralstaates habe. Ein Staat muss ja nicht unbedingt Staat heißen, es kommt nur darauf an, dass er es der Sache nach ist. Man erinnert sich noch daran, dass der langjährige Kommissionspräsident Juncker verkündete:»Wenn es ernst wird, muss man lügen.«[176] Und zwar den Bürger belügen.

Werfen Sie mit mir einen Blick auf den Euro, damit Sie mit mir über die Notwendigkeit, das Undenkbare zu denken, ins Gespräch kommen, weil es im Interesse der Vertiefung der europäischen Zusammenarbeit, der Kooperation souveräner Staaten liegt, den Euro in einem geregelten und mittelfristigen Prozess abzuschaffen und die nationalen Währungen wiedereinzuführen, bevor die Europäer untereinander verfeindet sind und er uns um die Ohren fliegt.

Der Euro

Die Wirtschaftskraft aller europäischen Staaten würde schon allein dadurch gestärkt, wenn die Staaten ihre Währungen gegeneinander auf- und abwerten könnten. Das Zwangssystem von TARGET2, das zu enormen Handelsungleichgewichten führt, zerstört Wirtschaft und Vertrauen. Die Dilemmata des Euros, die nicht eingehaltenen Versprechen bei seiner Einführung, wie beispielsweise die No-Bailout-Klausel, belegen, dass eine staatenlose Währung nicht funktioniert. Mithilfe der No-Bailout-Klausel, die besagt, dass kein Staat für die Schulden eines anderen einspringt oder sogar haftet, überzeugte Helmut Kohl die Deutschen, die Deutsche Mark aufzugeben. Mit dieser Klausel sollte verhindert werden, dass die EU zur Transfer- und Schuldenunion wird, was sie nun ist.

Der Euro erzwingt den Zentralstaat Europas, der aber zu Zerwürfnissen innerhalb Europas führt, deshalb wird kein Weg an einer Währungsreform vorbeiführen, die wahrscheinlich im Gefolge der Coronakrise und der imposanten Geldvermehrung per Mausklick ohnehin kommen wird, wahrscheinlich nach der Phase einer Hyperinflation oder sogar Stagflation. Die Frage lautet, in wessen Interessen wird die Währungsreform durchgeführt werden, wird das Bargeld abgeschafft und eine totale Kontrolle der EZB über alle Konten aller Bürger errichtet, über Ihre Konten? Werden Sie, Ihre Kinder und Kindeskinder die Währungsreform »ewig« durch eine ewige Schuldverschreibung finanzieren müssen oder wird die Währungsreform Geld als Bürgergeld hervorbringen – ohne Schuldverschreibung? Um es ganz einfach zu formulieren: Werden Sie oder wird die Finanzwirtschaft die Währungsreform bezahlen?

Diese Währungsreform, in der die Gemeinschaftswährung aufgelöst wird, kann ruinös erfolgen, aber auch die wirtschaftliche Erholung stimulieren – nebenbei auch wieder mehr Freundlichkeit in Europa erzeugen. Große Fragen, wie die TARGET2-Salden oder das Engagement deutscher Pensions- und anderer Fonds, müssen klug durchdacht werden. Nur stellt uns die Krise vor die Entscheidung, »schlechtem Geld gutes Geld hinterherzuwerfen«.

Auf die Frage, ob der Euro die Krise überlebt, sagte Hans Werner Sinn im Interview mit dem *Focus*: »Ich hoffe es, aber nicht um den Preis einer Schuldengemeinschaft. Das ist er nicht wert.« Coronabonds, über die eine Vergemeinschaftung von Schulden erfolgen würde, stützen nach Ansicht von Hans Werner Sinn »in erster Linie nicht Italien, sondern die französischen Banken, die besonders viele italienische Staatspapiere halten. Sie zerstören den europäischen Kapitalmarkt, weil sie den Zinsmechanismus außer Kraft setzen. Und sie unterminieren die deutsche Bonität mit der Folge, dass unser Zinsvorteil gegenüber den USA schwindet. Das sieht man schon jetzt ganz deutlich am Rückgang der transatlantischen spreads. Auf Dauer führen sie unweigerlich zu einer Verschuldungslawine, die nichts als Hass und Streit übrig lassen wird wie einst die Vergemeinschaftung der Schulden durch Alexander Hamilton in den USA. Die Massenkonkurse der Einzelstaaten in den Jahren nach 1835 sind das direkte Ergebnis einer Politik der Schuldensozialisierung, mit der er begonnen hatte.«[177]

Um einen unideologischen Blick auf den Euro zu gewinnen, empfiehlt es sich, ihn aus seiner Geschichte, aus seiner Entstehung heraus zu verstehen. Am Anfang stand keine Volksabstimmung, in der sich der Souverän Europas für oder gegen einen europäischen Zentralstaat entscheiden konnte, sondern die Überredung zu einer Währungsunion. In einem Telefonat nach dem Fall der Mauer hatte der französische Präsident François Mitterand der britischen Premierministerin Margaret Thatcher gesagt: »Ohne eine gemeinsame Währung sind wir alle – Sie und ich – dem Willen der Deutschen unterworfen.«[178] Durch eine gemeinsame Währung sollte Deutschland wirtschaftlich unter Kontrolle gehalten und die Macht der Bundesbank gebrochen werden.

Der Abschaffung der D-Mark stand zunächst das Grundgesetz im Wege. Aus dem Beitrittsparagrafen 23 wurde 1992 der Europaparagraf. Die Neufassung erhob die europäische Vereinigung zum Staatsziel und eröffnete die Möglichkeit, dass Hoheitsrechte des Bundestages und der Bundesregierung auf die EU übertragen werden. Damit hatte man die rechtlichen Grundlagen geschaffen, den Vertrag von Maastricht, der die Rahmenbedingungen für den Euro regelt, zu schließen. Doch das Vertragswerk stellt letztlich nur einen faulen Kompromiss dar, wie der ehemalige Chefvolkswirt der Deutschen Bank und Leiter von Deutsche Bank Research, Thomas Mayer, und der Analyst Norbert F. Tofall das genannt haben,»zwischen deutscher und französischer Wirtschaftskultur …, die im Grunde unvereinbar sind«.[179] Die Unterschiede der Kulturen gipfeln in der Vorstellung darüber, was Geld ist.

Während die Deutschen im Geld ein Mittel zum Tausch und zur Aufbewahrung von Werten sehen, ein Mittel, das von Bürgern für Bürger zur wirtschaftlichen Interaktion geschaffen wurde, also Bürgergeld, verstehen die Franzosen unter Geld ein Mittel zur Verfolgung politischer Ziele, also Staatsgeld, das zur Wirtschaftsentwicklung oder zur Finanzierung des Staates eingesetzt werden kann. Kritiker warnten schon damals, dass eine gemeinsame Währung durch die Abschaffung der Wechselkurse zu Ungleichgewichten innerhalb eines vereinten, aber heterogenen Währungsraumes führen werde. Sie befürchteten zudem, dass in einer gemeinsamen Währung unterschiedlicher Staaten einige Länder für die Schulden anderer aufkommen müssten. Helmut Kohl vermochte diese Sorge nur zu entkräften, indem er diesen Fall in der No-Bailout-Klausel ausschloss. Die Klausel wurde nicht nur gebrochen, mehr noch, niemand in der EU erinnert sich an diese einst als unumstößliche Regel gepriesene Klausel. Der Euro beruht auf der Lüge der No-Bailout-Klausel.

Letztlich hat die französische Konzeption des Geldes als dirigistisches Instrument, als Staatsgeld über die deutsche Vorstellung des Bürgergeldes gesiegt. Wir erinnern uns daran, dass die Notenbank-Präsidenten von Deutschland und Frankreich, Jens Weidmann und François Villeroy de Galhau, in einer gemeinsamen Stellungnahme 2016 die Schaffung eines Zentralstaats für nötig hielten, wenn man den Euro beibehalten wolle.

Das Desinteresse vieler Menschen an fiskalpolitischen Themen ermöglichte der Neuen Herrschaft, jenseits der Öffentlichkeit Fakten zu schaffen, die politische Entwicklungen erzwingen. Die EZB ist unter Mario Draghi längst zur»Schattenregierung«, um nochmals eine Formulierung von Norbert Mayer und Norbert Tofall zu gebrauchen, eines »Euro-Schattenstaates« geworden.[180] Aus Sicht Emmanuel Macrons, der neue Finanzierungsmöglichkeiten des französischen Staates dringend benötigt, sind die Vergemeinschaftung der Schulden und der erhöhte Kapitaltransfer der Deutschen verständlich, und aus Draghis italienischer Sicht, der durch Niedrigzinsen und den exzessiven Ankauf von Staatsanleihen Italien über Wasser hält, und nun aus Lagardes französischer Sicht ebenfalls. In der EZB wird französisch gesprochen und italienisch gefeiert.

Nicht verständlich ist, dass die Bundesregierungen unter Angela Merkel sukzessive alle deutschen Positionen geräumt haben. Der No-Bailout-Grundsatz wurde in der Griechenlandhilfe faktisch preisgegeben. Auch wenn die Medien aus durchsichtigen Gründen nicht mehr darüber berichten, ist die Staatsfinanzierung Griechenlands vor allem mit deutschem Geld inzwischen zur europäischen Normalität geworden. In Athen wusste man immer: Trotz allen Disputs um die Hilfspakete zahlt Deutschland am Ende, mag die Bundesregierung zwischendurch sagen, was sie will, auch um ihre Bürger zu beruhigen oder hinters Licht zu führen. Der Grund für diese ruinöse Nachgiebigkeit besteht nicht zuletzt darin, dass sich Deutschland durch die Hilfe, durch den ESM und durch den Euro im hohen Maß erpressbar gemacht hat. In ihrem Euro-Buch schreiben die deutschen und französischen Ökonomen Markus Brunnermeier und Jean-Pierre Landau und der britische Wirtschaftshistoriker Harold James: »Allein Deutschland hatte fiskalische Kredite über 116 Milliarden Euro an die Länder der europäischen Peripherie und Griechenland vergeben. Außerdem hatte die EZB aufgrund von TARGET2-Ungleichgewichten hohe Forderungen angehäuft. Deutsche Regierungsvertreter waren sprachlos, als ihnen 2012 eröffnet wurde, welche Summen an öffentlichen Geldern notwendig seien, um einen Schuldenschnitt zu finanzieren.«[181]

Unter TARGET2 wird ein Verrechnungssystem verstanden, das für den Zahlungsverkehr in der EU steht. Banküberweisungen von einem EU-Land in das andere erfolgen über Gutschriften der jeweiligen Zentralbank bei der EZB. Wenn ein Käufer ein Produkt aus einem anderen Euroland kauft oder eine Überweisung dorthin tätigt, wird dem Land ein Negativsaldo bei der EZB angerechnet, während das Land des Verkäufers oder das Land, in das die Überweisung geht, einen Positiv-Saldo erhält. Aufgrund von Exporten, Kapitalflucht aus Südländern und den massiven Aufkäufen der EZB geriet das TARGET2-System in eine extreme Schieflage. Während Italien im November 2017 insgesamt einen Minus-Saldo, also Schulden von 435,9 Milliarden, das kleine Griechenland von 60,6 Milliarden bei der EZB hatte, betrug der Positiv-Saldo, das Guthaben der Bundesbank bei der EZB, im gleichen Zeitraum 855,5 Milliarden Euro, im Dezember 2017 übrigens schon 906,941 Milliarden Euro, im September 2020 eine Billion Euro. Die Brisanz der TARGET-Salden besteht darin, dass beim Verlassen eines Euro-Staates die Forderungen der Bundesbank ihm gegenüber null und nichtig sind. Beim Platzen des Euros bliebe die Bundesbank auf über 1000 Milliarden Euro sitzen, die dann der Steuerzahler zu übernehmen hätte.

Ungleichgewichte im Zahlungsverkehr entstehen auch durch das ANFA-Abkommen, das die EZB zunächst geheim zu halten suchte. Das ANFA-Abkommen gestattet in Notfällen den Zentralbanken der Euroländer, vorübergehend Geld zu drucken. Nun hatten aber die Franzosen und die Italiener im Rahmen des Geheimabkommens exzessiv Geld mit der Notenpresse erschaffen, ohne dass jemand davon wusste. Der Ökonom Hans Werner Sinn kritisierte, »dass man sich im eigenen Keller Geld drucken kann, das in anderen Ländern als gesetzliches Zahlungsmittel anerkannt ist.«[182] Wie hoch das »Erpressungspotenzial« ist, kann man bestenfalls nur ahnen. Im ESM, der in Schwierigkeit geratene Staaten der Eurozone mit Liquidität versorgen soll, haftet

Deutschland mit 190 Milliarden Euro. Es gelten für die Mitglieder des leitenden Gouverneursrates besondere Geheimhaltungsregeln, und sie sind durch Immunität davor geschützt, für ihre Handlungen Verantwortung übernehmen zu müssen. Der Vertragstext war im feinsten Juristenenglisch verfasst und wurde in nur drei Tagen durch den Bundestag gepeitscht. Bewundernswert die profunden Englischkenntnisse aller Abgeordneten des deutschen Parlaments, die sicher wussten, was sie verabschiedeten, nämlich den Anfang vom Ende des Königsrechts des Parlaments, über den eigenen Haushalt souverän zu entscheiden.

Unter all den bisher aufgezählten Engagements und Risiken tickt zusätzlich noch eine Zeitbombe. Für den Kauf von Staatsanleihen in der Eurozone muss kein Eigenkapital hinterlegt werden, weil man davon ausgeht, dass es bei einem Staat der Eurozone keinen Zahlungsausfall geben kann. Seit der Griechenlandkrise weiß man, wie falsch die Annahme ist. Da die Staatsanleihen der Südländer höher verzinst sind als die der Bundesrepublik Deutschland, legen deutsche Rentenversicherer Pensionsgelder in südeuropäischen Staatsanleihen an. Konservativ geschätzt darf man davon ausgehen, dass ein Drittel der deutschen Pensionen und Renten in Staatsanleihen südlicher Euroländer wie Italien, Spanien und Portugal steckt. Italien aber entgeht dem Finanzkollaps vor allem dadurch, dass die EZB immer neues Geld druckt, um Staatsanleihen zu kaufen, und durch die Niedrigzinspolitik, die deutsche Sparer enteignet. Man bekommt das Gefühl nicht los, einer riesigen Insolvenzverschleppung beizuwohnen.

Namhafte deutsche und französische Ökonomen forderten im Januar 2018 in einem »konstruktiven Vorschlag« die Reform des Euroraumes.[183] Man kann diesen Text als Masterplan zur Einführung der Vereinigten Staaten von Europa sehen. Er enthält all das, was niemals einzutreten den Deutschen versprochen wurde. Selbst ein Propagandist des Euro, Marcel Fratzscher, sieht die Eurozone als »Risikoverbund« und gesteht ein, dass die »gegenseitige finanzielle Abhängigkeit zwischen Staaten und ihren Banken« einzelne Mitgliedstaaten und den Euroraum insgesamt bedroht.[184] Die Wirtschaftswissenschaftler schlagen deshalb vor: »Eine gemeinsame Einlagensicherung würde alle versicherten Bankeinlagen in demselben Maße schützen, unabhängig vom Sitzland der Banken und dem Zustand der Staaten.«[185] Die Lösung lautet vereinfacht gesagt, gesunde Banken im Norden sollen kranke Banken im Süden sanieren. Diese Art von Einlagensicherung funktioniert praktisch wie Eurobonds. Mittels gemeinsamer Fonds haften alle für alle. Die Aufsicht über die Einlagensicherung würde natürlich in Brüssel liegen.

Kurz nach Erscheinen des »konstruktiven Vorschlags« gab Interimsfinanzminister Peter Altmaier in Brüssel den deutschen Widerstand gegen eine gemeinsame Einlagensicherung auf und damit auch die deutsche Ablehnung der Vergemeinschaftung der Schulden. Skeptiker versucht man mit einer Rückversicherung zu beruhigen, die beinhaltet, dass gemeinsame Mittel erst dann fließen, »wenn nationale Kammern ausgeschöpft sind«. Die »nationalen Kammern« Griechenlands oder Italiens dürften bereits ausgeschöpft sein. Nicht nur, dass alle diese Maßnahmen und Fonds von Brüssel aus überwacht werden sollen, die Entscheidungskompetenz wird von der politischen auf die technokratische Ebene verlagert. Sie liegt dann nicht mehr bei gewählten Politikern, sondern bei sogenannten Experten.

Die Veränderung der »institutionellen Architektur des Euroraumes« umschreibt den Übergang von den Demokratien Europas zu einer gesamteuropäischen Verwaltungsdiktatur. Neuer Souverän Europas wäre ein Geflecht aus Experten und Europäischer Zentralbank. Dass die Bundesbank Widerstand leisten und das deutsche Konzept des Bürgergeldes verteidigen kann, scheint eine Illusion zu sein. Bereits bevor Draghi den berühmten Satz formuliert hatte, dass er den Euro mit allen Mitteln schützen werde, hatte die Bundesregierung, wie Brunnermeyer, Landau und

James es ausdrücken, mit »der Bundesbank gebrochen und Draghi die Rückendeckung gegeben, die er brauchte.« So wundert es nicht, dass Interimsfinanzminister Altmaier in Brüssel das deutsche Veto gegen einen von Brüssel aus verwalteten Währungsfonds, der aus dem ESM gebildet werden würde, aufgegeben hat. Wesentliche Teile des Koalitionsvertrages der Großen Koalition sind auf Französisch verfasst. Die Schulden und die Sozialfonds, wie die Arbeitslosenversicherung, werden vergemeinschaftet, das Haushaltsrecht der Parlamente wird schrittweise aufgegeben und ein Investitionshaushalt eingerichtet, vornehmlich mit deutschem Geld, um den Süden zu finanzieren. Deutschland wird immer höhere Summen nach Brüssel überweisen.

Wer das Ammenmärchen verbreitet, dass dann in ganz Europa gleiche Steuern und Abgaben entrichtet werden, soll erklären, wie das funktioniert, wenn unterschiedliche Kulturen der Finanzverwaltungen und der Steuerentrichtung existieren. Er soll erklären, wie er zu vergleichbaren Zahlen kommen will, wenn die EU nicht einmal protestiert, dass der Chefstatistiker Griechenlands vor Gericht gestellt wird, weil er die realen Daten nach Brüssel gemeldet hat. Die Botschaft an seinen Nachfolger ist klar: Weder Athen noch Brüssel sind an den tatsächlichen Daten interessiert.

In der Coronapandemie kauft die EZB mit ihrem PEPP-Programm für mehr als 1,35 Billionen Euro Staatsanleihen von Euroländern, deren hohes Defizit bereits schon vor Corona bestand. Die Pandemie zeigt sich von ihrer politisch nützlichen Seite, die bereits Bundestagspräsident Schäuble lobte. In einem Interview schlägt im Dezember 2020 der italienische Staatssekretär Riccardo Fraccaro der EZB vor, die im Rahmen von PEPP aufgekauften Schuldscheine Italiens zu vernichten oder sie in ewige Anleihen mit extrem niedrigen (Mini-)Zinsen umzuwandeln. Die Differenz zwischen den Zinsen, die die EZB am Finanzmarkt zu entrichten habe, und den niedrigen, die Italien zahlt, dürften dann »ewig« die Deutschen zahlen. Deutschlands »Freund« George

Soros hat Ähnliches vorgeschlagen. Man ist sich also auf Kosten Deutschlands einig. Der italienische Staatssekretär, der zur Fünf-Sterne-Bewegung gehört, sieht darin natürlich kein Problem, denn:»Die EZB hat kein Schuldenproblem – sie kann so viel Geld drucken, wie sie will ... Sie kann weiter Staatsanleihen kaufen, den Mitgliedstaaten Investitionen ermöglichen und sie vor dem Markt schützen.«[186] Die Formulierung »vor dem Markt schützen« offenbart eine kommunistische Vorstellung von Wirtschaft. Die starke Position der italienischen Regierung gegenüber der EU beruht auf der Tatsache, dass die EU diese italienische Regierung stützen muss – whatever this takes –, wenn sie die Machtübernahme der Rechtspopulisten verhindern will.

Keine Wirtschaftskultur in Europa ist besser oder schlechter als die andere, sie passen nur nicht in ein gemeinsames Staatsgebilde. Auf diese Weise werden Spannungen und Konflikte zur Zukunft Europas, weil Europas Geschichte und Europas Erfolg auf den Regionen und Nationen, auf der Vielfalt und Unterschiedlichkeit beruhen. Wer das übersieht, setzt große Verwerfungen, vielleicht sogar innereuropäische Kriege in Gang. Europa steht am Scheidepunkt.

Der Brüsseler Zentralstaat wird nicht auf demokratischem Weg gebildet, sondern durch die Hintertür auf fiskalpolitischem Weg erzwungen. Der Bürger wird permanent vor vollendete Tatsachen gestellt, wenn man ihm die Tatsachen überhaupt mitteilt. Erinnert man sich an die Kohl'schen Versprechen, mit denen man den Deutschen den Euro schmackhaft machte, an das Versprechen, dass kein Land der EU für die Schulden eines anderen Landes einstehen wird, nie und nimmer, besichert durch eine unbrechbare Regel, dann verfällt man in bitter-galliges Gelächter. Der Euro ist auf Lügen gebaut und wird durch Lügen, mindestens durch Heimlichkeiten und massive Umverteilungen in der EU am Leben erhalten. Er, den man fälschlich ein Friedensprojekt nannte, hat zwischen den Ländern der EU Hass und

Zwietracht hervorgerufen, wie man sie in Europa lange nicht kannte. Und er wird weiter für Unfrieden sorgen, er ist das Mittel zur Enteignung der Bürger der EU, er ist der Konfliktpunkt. So wird kein Weg daran vorbeiführen, den Euro abzuschaffen. Und wir sollten es tun, mit Augenmaß in einem mittelfristigen Prozess der Entflechtung.

Zur Reform der Demokratie gehören die Prinzipien der Subsidiarität, der Regionalität und der Föderalität. Was Europa ausmacht, sind seine unterschiedlichen Kulturen, auch Wirtschaftskulturen, was häufig und von bestimmten Kreisen gern vergessen wird. Die Stärke bestand und besteht im Konzert der Kulturen, wer diese in einen Zentralstaat zwingen will, zerstört Europa. Die EU ist nicht Europa. Sie ist eine Verwaltung, die sich vom wahren Europa, vom Europa der Bürger entfernt hat und auch entfernen musste. Daher kann die künftige Gestalt Europas nur in einem Europa der freien, demokratischen Staaten bestehen, wie sie einst Charles des Gaulle vorgeschlagen hat, ein föderales Europa mit einer kleinen Vermittlungsbehörde, die dort Anpassungen vorschlägt, wo es notwendig ist.

Europas Bürger müssen einander wieder näherkommen und nicht auseinanderdividiert werden, weil dort Zorn entsteht, wo die Bürger gezwungen werden, ihre unterschiedlichen Kulturen anzupassen oder aufzugeben. In Europa ist bisher noch jeder Versuch der Universalherrschaft gescheitert – sehr zum Wohle des Kontinents. Für Deutschland aber stünde die 1990 verdrängte gesellschaftliche Diskussion darüber an, wie wir uns das wiedervereinigte Deutschland vorstellen, auf welchen Gründungsmythos wir setzen, wie wir uns selbst und wie wir uns in der Welt sehen. Aber Deutschland wird Ihnen und mir immer ungewisser. Es soll, geht es nach dem Willen der Neuen Herrschaft, aufhören zu sein. Schauen wir uns das einmal näher an und begreifen wir, dass wir auf unserer Heimat bestehen müssen, weil es unsere Heimat ist – wir haben keine andere.

Ungewisses Deutschland

Bewegung auf dem Treibsand war natürlich auch Bewegung, es war die Dynamik der Getriebenen, die in dem Irrtum lebten, die Richtung selbst zu bestimmen. Für den Treibsand fand sich später die Bezeichnung Bürokratie, für jedes Sandkörnchen der Begriff Bürokrat. Die Bürokratie indes wuchs und wuchs, nichts schien dem Wuchern zu wehren. Der Landesverteidigung, die einmal als erste Bürgertugend galt, entledigten sich die Bürger, in dem statt ihrer den ehrenvollen Dienst an der Waffe für die patria nun Söldner übernahmen. Sie entehrten damit das Verteidigungswerk, das einmal als res publica galt, die gut bewehrten Grenzen ihres Staates öffneten sie ohne Not, weil sie lieber die Fremden einließen, als sich der Mühe des Schutzes ihres Gemeinwesens zu unterziehen, sie überließen sogar die Aufrechterhaltung der inneren Ordnung Fremden, tanzten um das eigene Ich wie um das goldene Kalb, gaben eigene Bequemlichkeit für Toleranz aus und frönten allen möglichen Lastern, wobei sie umso heftiger über Tugenden sprachen, je weiter sie sich von ihnen entfernt hatten.

Schließlich opferten sie die letzte Erinnerung an ihre große Geschichte einer neuen Religion, die sie im Rausch metaphysischer Leere ihres luxuriösen Lebens annahmen. Die Selbstkasteiung, die Selbsterniedrigung, der Selbsthass, der nur Ausdruck hemmungsloser Ich-Liebe ist, gehörten zur seelischen Gesundheit ihres Lebens in wirtschaftlichem Reichtum, wie der regelmäßige Aderlass dem apoplektischen Körper Erleichterung verschafft. Der »Missbrauch des Christentums« blieb nicht »ohne einigen Einfluss auf das Sinken und den Sturz« ihres Staates. Sie vergaßen sogar, wer sie waren. »Die Geistlichkeit predigte mit Erfolg die Lehren der Geduld und Feigheit; die thätigen Tugenden der bürgerlichen Gesellschaft wurden entmuthigt, und die letzten Überreste des kriegerischen Geistes im Kloster begraben: ein großer Theil des öffentlichen und des Privateigentums war den gleißenden Forderungen der Mildthätigkeit und Andacht gewidmet, und der Sold der Soldaten an jenen unnützen Schaaren beiderlei Geschlechtes vergeudet ... Glaube, Eifer, Forschgier und die irdischen Leidenschaften der Bosheit und des Ehrgeizes entzündeten die Flamme religiöser Zwietracht; die Kirche, ja selbst der Staat wurden durch religiöse Parteien zerrüttet, deren Kämpfe zuweilen blutig, stets unversöhnlich waren; die Aufmerksamkeit der Kaiser ward von den Lagern auf die Synoden abgelenkt, die römische Welt durch eine neue Art von Tyrannei unterdrückt, und die verfolgten Sekten wurden die geheimen Feinde ihres Vaterlandes.«[187]

Am Ende schickte ein germanischer Heermeister den letzten römischen Kaiser, der bereits das Kaiserlein genannt wurde, in den politischen Ruhestand auf dessen Hühnerfarm. Der germanische Heermeister erfreute sich indes nicht lange seiner Macht, die ihm eigentlich in den Schoss gefallen war, denn er wurde ermordet, und eine Zeit der Wirren brach an.

Mich hat Edward Gibbons Schilderung des Niederganges immer beeindruckt, besonders die Darstellung der Selbstvergessenheit seiner Eliten, den Verfall des Bürgersinns und der Missachtung der Legalität, Freiheit und Wehrhaftigkeit. Die römischen Eliten schätzten Rom nicht mehr und hatten aus seinen Werten klingende Propagandareden gemacht – das war es dann aber auch schon.

Trifft nicht manches in Edward Gibbons Schilderung der Dekadenz auch für Deutschland zu? Auf ein Land, das sich nicht mehr verteidigen will, das nicht mehr sein möchte, dessen Betrachtung der Geschichte nur in einer einzigen Aufforderung der Buße besteht und das die allereinfachsten Definitionen des Staates, nach denen der Staat durch das Staatsvolk und das Staatsgebiet gebildet wird, gründlich vergisst, nein, nicht nur vergisst, sondern sogar als Häresie sanktioniert. Wurde nicht inzwischen das Staatsvolk ersetzt durch die Inflation der tausendundeinen Opfergruppen der Identitätspolitik, die nur eines gemeinsam haben, dass sie als People of Color nicht weiß sind und deshalb Anspruch auf Vorrechte gegenüber den Weißen haben, und der 99 Geschlechter des Genderismus, denn auch sie sind Opfer, wovon, weiß man im Einzelfall nicht so recht, die aber dennoch heterosexuellen Männern vorzuziehen wären? Für die Linksliberalen gilt eine Gesellschaft erst dann als frei, wenn auch der kleinsten Opfergruppe Sonderrechte zuerkannt worden sind. Doch die Schaffung immer neuer Opfergruppen, die angeblich Diskriminierungen erfahren, führt dazu, dass Opferklassen und Opferhierarchien geschaffen werden und das Land vielfach gespalten wird.

Schon vor Jahren hat die damalige Integrationsbeauftragte Aydan Özoguz in Zusammenarbeit mit Aktivisten der Migrantenverbände, deren Papier nur vom Nehmen und nicht vom Geben handelt, gefordert, Diversitätsbeauftragte in allen Institutionen und in allen Firmen nach Art der Gleichstellungsbeauftragten zu installieren. Die Frage allerdings, die in einem entsprechenden Fall beide Beauftragte zu klären hätten, ob ein Mann mit Migrationshintergrund oder eine Frau ohne Migrationshintergrund eher Anrecht auf eine Stelle besäße, hätten dann beide anhand des definierten Opferstatus auszudiskutieren.

Wenn man wie ich zeitlebens keine Unterschiede gemacht hat und für Gleichberechtigung eingetreten ist, Diskriminierung abgelehnt und Rassismus für eine der schlimmsten Ideologien hält, die Menschen hervorgebracht haben, dann erschließt sich nicht, warum einem jungen Mann, dessen Eltern und Großeltern dieses Land aufgebaut haben, der 1990 geboren wurde, sich in der Schule bemüht und sein Studium in der Regelzeit erfolgreich abgeschlossen hat, im Vergleich zu einer jungen Frau, deren Eltern Asyl gewährt worden war, die auch 1990 in Deutschland das Licht der Welt erblickte und das gleiche Schulsystem durchlief, später vielleicht das gleiche Studium absolvierte und die bereits im Gegensatz zu dem jungen Mann im Studium besonders gefördert wurde, eine größere Aussicht auf eine Stelle im öffentlichen Dienst oder in der Wirtschaft gegeben werden soll. Ist die Vorstellung, dass Weiße positiv diskriminiert werden sollen oder dass sie beständig nach dem Rassismus in sich zu suchen haben oder Weiße niemals Opfer von Rassismus sein können, wirklich frei von jedweder rassistischen Vorstellung?

Die Migrationswissenschaftlerin Sandra Kostner warnte deshalb in der *NZZ*, dass »die Verbindung von Rassismusbekämpfung und Teilhabechancen den Rückhalt für Erstere in der Bevölkerung gefährdet«, und fährt fort: »Würden, wie von zahlreichen Migrantenselbstorganisationen gefordert, positive Maßnahmen eingeführt, also Möglichkeiten, Menschen mit Einwanderungsgeschichte bei der Besetzung von Stellen, Gremien und Wahllisten zu bevorzugen, müsste die Mehrheit Benachteiligungen im Namen der Rassismusbekämpfung hinnehmen. Dergestalt werden Ressentiments geschürt statt abgebaut.«[188]

Dagegen rechtfertigt Fatma Aydemir die positive Diskriminierung, die im Gegensatz zum Grundgesetz steht, in ihrem Text in dem Sammelband »Eure Heimat ist unser Alptraum« und meint, dass »eine weitere weiße deutsche Volontärin nicht unbedingt einen Mehrwert bietet. Und vielleicht ist das Wort Migrantenbonus auch gar nicht so falsch. Nur dass es kein Bonus ist, den wir erhalten, sondern einer, den wir vergeben: Vielleicht wissen aufmerksame Arbeitgeber_innen inzwischen einfach, dass sie von uns für das gleiche Geld mehr bekommen.«[189]

Wieso ist die 1986 in Karlsruhe geborene Fatma Aydemir mehr wert als eine zur gleichen Zeit in Karlsruhe geborene junge Frau ohne Migrationshintergrund? Sieht sich Fatma Aydemir als das, was Friedrich Nietzsche einmal als Übermensch bezeichnete? Sehen die Herausgeberinnen des oben zitierten Sammelbandes Deutsche mit und ohne Migrationshintergrund als antagonistische Klassen im Marx'schen Sinne? Darf man den Titel des Buches »Eure Heimat ist unser Albtraum« programmatisch so verstehen, dass ihre Heimat, wenn sie sie verwirklicht haben werden, unser Albtraum sein wird? Wollten ihre Eltern in einen Albtraum ziehen? Oder haben sie vielmehr Deutschland als das Land ausgewählt, in dem sie leben wollten? Wo führen diese künstlich aufgerichteten Antagonismen hin? Wird die heimatlose Gesellschaft, die Ansammlung kleiner und kleinster Opfergruppen und einer konstruierten Tätergruppe zu einem Kampf aller gegen alle ausarten? Warum spaltet sie die Deutschen in Deutsche mit und ohne Migrationshintergrund?

Promovieren Fatma Aydemir und Hengameh Yaghoobifarah nicht, indem sie von »wir« und »ihr« sprechen, eine Ideologie der Spaltung, die dem Nachbarn den Nachbarn entfremdet und im Kampf gegen einen mehr oder weniger imaginierten Rassismus selbst rassistisch argumentiert, indem sie Vorstellungen und Denkweisen als Eigenschaften einer Gruppe, die nach dem Kriterium der Hautfarbe zusammengestellt wird, definiert? Erschafft Fatma Aydemir nicht erst das, was sie zu bekämpfen vorgibt? Vertreten denn die Autoren des Bandes überhaupt die Mehrheit der Deutschen mit Migrationshintergrund oder profilieren sie sich nur auf deren, auf unser aller Kosten, freilich mit einem hohen Risiko und der Gefahr eines hohen Preises, den wir alle zu entrichten hätten? Die Identitätspolitik zerstört das Staatsvolk.

Durch die Politik der offenen Grenzen, die mit der substanzlosen, spätrömischen Behauptung begründet wurde, dass man nicht in der Lage sei, die Grenzen zu schützen, und daher nicht darüber souverän zu entscheiden vermöge, wer nach Deutschland und damit, was gleichbeutend ist, in die deutschen Sozialkassen einwandern dürfe, hat der Staat seine Souveränität in der Aufgabe der Hoheitsrechte zur Disposition gestellt. In welch hohem Maß man Grenzen innerhalb Deutschlands, die man in

Windeseile errichtete, und die Staatsgrenze schützen kann, führt die Regierung in der Coronapandemie vor und qualifiziert damit ihre Statements von 2015 und 2016 als Propagandalügen. Beides aber, Auflösung des Staatsvolkes und der Verzicht auf die Durchsetzung der Hoheitsrechte des Staates, zerstören die Gesellschaft. Der postnationale Staat wird zu einem Staat ohne Staatsvolk, zu einer Ansammlung von Identitäten, wie die Integrationsbeauftragte der Bundesregierung, Aydan Özoguz, in ihrem Strategiepapier vom 21.09.2015 frohlockte:»Unsere Gesellschaft wird weiter vielfältiger werden, das wird auch anstrengend, mitunter schmerzhaft sein. Unser Zusammenleben muss täglich neu ausgehandelt werden … Eine Einwanderungsgesellschaft zu sein heißt, dass sich nicht nur die Menschen, die zu uns kommen, integrieren müssen.«[190]

Wenn das Zusammenleben »täglich neu ausgehandelt werden« muss, existieren Recht und Gesetz nicht mehr, denn bekanntlich besteht die Aufgabe des Rechts darin, für das Zusammenleben einen Ordnungsrahmen zu setzen, damit es eben nicht »täglich neu ausgehandelt werden« muss. Das Ersetzen des Rechts durch den täglichen Vorgang des Aushandelns führt in der Gesellschaft zum bellum omnium contra omnes (Krieg aller gegen alle), wie er von Thomas Hobbes bereits beschrieben worden ist, und finalisiert sich im Zusammenbruch der bürgerlichen Ordnung. Demokratietheoretisch ist an Özoguz' Aussage interessant, dass die von der Bundesregierung absichtsvoll herbeigeführten Veränderungen alle annehmen und sich alle darauf einlassen müssen. Müssen muss niemand. Eigentlich besitzen die Bürger in einer Demokratie auch das Recht, sich nicht auf diese Veränderungen einzulassen und sie abzulehnen. Wurden die Bürger gefragt, ob sie eine so grundsätzliche Transformation der Gesellschaft auch wirklich wollen?

Der Verlust der bürgerlichen Ordnung, die das Erste ist, was in der Großen Transformation weichen muss, nahm mit der widerrechtlichen und nicht legitimierten Öffnung der Grenzen und dem einsetzenden Kontrollverlust des Staates Fahrt auf. Die Ordnung, die in der großen Transformation entstehen soll, wird keine bürgerliche sein, sondern eine Gemeinwohldiktatur mit moralischem Wahlrecht, in der sich Gruppen im ständigen Kampf um die Verteilung (»Aushandeln«) befinden.

Da die Linken und die Linksliberalen jedoch keine Beziehung zur deutschen Geschichte aufzunehmen vermögen, sie, wenn sie über Geschichte reden, sie nur durch die Perspektive der nationalsozialistischen Diktatur und ihrer Verbrechen zu sehen in der Lage sind, keinen positiven Gründungsmythos für das wiedervereinigte Deutschland vorzuschlagen sich bereitfanden und stattdessen die unbestreitbare deutsche Schuld, die sie als eine Art Erbschuld sehen, als Gründungsmythos gelten lassen wollen, errichten sie die Gemeinschaften ihrer Gemeinwohlgesellschaft nicht auf das Bekenntnis zu Freiheit und Demokratie, sondern auf die deutsche Schuld als einziger Tatsache deutscher Geschichte, als einziger identitätsstiftender Tradition. Doch eine Schuld begründet keine Identifikation.

Da die Neue Herrschaft alles, was deutsch ist, meidet wie der Teufel das Weihwasser, müssen wir nach der deutschen Kultur fragen, die wesentlich wird, wenn die bürgerliche Ordnung nicht gerettet – zu retten ist da nichts mehr –, sondern wieder gegründet werden soll. Jede bürgerliche Ordnung beruht auf einer Kultur, im Wesentlichen auf der Kultur der europäischen Aufklärung und der nationalen Identität, die Teil der Kultur ist und die Bereiche Erbe, Tradition, Sprache und historische Erfahrung umfasst.

Wollen die Verlierer der Großen Transformation die Zukunft gestalten, müssen sie als Erstes auf die Neubegründung der bürgerlichen Ordnung hinwirken, die von den Bürgerrechten der Freiheit, der Gleichheit vor dem Gesetz, der Gleichberechtigung, des uneingeschränkten Wahlrechts, des Diskriminierungsverbotes, der körperlichen Unversehrtheit, der Würde des Menschen, der Freizügigkeit, des Schutzes der Familie als heterosexuelle Familie, des Schutzes des Eigentums und des Widerstandsrechts gegen alle Maßnahmen, vom wem auch immer sie erlassen werden, gegen Einschränkungen der Bürgerrechte konstituiert wird. Daraus ergeben sich praktisch die Aufhebung von Quoten als Institut der Diskriminierung und die Auflösung aller Gleichstellungsbeauftragtenämter, aller diskriminierenden und exkludierenden Bedingungen in Ausschreibungen, die Einstellung staatlicher Finanzierungen der NGOs, die Evaluation aller Genderlehrstühle und der Migrationsforschung, die Scheidung – gerade in den Geisteswissenschaften – der Wissenschaften von den Ideologien, die sie zu erdrücken drohen. Kultur und deutsche Geschichte müssen wieder gelehrt werden. Gleichzeitig hat der Staat seine Hoheitsrechte über alle auf dem Gebiet des gesamten Staates und an seinen Grenzen wahrzunehmen.

Das setzt voraus, dass der deutsche Staat sich wieder als deutscher Staat, als Nationalstaat begreift, dass er Staat aller Deutschen ist. Und deutscher Staatsangehöriger ist, wer die deutsche Staatsbürgerschaft besitzt. Die deutsche Staatsbürgerschaft kennt das Institut des Migrationshintergrundes nicht, auch wenn man sich des Eindrucks nicht erwehren kann, dass genau das untergründig eingeführt werden soll. Ganz gleich, wo die familiären Wurzeln liegen, mit dem Erhalt der deutschen Staatsangehörigkeit durch Geburt oder Erwerb ist man deutscher Staatsbürger. Allerdings hat der Staat die Staatsbürgerschaft als hohes Gut zu achten. Deshalb gehört die doppelte Staatsburgerschaft abgeschafft, weil sie eine grundgesetzwidrige Zweiklassenstaatsbürgerschaft begründet. Wer deutscher Staatsbürger ist, muss es sein auch wollen – mit allen Rechten und Pflichten.

Zum Nationalstaat zu stehen, heißt, zum Sozialstaat zu stehen. Wie schon mehrfach gesagt: Nicht alle Nationalstaaten sind Sozialstaaten, aber alle Sozialstaaten sind Nationalstaaten. Ein Staat, der bestimmte, politisch definierte gesellschaftliche Gruppen alimentiert, ist kein Sozialstaat, sondern ein Klientelstaat, der nach der Maxime verfährt, dass den einen alle Rechte gewährt und den anderen alle Pflichten aufgebürdet werden. Ein postnationaler Staat ist folglich ein postsozialer Klientelstaat.

Die größte Verunsicherung der deutschen Gesellschaft besteht darin, dass sie sich selbst entfremdet hat und nicht mehr weiß, wer sie ist. Es ist daher dringend geboten, dass die Deutschen ihre Geschichte mit allen Höhen und Tiefen, mit allem Glanz und allen verruchten Verbrechen annehmen, dass sie zum Gründungsmythos des wiedervereinigten Deutschlands, als gemeinsame Erzählung aller Deutschen die friedliche Revolution von 1989 erheben. Dieses neue Deutschland benötigt einen positiven Gründungsmythos, einen freiheitlichen, demokratischen und zukunftsgewissen – und es hat ihn.

Die gebildete Nation

Ich weiß, der Begriff der gebildeten Nation klingt bildungsbürgerlich, verstaubt und hoffnungslos gestrig, doch liegt in diesem Konzept genau die wichtigste Garantie dafür, dass weder Sie noch ich und erst recht nicht Ihre Kinder zu den Verlierern des Paradigmenwechsels werden, im Gegenteil, in der gebildeten Nation findet sich der Zauberstaub, der uns zu Gewinnern machen wird, wenn wir Freiheit, Demokratie, nationale Souveränität und europäische Verständigung als Konzert der Kulturen sichern, denn Deutschland hat nur einen einzigen bedeutenden Rohstoff, seine Bürger, und nur eine, wenn auch mächtige Ressource, die Bildung. Bildungspolitik ist Wirtschaftspolitik, ja die wichtigste wirtschaftspolitische Intervention. Wir werden Deutschlands Wohlstand als Wohlstand für alle Deutschen auch in Zukunft sichern und sogar mehren können, wenn wir den Wettbewerb bestimmen, wir wirtschaftlich besser sind. Verlieren wir im internationalen Wettbewerb – verlieren wir alles. Schneller und besser zu sein, das allein ist es, was Ihre und meine Zukunft sichert. Schneller und besser zu sein bedeutet, gebildeter zu sein, bedeutet, den wissenschaftlich-technischen Fortschritt voranzutreiben.

Das ist uns schon einmal gelungen – vor einhundert Jahren, als aus dem abwertenden und als Kaufwarnung gedachten Label Made in Germany ein Qualitätsgarant wurde. Deutsche Wissenschaftler gewannen Nobelpreise, deutsche Ingenieure bauten in der ganzen Welt begehrte Maschinen. Quell dieser Leistungen waren die deutschen Gymnasien, sowohl das humanistische als auch das Realgymnasium und die deutschen Universitäten, hinzu kam eine dynamische und innovationsfreudige Wirtschaft. Obwohl mich das Thema reizt, möchte ich es jetzt nicht vertiefen, aber Bildung ist nur in ihrer Gesamtheit wirksam. Werden, wie wir es gegenwärtig erleben, die Geisteswissenschaften verideologisiert, werden sie zensiert, werden sie zu Geschwätzwissenschaften, dann werden die Naturwissenschaften ihnen folgen, denn die Geisteswissenschaften tragen nicht nur zu unserer Identitätsbestimmung bei, sondern sie stellen vor allem eine Schule des Denkens, auch der Kreativität und des unkonventionellen Herangehens dar. Schlimmer als der Stand des BIPs ist Deutschlands Stand im PISA-Vergleich. Wir liegen nur in einer Position vorn, und zwar in Teamarbeit. Mich erschüttert das so sehr, dass ich die sarkastische Bemerkung nicht zu unterdrücken vermag: Wir wissen zwar nichts, aber darüber können wir ausgezeichnet reden.

Hochschullehrer klagen über die nachlassenden Kenntnisse und Fertigkeiten, mit denen Abiturienten an die Universitäten kommen. Eine Studie, die an der Frankfurter Universität erhoben wurde, belegt, dass Studenten die Fähigkeiten verlieren, andere Standpunkte als solche wahrzunehmen, und deshalb nicht mit Vorstellungen und Argumenten in Berührung kommen möchten, die dem eigenen zumeist linken oder linksliberalen Weltbild nicht entsprechen, und deshalb Verbote anderer Sichtweisen in Lehre und Forschung fordern. Erschwerend kommt hinzu, dass zu viele junge Menschen zur Universität drängen, obwohl ihnen die Fähigkeiten dazu fehlen, und das großartige duale System meiden. In der Tendenz zur Akademisierung wird die Weltferne linksliberaler Bildungsideen deutlich.

Welch tristen Stand trotz gegenteiliger Sonntagsreden Bildung hat, möchte ich an zwei Statements von Politikern zeigen. Während der Flüchtlingskrise, die auch in unverantwortlicher Weise das Bildungssystem belastete, kündigte der damalige Innenminister Thomas de Maizière an, dass man Standards im Bildungsbereich werde senken müssen.[191] Seit Jahren predigen all jene, die gleichzeitig jede gesellschaftliche Veränderung oder Reform, wie beispielsweise die Agenda 2010, mit dem Argument der Globalisierung versehen, dass wir in einem scharfen Wettbewerb mit der ganzen Welt stehen. Das Zauberwort lautet: Wettbewerbsfähigkeit. Wahr ist, dass unsere Kinder sich mit den Kindern in der ganzen Welt in Konkurrenz befinden. Der Ökonom Thomas Piketty schreibt über die britischen Staatsschulden im 19. Jahrhundert:»Insgesamt mussten britische Steuerzahler in dieser Zeit mehr für Schuldzinsen aufbringen als für ihr gesamtes Bildungssystem. Die Entscheidung lag sicher im Interesse der Besitzer von Staatsanleihen, aber wohl kaum im Allgemeininteresse des Landes. Man kann sich des Gedankens nicht erwehren, dass der britische Bildungsrückstand das Seine zum Niedergang des Landes in den folgenden Jahrzehnten beigetragen hat.«[192] Zur gleichen Zeit wurde in Deutschland das Bildungssystem weiter ausgebaut, was zu einem wirtschaftlichen Aufschwung und zu einer führenden Stellung der deutschen Universitäten im ausgehenden 19. und beginnenden 20. Jahrhundert beitragen sollte.

Von dieser Entwicklung sind wir inzwischen weiter denn je entfernt. Wem das zu abstrakt ist, der stelle sich vor, wie schlecht ausgebildete Ingenieure Deutschlands Stellung auf dem Weltmarkt mit schlechten Produkten halten sollen oder wie sehr man sich die Behandlung durch einen schlecht ausgebildeten Arzt wünscht. Bildung sollte das wichtigste Thema einer Regierung sein, sie entscheidet über Wohlstand, Wettbewerbsfähigkeit, Zukunft und Lebensqualität. Stattdessen sieht die Präsidentin der Kultusministerkonferenz, Bremens Senatorin Claudia Bogedan, »(...) die Integration von Flüchtlingskindern als größte schulpolitische Herausforderung 2016.«[193] Nicht in einem durchdachten Konzept zur längst überfälligen Verbesserung der Bildung, zur Anhebung der Bildungsstandards, das natürlich die Beschulung von Flüchtlingskindern mitbedenken muss, sieht die neue Präsidentin der Kultusministerkonferenz die »schulpolitische Herausforderung«, sondern in einer Veränderung des Bildungssystems, das auf die »Integration von Flüchtlingskindern« ausgerichtet zu werden scheint.

Integration wird so nicht gelingen, denn es stellt sich die Frage, worein integriert werden soll. Die Bremer Senatorin verkündet dementsprechend, dass wir in einer neuen Gesellschaft leben. Aus der fragwürdigen Behauptung wird die noch fragwürdigere Schlussfolgerung gezogen: »Das erfordert von der Schule eine ständige Anpassungsleistung.« Anpassen woran? An welches Weltbild? An welche Gesellschaft? Sehr selbstbewusst erklärt die Bremer Senatorin: »Gerade ein Land wie Bremen (kann) als gutes Beispiel wirken und zeigen, wie man zu einer gelungenen Integration beitragen kann.« Das gute Beispiel besteht allerdings darin, dass Bremens Schüler »bei Leistungsvergleichen meist Letzter (sind) – mit mehr als einem Jahr Rückstand in Deutsch und Mathe zu Spitzenreitern wie Sachsen und Bayern.«[194]

An diesen Beispielen wird das Grundproblem deutscher Bildungspolitik deutlich, die nicht die Erfordernisse gesellschaftlicher Entwicklungen im Blick hat, sondern ideologische Vorstellungen, wie sie vor allem aus dem Fundus der Achtundsechziger und ihrer Nachfolger stammen, deren langer Marsch durch die Institutionen besonders im Bildungsbereich erfolgreich war. Eine Bildung, die nicht mehr Wissen, Neugier, Lust auf Wettbewerb und Leistung vermitteln will, sondern frei erfundene Kompetenzen zu stärken beabsichtigt, wird auf sich bezogene Menschen hervorbringen, die in der Hauptsache mit sich und ihrer großen Seele beschäftigt sind und sich beständig überfordert fühlen.

Es geht nicht um Kompetenzen, sondern um Wissen, um Können, um Lust auf den Wettbewerb. Nicht Teamarbeit, sondern die Arbeit und die Leistung des Einzelnen sind in den Mittelpunkt zu stellen, nur so lernt der Schüler, Verantwortung zu übernehmen, anstatt Verantwortung auf das Team zu verteilen, bis niemand mehr verantwortlich ist. Fächerübergreifendes Lernen führt sich selbst ad absurdum, wenn man die Schüler lehren will, über den Tellerrand zu schauen, wenn man ihnen nicht zuvor erläutert, was der Teller ist. Geschichte ist Chronologie, Chronologie, Chronologie, wer die Chronologie aus der Geschichte entfernt, entfernt die historischen Zusammenhänge. In Brandenburg kann es geschehen, dass Schüler von der Reformation zur Französischen Revolution springen, ohne je etwas vom Dreißigjährigen Krieg, vom Westfälischen Frieden oder von der Glourious Revolution gehört zu haben, dafür aber das Thema Migration behandeln, wobei die Hugenotten, die Heimatvertriebenen und Umsiedler von 1945/46 und Merkels Willkommenskultur von 2015 anachronistisch so behandelt werden, als sei das alles ein und dasselbe. Ich schließe hier die Beispiele, die eine ganz Bibliothek füllen würden, mit dem Fazit, dass das deutsche Bildungssystem bedauerlicherweise nicht nach den Bedürfnissen der Wirklichkeit, sondern der vornehmlich linksliberalen Ideologie ausgerichtet wird.

Deshalb bedarf es einer Bildungsreformation an Haupt und Gliedern, die als Hauptpunkte die Abschaffung der Kompetenzpädagogik zugunsten eines leistungsorientierten, einzelfächerbezogenen und den Methoden der einzelnen Fächer Rechnung tragenden Konzepts, das Leistung, Lust und Neugier, Eigenverantwortung und Wettbewerbsfähigkeit in den Mittelpunkt stellt, die Reduktion der Studentenzahlen und Stärkung des dualen Systems, die Reform der deutschen Universität unter Abwendung vom Irrweg der Master- und Bachelorausbildung und vor allem die Durchsetzung weltanschaulicher Neutralität in allen Bildungseinrichtungen beinhaltet. Diese Aufgabe ist, ich gebe es zu, herkulisch, weil sie die Brechung der Vorherrschaft der Linksliberalen voraussetzt. Sie wird deshalb so hart durchgekämpft werden müssen, weil in keinem anderen Fach die Konzepte so eng mit dem Menschen- und Gesellschaftsbild verbunden sind wie in der Pädagogik. Diese Reform wird im wahrsten Sinne einen Kulturkampf bedeuten, deshalb sprach ich von Reformation.

Demokratisch formulierte Wirtschaft

Freiheit und Verantwortung

Der Feststellung, dass der Wirtschaft eine zentrale Rolle zukommt, dürfte nur von von denen ernsthaft widersprochen werden, die darüber in Jubel ausbrechen, wenn, wie Sie in den Shutdowns und Lockdowns der Coronapandemie sehen konnten, eine ganze Volkswirtschaft aus Wertgründen heruntergefahren wird. Oder, wie Habeck es formulierte, wir eine ganze Wirtschaft »lahmlegen, weil wir Werte, Gesundheit in diesem Fall, vor ökonomische Kreisläufe stellen.«[195] Robert Habeck ist die simple Tatsache entgangen, dass man alles Mögliche vor ökonomische Kreisläufe stellen kann und dass die Irrationalität einer Handlungsweise leider nicht ihre Anwendung verhindert. Man kann sich auch auf ein Nagelbrett setzen und das wunderbar finden, nur würden Sie das tun wollen? Die Frage lautet eben nicht, ob man das kann, sondern ob es sinnvoll ist.

Zudem besitzen auch ökonomische Kreisläufe einen Wert, sogar einen ethischen, wenn man an den Ursprung des Begriffs Ökonomie denkt, der die Erhaltung des Hauses, das sinnvolle Haushalten meint und sich aus den griechischen Worten oikos für Haus und nomos für Gesetz herleitet. Nomos kann Gesetz, aber auch Brauch bedeuten, etwas, das für alle Gültigkeit hat und mithin sehr wohl als Wert zu verstehen ist. Im Übrigen stammt der Begriff des Werts aus der ökonomischen Sphäre, weshalb es manche Publizisten und Philosophen ablehnen, ihn auf die Belange der Kultur und der gesellschaftlichen Standards anzulegen. Mir hingegen gefällt dieser Zusammenhang, denn er verdeutlicht, dass Kreativität, Willen, Fleiß und Begabung dazu gehören, eine Firma zu gründen und zum Erfolg zu führen, wie ein Buch zu schreiben oder ein Gemälde zu schaffen. Wirtschaft ist eine nicht minder vornehme Sphäre menschlicher Tätigkeit, zumal die meisten Menschen den größten Teil ihrer Lebenszeit damit zubringen.

Aber der Grünen-Chef und Bundesfinanzminister in spe kann sich Wirtschaft nur als etwas, das sich grundsätzlich gegen die Menschen richtet, vorstellen und lässt darin auch nur das geringste Gespür für die ethische Dimension der Ökonomie vermissen, obwohl die modernen Wirtschaftswissenschaften sich auch aus der Moralphilosophie eines Adam Smith oder Jeremy Bentham herleiten und die Anfänge der Fiskaltheorie von den Franziskanern des 13. und 14. Jahrhunderts herrühren, von Männern wie Petrus Johannis Olivi oder dem Bischof von Lisieux, Nicolaus von Oresme, dessen »Traktat über die Geldabwertungen« als erste umfassende Fiskaltheorie anzusehen ist. Doch für die Grünen ist die Wirtschaft etwas, das kontrolliert, das an die Kette der Gemeinwohlideologie gelegt werden muss. Aber eine politische Richtung, die in der Wirtschaft keine Freiheit zulässt, besitzt auch sonst kein Gespür für die Freiheit, denn die Wirtschaft ist die Sphäre, in der die Menschen nicht nur die größte Zeit ihres Lebens zubringen, sondern sie hat auch entscheidenden Einfluss darauf, wie sie ihr Leben gestalten. Wirtschaft findet nicht irgendwie neben der Gesellschaft statt, sie ist unsere Gesellschaft.

Auch die reale Gesundheit, nicht als ethisches Abstraktum, lässt sich nur durch hohe wirtschaftliche Standards für viele Menschen gewährleisten. Ein leistungsfähiges Gesundheitssystem benötigt eine gesunde wirtschaftliche Basis. Nicht die ideologischen Schlachten über eine »Zweiklassenmedizin« oder eine ideologiegetriebene Umgestaltung des Gesundheitssystems verbessern die Gesundheitsfürsorge, im Gegenteil, Letzteres würde sie für alle im Ergebnis verschlechtern, sondern die Prosperität der Wirtschaft erst ermöglicht eine exzellente medizinische Betreuung. In Erhards Formel, auf die ich noch des Öfteren zurückkommen werde, »Wohlstand für alle« liegt auch der Schlüssel für die hervorragende Gesundheitsfürsorge für alle. Alle Reformvorschläge, die ich Ihnen unterbreitet habe, benötigen eine wachsende Wirtschaft, weil aber meine Vorschläge umgekehrt auch Bedingungen für ein Wirtschaftswachstum schaffen – wir haben es am Beispiel Bildung gesehen –, habe ich sie zuvor benannt.

Lassen Sie mich mit der Einschätzung beginnen, dass es der Wirtschaft nicht gut geht und das Wirtschaftswachstum in den letzten Jahren vor sich hin dümpelte und in diesem Jahr einbrach. Der Wohlstand für alle steht plötzlich auf tönernen Füßen.

Bedenkt man, dass die Rezession der bundesdeutschen Wirtschaft nicht durch die Coronapandemie verursacht, wohl aber verstärkt wurde, stehen auch auf dem Feld der Wirtschaft gerade im großen Paradigmenwechsel grundsätzliche Orientierungen an. Die Alternative besteht zum einen in hochfinanzialisiertem Feudalismus mit stark ökosozialistischen Tendenzen, wobei es zu einer strikten Teilung zwischen einer neuen Aristokratie der Geld-, Daten-, Informations- und Aufmerksamkeitsherren und dem Volk, den Datenabhängigen, der neuen und alten Mittelklasse und dem Prekariat, den Verlierern der Großen Transformation kommt. Dagegen steht die Neuformulierung der sozialen Marktwirtschaft, was die als Verlierer abgeschriebenen Menschen in Deutschland zu Gewinnern machte. Lassen wir uns nicht die geniale Erhard'sche Formel vom »Wohlstand für alle« madig machen, und das schon gar nicht von der SPD, deren Funktionäre meinen, dass diese Formel überholt wäre, aux contraire, sie ist aktueller denn je! Frei nach der Bibel: Am Bekenntnis zu dieser Maxime sollt ihr sie erkennen, an ihrer Humanität, ihrem Engagement für Sie und für Ihre Kinder, für unsere Zukunft – einem Bekenntnis übrigens, das sich nicht in Sonntagsreden, sondern in Taten zeigt.

Die Neue Herrschaft wird die Staaten zu größeren Einheiten zusammenfassen und nur noch als Verwaltungs- und Exekutivorgane benötigen. Man kann das herrschaftstypologisch bürokratisch-technokratische Herrschaft oder in historischer Begrifflichkeit eine Oligarchie, und das Gegenmodell, das auf der sozialen Marktwirtschaft beruht, demokratische Herrschaft nennen. Neue Herrschaft und demokratische Herrschaft stehen sich diametral entgegen, was sich besonders deutlich in der Ökonomie zeigt. Wirtschaftlich werden in der Großen Transformation internationale Konzerne, die Finanz-, die Digital-, die Informations- und Kulturindustrie ihre Profite maximieren, ohne auch nur im geringen Maße in die soziale Verantwortung in den Ländern, in denen sie produzieren oder verkaufen, genommen zu werden. Die Macht des Oligopols eröffnet ihnen ungeahnte Möglichkeiten, kleinere Marktteilnehmer, zu denen auch die Arbeitnehmer gehören, die ihre Arbeitskraft verkaufen, und sogar Staaten zu erpressen.

Gegenwärtig können wir beobachten, dass die Digitalindustrie, um ihre Ziele zu erreichen, die Maske neutraler Wirtschaftsunternehmen fallen lässt. Zum Vorschein kommt, dass diese Unternehmen aktiv eine politische Agenda verfolgen und sie ihre beträchtliche Macht zur Beeinflussung ihrer »User« benutzen, sie stellen Informations- und Meinungsbildungskonsortien dar. Deshalb lautet auf wirtschaftlichem Gebiet meine erste Forderung, die Monopolmacht von Facebook, Google und Amazon zu brechen. Hierzu ist eine Kombination mehrerer Maßnahmen erforderlich. Die Überarbeitung und Anwendung des Kartellrechts für die Digitalindustrie ist eine von ihnen. Juristisch muss erstens die Möglichkeit geschaffen werden, die Digitalmonopole zu zerschlagen, und zweitens hat dies dann auch zu geschehen. Die Digitalmonopole werden zu einer Gefahr für die Demokratie und für die Freiheit der Bürger. Hand aufs Herz, empfinden Sie nicht ein soziales Medium in der Hand eines Monopolisten als einen Widerspruch in sich? Eine moderne Wirtschaftspolitik sollte nur in wenigen Fällen regulieren, sie sollte fördernd auftreten. Ein wahrhaft innovatives Denken, dessen Grundprämisse in der Freiheit und den Bürgerrechten besteht, sollte sich in diesem Sinne der Frage eines neuen Internets, eines Internets 2.0 widmen. Wenn wir schon über europäische Zusammenarbeit reden, warum dann nicht über europäische Netzwerke, die auf den Gebieten der Suchmaschinen und der sozialen Kommunikation tätig werden. Warum kann man sich Google und Facebook nicht als lebendigen, als kommunizierenden Verbund kooperativer Digitalvereinigungen in den einzelnen europäischen Staaten vorstellen? Ich halte nichts vom Staat als Digitalunternehmen, aber weshalb kann der Staat nicht beispielsweise – auch über Bildungspolitik, auch über die Förderung von Initiativen an den Universitäten – die Entstehung deutscher Digitalfirmen im Social-Media-Bereich unterstützen? Durch die Weltwirtschaftskrise von 1929 bis 1933 kamen am besten die Genossenschaften durch. Sie stellen ein interessantes Element der Demokratie in der Wirtschaft dar. Die Förderung mittelständischer oder großer unternehmergeführter Firmen, wie erinnern uns an Schumpeter, und die Unterstützung der Bildung von Genossenschaften könnten einen Innovationsschub in der Wirtschaft, besonders aber im Bereich der Digitalwirtschaft initiieren. Ist es denkbar, dass in bestimmten Bereichen Genossenschaftsanteile die Aktien verdrängen? Eine demokratisch formulierte Wirtschaft wird die Macht der Oligopole in der Digitalwirtschaft und der Finanzindustrie brechen.

Durch die vorherrschende Abneigung gegen Donald Trump wird leider das Symptomatische an der Sperrung der Twitterkonten des ehemaligen Präsidenten übersehen. Denn genauso wie Donald Trump abgeschaltet werden kann, können auch Sie morgen Ihre Konten auf Twitter und Facebook verlieren. Ich habe am Beispiel des *Washington Post*-Artikels über Hunter Biden gezeigt, dass Twitter zur Zensur übergegangen ist, dass die Digitaloligopole zu politischen Agenturen geworden sind.

Überprüfen Sie einmal, in welchem Ausmaß Ihr soziales Leben inzwischen im Internet stattfindet, auf Twitter, auf Instagram, auf Facebook, aber vergessen Sie dabei nicht, dass Sie möglicherweise Ihre Daten auf der Cloud lagern, weil es so einfach ist und Wolke so schön klingt. Aber hinter dem poetischen Namen verstecken sich graue Server, die von Google und Amazon unterhalten werden. Dabei können Sie sich zumindest dem entziehen, denn Server sind inzwischen auch im finanziell sehr überschaubaren Rahmen zu haben, weshalb also wollen Sie Ihre Daten auslagern oder besser Fremden ausliefern?

Wenn Google oder Amazon morgen beschließen, Ihnen zu kündigen, Sie auszuschalten, weil Sie als Kleinkunde nicht mehr lukrativ sind und die Kapazitäten anderweitig benötigt werden, dann sind Ihre Daten weg, Ihre Urlaubsbilder beispielsweise. Firmen, die ihre Daten auf der Cloud gespeichert haben, können aus Konkurrenzgründen mit einem Knopfdruck vernichtet werden, indem man ihre Daten löscht, weil sie sich vielleicht an einen Boykott nicht halten, an den sie sich nicht halten müssen, weil die Firma nicht ihren Sitz in dem Land hat, das den Boykott beschlossen hat.

Sie denken, dass ich schwarzmale und dass jenes nie geschehen könnte? Dann sagen Sie mir, welche Garantien Sie besitzen, dass meine Skepsis sich nicht und niemals bewahrheiten könnte. Lassen Sie nur einmal Revue passieren, welche sozialen Aktivitäten Sie über die sozialen Medien entwickeln, glauben Sie mir, die Sperrung der Twitterkonten oder des Facebookaccounts würde inzwischen für nicht wenige den sozialen Tod bedeuten. In diesem Bereich sind Regulierung und Innovation, vor allem die Sprengung der Oligopole überfällig, wenn wir weiter in einer Demokratie zu leben wünschen. Das Problem besteht darin, dass Social-Media-Giganten wirtschaftliche mit sozialer Macht verknüpfen, dass Letzteres die Bedingung für Ersteres darstellt. Konkret werde ich im Folgenden Aspekte der Neuformulierung der sozialen Marktwirtschaft als Alternative zur gegenwärtigen wirtschaftlichen Entwicklung zu Finanzialisierung und Oligopolisierung ausarbeiten. Hierbei ist zu beachten, dass einige Vorschläge sofort umsetzbar wären, wie beispielsweise die Entbürokratisierung, der Abbau der Subventionen zum Beispiel für die E-Mobilität oder die Außerkraftsetzung des EEGs, andere hingegen mittelfristig, step by step und umsichtig gelöst werden können, was auch bedeutet, dass sie jetzt zu durchdenken und anzupacken sind, wie beispielsweise die Rückkehr zu den nationalen Währungen.

Der Staat hat für die neue soziale Marktwirtschaft insofern einen Ordnungsrahmen durch das Recht, aber auch durch Agglomerationssteuern für den Markt zu schaffen, dass er eine weitgehend gleichberechtigte Teilnahme am Markt garantiert. Allerdings – und das sei hier klar formuliert – geht es nicht um die Schaffung neuer Steuern, sondern es handelt sich um die erste starke wirtschaftspolitische Maßnahme, nämlich um die Senkung der Staatsquote. Im Großen und Ganzen gehen ich in der Einkommenssteuer von zwei Tarifen aus, der erste Tarif, der Jahreseinkommen bis 500 000 Euro mit 15 Prozent, allerdings weitgehend ohne Ausnahmen, und Vermögen ab 500 000 Euro Jahreseinkommen mit 25 Prozent, ebenfalls weitgehend ohne Ausnahmen, besteuert. Zu möglichen Ausnahmen zählen Reinvestitionen in Unternehmen. Die Mehrwertsteuer und die Renten- und Krankenkassenbeiträge müssen gesenkt werden, können es im Übrigen auch, wenn versicherungsfremde Leistungen gestrichen werden. Solidaritätszuschlag und CO_2-Steuer sind vollständig abzuschaffen. Alle anderen Steuerarten wie die Gewerbesteuer gehören auf den Prüfstand.

Ich sehe schon das breite Grinsen der Fachleute vor mir, die mir vorrechnen, dass ich damit den Staatsbankrott verursachen würde. Aber erstens darf man nicht alles auf einmal machen, sondern muss es in einem abgestimmten Stufensystem angehen, wozu nämlich auf der anderen Seite die Ausgaben zu kürzen sind – und hier liegt die eigentliche Herkulesaufgabe. Der Abbau der Überregulierung, der Bürokratie, der Subventionen und der vielfachen Ausnahmen im Steuerrecht sparen immens Geld. Wie viel Geld durch kreative Steuergestaltung verloren geht, hat der Cum-Ex-Skandal gezeigt, bei dem die Ausnutzung einer Lücke im Steuerrecht dazu führte, dass es zu mehrfachen Erstattungen von einer nur einmal abgeführten Kapitalsteuer kam. Der geschätzte Schaden liegt bei zehn Milliarden Euro. Doch die Cum-Ex-Geschäfte, die deutsche Banken und Anwaltskanzleien organisiert haben, stellen nur eine der vielen»Steuergestaltungen« zulasten des deutschen Steuerzahlers dar. Die Bereinigung des Steuerrechts lohnt – es gibt nur viele, die kein Interesse daran haben.

Ein effektiver Beitrag zur Senkung Ihrer Renten- und Krankenversicherungsbeiträge besteht in der Abschaffung des Euros, denn Ihre Beiträge steigen auch deshalb, weil durch die Nullzinspolitik der EZB die Versicherungen immer weniger die Summen erwirtschaften können, die sie müssen, also springen Sie mit steigenden Beiträgen ein, um den Euro und die Umverteilung in der EU zu finanzieren. Und Ihre Versicherungsbeiträge steigen auch deshalb, weil die EZB den italienischen Staat finanziert. Sie werden also durch die Nullzinspolitik als Versicherter, ob beispielsweise bei Rente, Krankheit oder Haftpflicht, und als Sparer doppelt von der EZB zur Kasse gebeten.

Eine nicht geringe Aufgabe besteht darin, den Wust der Subventionen, den wohl kaum einer mehr überschaut, zu durchforsten und radikal zu kürzen. Der Staat lockt durch Subventionen Investoren an, für die staatliche Subventionen, freundlich gesprochen, zum Geschäftsmodell gehören. Zudem – und hier richten sie enormen Schaden an – greifen Subventionen massiv in die freie Wirtschaft ein, sie verzerren den Markt und können zu fehlerhaften bis katastrophalen Folgen führen, indem Fehlentwicklungen initiiert und finanziert und die Notwendigkeit für und der Zwang zu Innovationen verringert werden. Dass dieses System funktioniert, sieht man am Beispiel der Autoindustrie. Der Wirtschaftsjournalist Roland Tichy kommentiert den Vorgang:»Die einst stolze Industrie hat sich darauf reduziert, möglichst viele Subventionen für E-Autos abzuzocken, und die fließen üppig. Arbeitsplätze? Zukunftsfähigkeit? Die Kernindustrie kuscht, gehorcht und erhält Steuergelder.«[196] Das funktioniert auch deshalb, weil an der Spitze des Lobbyverbands der Automobilindustrie inzwischen die Merkel-Vertraute Hildegard Müller steht. Tichy resümiert:»Müller hat von Autos keine Ahnung. Seit sie den Verband beherrscht, herrscht Ruhe.«[197] Dieses Beispiel verdeutlicht, wie weit wir schon auf dem Weg zu einem staatsmonopolistischen Kapitalismus vorangekommen sind, wie weit die Große Transformation schon gediehen, wie sehr das Prinzip der Freiheit aufgehoben ist, weil eine der wirtschaftlichen Grundbedingungen der Freiheit, die Ludwig Erhard in der Trennung von Politik und Wirtschaft sah, aufgelöst wird.

Auch im Politikbetrieb sind große Kürzungen aus finanziellen und aus demokratischen Gründen notwendig, weil ein Belohnungsmodell in der Politik zu Gefolgschaften führt. Roland Tichy hat das auf den Punkt gebracht:»Das fängt mit der Fraktion als zweitem Machtpol neben der Regierung an. Hier stehen ihr einige Hundert Millionen pro Jahr aus der Staatskasse zur Finanzierung der Fraktion zur Verfügung; jede Menge Ämter, Pöstchen wie stellvertretende Fraktionsvorsitzende (ein Dutzend), parlamentarische Geschäftsführer, parlamentarische Staatssekretäre und Ausschussvorsitzende. Alle erhalten Zuschläge von etwa fünfzig Prozent der Abgeordnetendiät, viele Dienstwagen, extra Assistenten und Sekretärinnen und andere Privilegien.« Tichy kommt zu dem Schluss:»Die Fraktion wird dirigiert über ein Pfründe-System. Wer nicht richtig mitstimmt, fliegt aus dem

Reich der Sonderzahlungen und verliert möglichst auch sein Mandat.«[198]

Einen weiteren großen Posten im Bundeshaushalt, auf verschiedene Titel verteilt, stellt mittelbar und unmittelbar die Flüchtlingsindustrie mit ihren NGOs und deren Heerscharen von Rechtsanwälten dar, die trockengelegt werden muss. Die Widerspruchsregelung gegen die Ablehnung des Asyls muss entweder abgeschafft werden oder hat in speziellen Schnellverfahren verhandelt zu werden. Die Einwanderung in die Sozialsysteme hört dann auf, wenn sie nicht mehr lukrativ ist. Politisch Verfolgten soll weiterhin Asyl gewährt werden, aber Sie werden mir recht geben, dass das nur den geringsten Teil der Migranten betrifft. Die Zuwanderungspolitik wurde durch das Ausspielen der beiden Institute des Asyls und der Flüchtlingskonvention bemäntelt, denn natürlich kennt das Asylrecht keine Obergrenze, aber die Flüchtlingskonvention kennt Kontingentierungen, und nicht jeder Flüchtling wird politisch verfolgt und hat deshalb Anspruch auf Asyl. Der Staat muss wieder darüber entscheiden, wer das Staatsgebiet betritt.

Dringend sind die Zahlungen an die EU und andere Zahlungen an internationale Institutionen und andere Staaten zu evaluieren und rigoros zu kürzen. Programme wie »Demokratie leben« oder die 1,1 Milliarden Euro zum »Kampf gegen Rechts« sind zu streichen. Universitäre Einrichtungen, die nicht der Wissenschaft, sondern der Ideologie dienen, die vielen Einrichtungen zur »Migrationsforschung«, die Gender Studies sind ebenfalls zu evaluieren und gegebenenfalls einzustellen. Zu fördern ist die duale Ausbildung, während die Universitäten und Hochschulen dort zu verkleinern sind, wo es zu sogenannten »Parkstudien« kommt. Hingegen sind die MINT-Fächer (Mathematik, Informatik, Naturwissenschaft und Technik) weiter zu stärken. Einsparungspotenziale existieren in großer Zahl, ohne dass man eine sozialen Kahlschlag vornimmt und diejenigen, die auf unsere Solidarität angewiesen sind, dem Elend preisgibt. Dort aber, wo der Staat hilft, muss er auch fordern.

Der Staat hat dort in den Markt einzugreifen, wo die schiere Größe eines Unternehmens marktbeherrschend ist und deshalb anderen Marktteilnehmern Bedingungen zu diktieren vermag. Im deutschen Recht gibt es hierzu bereits hilfreiche Möglichkeiten, wie beispielsweise die Kontrolle von Monopolbildungen. Will der Staat faire Marktbedingungen durchsetzen, hat er den Freihandel auf rechtlich faire Grundlagen zu stellen.

Andererseits sind ideologisch verursachter Dirigismus und die Außerkraftsetzung des Marktes durch wirtschaftsfeindliche Maßnahmen zu beenden, wie der Ausbau der erneuerbaren Energie auf der Grundlage von Subventionen, überhöhten und steigenden Energiepreisen, die Einführung von Fantasiesteuern wie der CO_2-Steuer, die politische Hinrichtung von Zukunftstechnologien wie der Diesel-Technik, der Atomenergie-Technik und die Finanzierung und Förderung von Irrwegen wie der E-Mobilität. Nicht in der Schaffung großer nationaler Champions, sondern in einem hocheffektiven und innovativen Mittelstand, in der Stärkung der Unternehmer zuungunsten des angestellten Managers, der für nichts haftet und stets seine Boni im Blick hat, liegt der Schlüssel für die Überwindung der Krise und der Stärkung der deutschen Wirtschaft.

Ludwig Erhard hat auf dem Kölner Parteitag der CDU 1961 gesagt: »In der weiteren Entwicklung, meine lieben Freunde, beruht die Sicherheit unserer mittelständischen Wirtschaft nicht auf kartellmäßigen Bindungen, sondern gerade umgekehrt auf der Belebung einer freiheitlichen Gesellschaftsordnung, auf dem bewussten Willen der Menschen, gerade auch in ihrer äußeren Lebensführung der Individualität der Persönlichkeit Ausdruck geben zu wollen. Nur wenn wir geneigt wären, über eine Schablonisierung unserer Seelen und Geister den Weg der Gleichmacherei und der Vermassung zu gehen, würde der Großbetrieb gegenüber unserer mittelständischen Wirtschaft obsiegen. Je stärker jedoch jeder Einzelne darauf beharrt, sein Leben auch in seiner äußeren Lebensführung nach seinen Vorstellungen und Sehnsüchten zu gestalten, desto fester wurzelt der Mittelstand in unserer Gesellschaftsordnung.« Freiheit und Verantwortung bilden die Basis der sozialen Marktwirtschaft.

Wege zu einer starken Wirtschaft

Das grundlegende Ziel der Wirtschaftspolitik muss darin bestehen, Rahmenbedingungen zu garantieren, die eine leistungsfähige Realwirtschaft ermöglichen, und »Wohlstand für alle« zu schaffen. Deshalb ist Wirtschaftspolitik Industriepolitik. Wir sollten nicht den verhängnisvollen Weg in das Nirwana einer Dienstleistungsgesellschaft gehen. Im Gegenteil, eine Industrialisierung 2.0 steht an, die immer stärker vom wissenschaftlich-technischen Fortschritt und von der Entwicklung und dem Einsatz künstlicher Intelligenz getrieben wird.

Wissenschaftlich-technischer Fortschritt und der Einsatz künstlicher Intelligenz führen dazu, dass immer weniger Menschen immer mehr erwirtschaften. Weshalb also benötigen wir eine Zuwanderung, die im großen Maße als Zuwanderung in die Sozialsysteme stattfindet? Wir sollten im Gegenteil erstens die Einwanderung an Kriterien binden, die zur Einwanderung von Spezialisten und Fachkräften führen, und zweitens vor allem durch Steigerung der Attraktivität des Standortes die Auswanderung von Hunderttausenden Hochqualifizierten jährlich stoppen. Auch mit Blick auf dieses Ziel würde die Senkung der Staatsquote eine sehr effektive Maßnahme darstellen.

Digitale Verbindungen ermöglichen die dezentralisierte Zusammenarbeit von Kooperationspartnern weltweit. Darin besteht eine riesige Chance, die Globalisierung lokal und regional zu definieren.

Vor allem darf der Staat nicht zum wirtschaftlichen Akteur werden, indem er eine Staatswirtschaft schafft oder der Industrie Entwicklungsvorgaben macht, die nur auf den grünen Tischen der Ideologen gut aussehen, sich aber nicht in der Realität bewähren werden. Wenn die deutsche Autoindustrie dem verhängnisvollen Weg der E-Mobilität folgt, werden viele Zulieferer, mittelständische Firmen, fallieren, beispielsweise all die Firmen, die am Bau von Getrieben beteiligt sind. Nicht die Deutschen, sondern die Chinesen haben sich in Afrika die Vorkommen an Lithium gesichert, das man für den Bau von Batterien benötigt. Das entspricht der internationalen Arbeitsteilung: Während die Chinesen Afrikas Bodenschätze ausbeuten, gefällt sich Deutschland in der Rolle des Sozialamtes für Afrika. Außerdem wird das kohlereiche »Entwicklungsland China« in Asien und in Europa Kohlekraftwerke errichten, während wir aus der Kohleverstromung und der Kernenergie gleichzeitig aussteigen.

Um es an einem Beispiel zu verdeutlichen: Laut einem Bericht der Deutschen Welle sieht das Bundesinstitut für Arzneimittel und Medizinprodukte (BfArM) Lieferengpässe bei 277 Arzneien wie Blutdruck- oder Schmerzmitteln, Antidepressiva und Antibiotika. In der Provinz Hubei beispielsweise, die wegen des Ausbruchs der Coronapandemie zeitweilig unter Quarantäne gestellt wurde, werden Wirkstoffe für 136 verschiedene Arzneimittel produziert. Hinzu kommt, dass neunzig Prozent aller Wirkstoffe für Generika in China produziert werden. Warum nicht in Europa? Experten gehen davon aus, dass Hersteller von Generika in Europa Wirkstoffe für drei Monate gelagert haben. Ein Ausfall von einem halben Jahr, prognostiziert ein Experte, würde ein seriöses Problem darstellen. Der Pharma-Experte Morris Hosseini kommt in der Deutschen Welle zu dem Schluss: »Wenn sich die Situation nicht entspannt, werden die Vorräte an wichtigen Wirkstoffen auch in China oder Indien knapp«, und er warnt: »Der jeweilige Binnenmarkt wird dann Vorrang gegenüber den Exportmärkten haben.«

Oder, um es anders zu sagen, wenn China sich entschließen sollte, die Lieferung der Wirkstoffe einzustellen, können die Apotheker in Europa ein halbes Jahr später ihre Geschäfte schließen. Diese wirtschaftliche Abhängigkeit fordert schon heute einen politischen Preis, der sich an der – euphemistisch gesprochen – Zurückhaltung gegenüber China zeigt. Schon jetzt werden die Patente deutscher Firmen, die in China produzieren, einfach von den Chinesen übernommen. Robert Fitzthum sieht in seinem Buch »China verstehen« in dem Projekt der Neuen Seidenstraße eine die ganze Menschheit beglückende Unternehmung und blendet die machtpolitischen und hegemonialen Ziele Chinas aus. Geistiger Diebstahl und Patentklau erklärt er zu einem Know-how-Transfer, zu einer Art Geschäft, denn im Gegenzug »gestattet China ausländischen Unternehmen, in China zu investieren, den chinesischen Markt zu beliefern und den Profit, den sie durch die Arbeit chinesischer Arbeiter machen, ins Ausland zu transferieren.«[199]

Man stelle sich diese Grundregel für den Welthandel, für eine globalisierte Welt vor, dann würden weder Welthandel noch eine globalisierte Welt existieren. Wenn wir nicht die Exportabhängigkeit zu China nach und nach – auch durch die Erhöhung der Wertschöpfung in Deutschland selbst und die Stärkung der Binnenwirtschaft, auch durch die größere Diversifizierung der Exportländer, die Schaffung neuer Wirtschaftszweige, die Verringerung der Importabhängigkeit – verringern, wird Deutschland zu einer verelendeten Provinz an einem Seitenarm der Neuen Seidenstraße. Übrigens formulieren es Europas chinesische Apologeten unmissverständlich: »Niemand außerhalb von China hat irgendein moralisches oder sonst wie geartetes Recht der Nation, die Xi führt, ihren Augenblick der Erfüllung zu versagen.«[200] Sie kommen zu dem Schluss, dass China einzubinden längst nicht mehr die Frage sei, sondern: »China bindet inzwischen uns ein.«[201]

Der Exportüberschuss führt aber auch in Europa zu verheerenden Handelsungleichgewichten, die durch den Euro nicht mehr mit Auf- und Abwertung ausgeglichen werden können. Die Möglichkeit des Auf- und Abwertens würde allen europäischen Wirtschaften neue Impulse verleihen, sie aus einer fiskalischen und damit auch sozialen Zwangssituation befreien und nicht unterschiedliche Wirtschaftskulturen und Sozialstrukturen mit Macht egalisieren. Auch aus diesen Gründen ist der Euro abzuschaffen und die Rückkehr zu den nationalen Währungen dringend geboten. Ich könnte mit Ihnen noch tiefer ins Detail steigen, doch ist das nicht notwendig, denn diese Details sind nachrangig, wenn die Grundrichtung unserer Wirtschaftspolitik falsch ist. Was ist also grundsätzlich zu tun, was grundsätzlich zu verändern?

Wollen wir die soziale Frage lösen und Wohlstand für alle schaffen, muss uns klar sein, dass wir diesen Wohlstand nicht für die Welt, sondern nur für Deutschland erarbeiten können. Deutsche Firmen stehen mit anderen Firmen in Konkurrenz, sie werden sich international nur durchsetzen, wenn sie besser, wenn sie effektiver, wenn sie schneller sind, wenn ihre Waren vor anderen begehrt werden. Sie müssen sich im Wettbewerb, vor allem gegen China, durchsetzen. Wir dürfen uns von China weder einbinden noch aufkaufen lassen. Deutsche Firmen werden nur erfolgreich sein, wenn sie über Innovationskraft und über ideale Standortbedingungen verfügen. Zu diesen Standortbedingungen gehören grundlegend der Schutz deutscher Patente, die doppelte Versorgungssicherheit im Bereich der Energie, das betrifft die Preisentwicklung und die garantierte Bereitstellung der benötigten Energie, wie außerdem die Energiepreise dringend gesenkt werden müssen, sowohl für die privaten Haushalte, aber auch für die Unternehmen.

Wir haben gesehen, dass eine falsche Energiepolitik sich deindustrialisierend auswirkt. Zu den Standortbedingungen gehören weiterhin eine hervorragende Infrastruktur, auch und zunehmend wichtiger im digitalen Bereich, der Abbau der Staatsquote, die Reduktion also von Steuern- und Abgaben, die Reduktion der

Regulierungen und der Abbau von Bürokratie und das Schließen von Steueroasen, vor allem und zuerst in Europa, weil wir es hier können. Besonders wichtig ist die Beseitigung von Forschungshindernissen. Deutschland hat seine führende Stellung beispielsweise im Bereich der Biotechnologie zerstört. Auf der einen Seite erheben wir moralische Einwände gegen bestimmte Forschungen wie beispielsweise die Stammzellenforschung, auf der anderen Seite werden wir nicht eine Forschung verhindern, nur weil wir nicht daran teilnehmen.

Es ist unethisch, wichtige Forschungsfelder, gerade Zukunftsfragen zu verbieten, weil wir moralische Einwände haben. Wir dürfen uns nicht vom Fortschritt verabschieden, sondern müssen ihn gestalten, sonst gestalten ihn andere für uns. Was ist daran ethisch, das im eigenen Land zu verhindern, was wir am Ende sogar gezwungen sein werden einzuführen? Noch möglich ist ein Erfolg wie mit BionTech beim Corona-Impfstoff, aber BionTech muss die Regel werden. Wir benötigen grundsätzlich – nicht nur in Sonntagsreden als Handlungsersatz, sondern im Alltagsgeschäft – ein positives und freieres Verhältnis zu Forschung und ihrer wirtschaftlichen Nutzung.

Doch was wir vor allem benötigen, was die Grundlage bildet, ist ein Klima der Leistungsbereitschaft, der Leistungsfähigkeit und des Leistungswillens, ja, ich gehe so weit zu schreiben: der Leistungsleidenschaft. Und hervorragend ausgebildete Wissenschaftler, deren kostbare Zeit nicht durch administrative, teils dem Geist der Bürokratie entsprungenen Aufgaben vergeudet wird, hochausgebildete und hochmotivierte Techniker, Ingenieure, Meister und Arbeiter, die auch in den Genuss ihrer Leistung kommen. Konkurrenz, Wettbewerb und Leistung dürfen nicht länger verteufelt werden. Nichts Geringeres als ein tiefgreifender Wertewandel ist erforderlich. Wir müssen wegkommen von der Versorgtenmentalität, vom Anspruchsdenken, vom Kreisen um die eigene Befindlichkeit, von den planetarischen Fantastereien.

Nachbemerkung:
Ein Traum von Deutschland

Hic rhodus, hic salta: Hier ist Deutschland, hier zeige, was du für dein Land tun kannst. Wer stets an alle denkt, denkt in Wahrheit an niemanden. Germany first heißt nicht Deutschland über alles, sondern es heißt, nehmen wir die Verantwortung für unser Land wahr. Ich erwarte von den Franzosen, dass sie France first, von den Italienern, dass sie Italia first, von den Ungarn, dass sie Hungaria first und von den Briten, dass sie Britain first denken, denn wenn alle das denken, dann erst wird es gut, und zwar gut auch für alle, weil jeder die Verantwortung für sich wahrnimmt und sein Land nach vorne bringt. In der Magdeburger Börde heißt es, »Kompagnie ist Lumparie«, und in Goethes Xenien finden Sie den Vers: »Ein jeder kehre vor seiner Tür,/Und rein ist jedes Stadtquartier.«

Bilden wir also eine Gemeinschaft der Starken, der Leistungswilligen, der Neugierigen, der Strebsamen und der Kreativen, der Fleißigen und der Ehrgeizigen, schätzen wir die bürgerlichen Tugenden von Ehrlichkeit, Pünktlichkeit und Verlässlichkeit. Nichts ist ethischer als dies, weil nur Gemeinschaft der Starken Verantwortung auch für die Schwachen aufzubringen vermag.

Schütteln wir den ideologischen Mehltau ältlicher Utopien ab, sehen wir nach vorn – denn die Deutschen werden nur eine Zukunft haben, wenn sie eine deutsche Zukunft haben wollen. Sie sind nun einmal niemand anderes. Werden wir zu dem, was wir sind. Lassen wir uns vor dem Bösen aus unserer Geschichte, das auch in uns steckt, stets gewarnt sein, aber lassen wir uns von dem Guten, auf das wir stolz sein dürfen, verführen und motivieren. Um das zu können, benötigen wir wie die Luft zum Atmen die Reformation unserer Kultur und unseres Staates, die Reformen im Bereich der Bildung, der Demokratie, des Selbstverständnisses und der Wirtschaft voraussetzt.

Wissen Sie, es existiert ein Traum von Deutschland. Lassen wir doch diesen Traum in uns zu, und wir werden zum Land der Dichter und der Denker, der Wissenschaftler und der Wirtschaftslenker, der Techniker und Tüftler, der Kreativen und Künstler, zu einem guten bürgerlichen Land. Diesen Traum können wir im Faust nachlesen. Und er geht so:

»Im Innern hier ein paradiesisch Land,
Da rase draußen Fluth bis auf zum Rand,
Und wie sie nascht gewaltsam einzuschießen,
Gemeindrang eilt die Lücke zu verschließen.
Ja! diesem Sinne bin ich ganz ergeben,
Das ist der Weisheit letzter Schluß:
Nur der verdient sich Freiheit wie das Leben,
Der täglich sie erobern muß.
Und so verbringt, umrungen von Gefahr,
Hier Kindheit, Mann und Greis sein tüchtig Jahr.
Solch ein Gewimmel möcht' ich sehn,
Auf freiem Grund mit freiem Volke stehn.

Tun wir etwas dafür, dann werden die avisierten Verlierer die Gewinner werden. Es liegt an uns, an Ihnen und an mir.

Quellennachweise

[1] Weber, Max: Wirtschaft und Gesellschaft – Grundriss der verstehenden Soziologie. 5. Auflage. Herausgegeben von Johannes Winkelmann. Tübingen 1985, S. 28

[2] Popitz, Heinrich: Phänomene der Macht, zweite, stark erweiterte Auflage, Tübingen 1992, S. 17

[3] »Durch Artikel 1 Nummer 16 und 17 werden die Grundrechte der Freiheit der Person (Artikel 2 Absatz 2 Satz 2 des Grundgesetzes), der Versammlungsfreiheit (Artikel 8 des Grundgesetzes), der Freizügigkeit (Artikel 11 Absatz 1 des Grundgesetzes) und der Unverletzlichkeit der Wohnung (Artikel 13 Absatz 1 des Grundgesetzes) eingeschränkt.« Deutscher Bundestag Drucksache 19/23944, 19. Wahlperiode, Gesetzentwurf der Fraktionen der CDU/CSU und SPD, Entwurf eines Dritten Gesetzes zum Schutz der Bevölkerung bei einer epidemischen Lage von nationaler Tragweite

[4] Angela Merkels Kommentar zur Wahl des Ministerpräsidenten des Freistaates Thüringen am 06.02.2020, https://www.tagesspiegel.de/politik/merkel-zur-thueringen-wahl-das-ergebnis-muss-rueckgaengig-gemacht-werden/25518242.html, aufgerufen am 07.01.2021

[5] Lütjen, Torben: Eine Begriffsbestimmung: Populismus oder die entgleiste Aufklärung, in: FAZ vom 15.01.2019, aufgerufen am 19.01.2019

[6] https://www.welt.de/politik/deutschland/article181336940/Ministerpraesident-Kretschmer-Der-saechsische-Staat-ist-handlungsfaehig-Und-er-handelt.html, aufgerufen am 28.08.2018

[7] https://www.faz.net/aktuell/feuilleton/debatten/warum-sich-die-demokratie-in-der-pandemien-neu-finden-muss-17050921.html aufgerufen am 17.11.2020

[8] W.I. Lenin, Werke, Bd.10, S.29-34.

[9] Popitz, Heinrich: Phänomene der Macht, zweite, stark erweiterte Auflage, Tübingen 1992, S. 18

[10] A.a.O. S. 20

[11] Mai, Klaus-Rüdiger: Vom melancholischen zum progressiven

Konservatismus. Elf Thesen zur Aktualisierung eines alten Begriffs, in: Lammert, Norbert und Klose, Joachim (Hg.): Balanceakt für die Zukunft: Konservatismus als Haltung, Göttingen 2019, S. 275-288

[12] Winkler, Heinrich August: Der lange Weg nach Westen, Band II: Deutsche Geschichte vom »Dritten Reich« bis zur Wiedervereinigung, siebente durchgesehene Auflage, München 2010, S. 657

[13] Zit. n. der Kassette der siebenten, broschierten Ausgabe, München 2010

[14] Ebenda.

[15] Marx, Karl und Engels Friedrich: Manifest der Kommunistischen Partei, in: dieselben: Ausgewählte Werke, Band I, Berlin 1970, S. 415

[16] http://www.wolfgang-schaeuble.de/wir-haben-es-mit-dem-kapitalismus-uebertrieben/, aufgerufen am 16.11.2020

[17] https://www.bundeskanzlerin.de/bkin-de/aktuelles/rede-von-bundeskanzlerin-merkel-beim-50-jahrestreffen-des-weltwirtschaftsforums-am-23-januar-2020-in-davos-1715534

[18] https://www.die-linke.de/start/nachrichten/detail/erst-besiegen-wir-corona-dann-retten-wir-das-klima/, aufgerufen am 15.01.2021

[19] https://www.welt.de/politik/deutschland/article203753822/Kevin-Kuehnert-Juso-Chef-wuenscht-sich-Radikalitaet-von-der-SPD.html, aufgerufen am 15.01.2021

[20] https://www.youtube.com/watch?v=HwtLaXgqB7w, aufgerufen am 09.04.2020

[21] https://www.zdf.de/kultur/aspekte/klimastreik-trotz-corona luisa-neubauer-im-aspekte-gespraech-100.html, aufgerufen am 15.01.2021

[22] https://taz.de/Vor-dem-Klimastreik/!5640907/

[23] https://www.wolfgang-schaeuble.de/wir-haben-es-mit-dem-kapitalismus-uebertrieben/

[24] Antrag »Handeln – und zwar jetzt! Maßnahmen für ein klimaneutrales Land« der 44. Ordentlichen Bundesdelegiertenkonferenz der Grünen im November 2019

[25] https://www.bundeskanzlerin.de/bkin-de/aktuelles/rede-von-bundeskanzlerin-merkel-beim-50-jahrestreffen-des-weltwirt

schaftsforums-am-23-januar-2020-in-davos-1715534, aufgerufen am 26.10.2020

[26] https://www.tagesschau.de/multimedia/video/video-378713.html, aufgerufen am 15.01.2021

[27] http://www3.weforum.org/docs/WEF_The_Great_Reset_AM21_German.pdf

[28] Schwab, Klaus und Malleret, Thierry: Covid 19. Der große Umbruch, Weltwirtschaftsforum 2020, S. 12

[29] https://www.younggloballeaders.org/new-class?utf8=%E2%9C%93&region=a0Tb00000000DCLEA2#results, aufgerufen am 20.11.2020

[30] http://www3.weforum.org/docs/WEF_The_Great_Reset_AM 21_German.pdf

[31] Ebenda

[32] Ebenda

[33] Ebenda

[34] https://www.wolfgang-schaeuble.de/die-pandemie-ist-eine-grosse-chance/

[35] Ursula von der Leyen, 17.11.2020 World Economic Forum

[36] Fraser, Nancy: Vom Regen des progressiven Neoliberalismus in die Traufe des reaktionären Populismus, in: Die große Regression. Eine internationale Debatte über die geistige Situation der Zeit, hrsg. v. Heinrich Geiselberger, Berlin 2017, S. 78

[37] Schwab, Klaus: Covid-19 – Der große Umbruch, Weltwirtschaftsforum 2020, S. 169

[38] https://verfassungsblog.de/corona-und-klima-krise-als-chance/, aufgerufen am 15.01.2021

[39] Schmitt, Carl: Der Führer schützt das Recht, in: Deutsche Juristen-Zeitung 1934, S. 945

[40] Marx, Karl und Engels Friedrich: Manifest der Kommunistischen Partei, in: dieselben: Ausgewählte Werke, Band I., Berlin 1970, S. 423

[41] Habermas, Jürgen: Legitimitätsprobleme im Spätkapitalismus, Frankfurt am Main 1973, S. 9

[42] Streeck, Wolfgang: Gekaufte Zeit. Die vertagte Krise des demokratischen Kapitalismus, Berlin 2016, S. 50

[43] A.a.O. S. 58

[44] Habermas, Jürgen: Legitimitätsprobleme im Spätkapitalismus, Frankfurt am Main 1973, S. 12

[45] Ebenda

[46] https://www.bundeskanzlerin.de/bkin-de/aktuelles/rede-von-bundeskanzlerin-merkel-beim-50-jahrestreffen-des-weltwirtschaftsforums-am-23-januar-2020-in-davos-1715534, aufgerufen am 26.10.2020

[47] https://www1.wdr.de/daserste/hartaberfair/videos/video-corona-im-schlachthof-sind-uns-mensch-und-tiere-wurst-102.html

[48] Fraser, Nancy und Jaeggi, Rahel: Kapitalismus. Ein Gespräch über kritische Theorie, Berlin 2020, S. 274

[49] Schwab, Klaus und Malleret, Thierry: Covid 19. Der große Umbruch, Weltwirtschaftsforum 2020, S. 173

[50] Fraser, Nancy und Jaeggi, Rahel: Kapitalismus. Ein Gespräch über kritische Theorie, Berlin 2020, S. 280

[51] Butler, Judith: Das Unbehagen der Geschlechter. Gender Studies, Frankfurt am Main 1991, S. 61

[52] Foucault, Michel (1983): Der Wille zum Wissen. Sexualität und Wahrheit, Band I, S. 218, Frankfurt a.M. 1983

[53] Butler, Judith: Das Unbehagen der Geschlechter, S. 61, Frankfurt am Main 1991

[54] Butler, Judith: Hass spricht. Zur Politik des Performativen, S. 49, Berlin 2006

[55] Fraser, Nancy und Jaeggi, Rahel: Kapitalismus. Ein Gespräch über kritische Theorie, Berlin 2020, S. 273

[56] Habermas, Jürgen: Legitimitätsprobleme im Spätkapitalismus, Frankfurt am Main 1973, S. 99

[57] vgl. u.a. Meinhard, Birk: Wie ich meine Zeitung verlor, Berlin 2020, Moreno, Juan: Tausend Zeilen Lüge: Das System Relotius und der deutsche Journalismus, Berlin 2019, Studie Otto Brenner Stiftung

[58] Habermas, Jürgen: Legitimitätsprobleme im Spätkapitalismus, Frankfurt am Main 1973, S. 13

[59] Fraser, Nancy und Jaeggi, Rahel: Kapitalismus. Ein Gespräch über kritische Theorie, Berlin 2020, S. 25

[60] Marx, Karl: Zur Kritik der Hegelschen Rechtsphilosophie. Einleitung, in: Marx, Engels: Ausgewählte Werke, Band I, Berlin 1989, S. 9

[61] https://www.youtube.com/watch?v=rIDTShrszs4, aufgerufen am 17.01.2021

[62] Ebenda

[63] Ebenda

[64] Ebenda

[65] https://www.welt.de/debatte/kommentare/article13466483/Die-CO2-Theorie-ist-nur-geniale-Propaganda.html, aufgerufen am 17.01.2021

[66] https://de.wikipedia.org/wiki/Al_Gore, aufgerufen am 22.11.2020

[67] https://www.tichyseinblick.de/meinungen/gretas-milliardaere-millionen-fuer-den-klimaaufstand/

[68] https://www.tichyseinblick.de/daili-es-sentials/klima-die-gekaufte-rebellion/

[69] Habermas, Jürgen: Legitimitätsprobleme im Spätkapitalismus, Frankfurt am Main 1973, S. 13

[70] vgl. Streeck, Wolfgang: Gekaufte Zeit. Die vertagte Krise des demokratischen Kapitalismus, Berlin 2016, S. 8f.

[71] Koselleck, Reinhart: Begriffsgeschichten, Frankfurt am Main 2006, S. 211

[72] A.a.O. S. 212

[73] Fraser, Nancy und Jaeggi, Rahel: Kapitalismus. Ein Gespräch über kritische Theorie, Berlin 2020, S. 252

[74] https://bundeskonferenz-mo.de/wp-content/uploads/2020/08/200831_Antirassismus-Agenda-2025_BKMO.pdf

[75] https://taz.de/Annalena-Baerbock-ueber-Kanzlerinnenamt/!5734264/, aufgerufen am 09.01.2020

[76] Orwell, George: Farm der Tiere. Ein Märchen, Zürich 1982, S. 126

[77] siehe u.a.: https://www.spiegel.de/fotostrecke/journalisten-wir-machen-den-job-der-bundesregierung-fotostrecke-135327.html, https://meedia.de/2018/08/06/haltungs-schaeden-falsch-ver standener-aktivismus-der-medien-kann-gefaehrlich-werden/

[78] https://www.handelsblatt.com/politik/deutschland/laender ranking-familienunternehmen-deutschland-verliert-an-wettbewerbsfaehigkeit-neuer-tiefstand-bei-internationalem-standortvergleich/26784392.html?ticket=ST-1752123-Tble DZMMw3gf3NQj5P6R-ap6, aufgerufen am 11.01.2021

[79] Collier,Paul: Sozialer Kapitalismus! Mein Manifest gegen den Zerfall der Gesellschaft, München 2018, S. 26-33

[80] Maria Clara Groppler in der WDR-Sendung NightWash am 2.6.2019https://www.youtube.com/watch?v=uVqSZlSQKz4

[81] Der WDR-Kinderchor im ZDF Magazin Royale am 21.12.2020. https://www.zdf.de/comedy/zdf-magazin-royale/wdr-kinder chor-feat-jan-boehmermann-meine-om-2-0-100.htm

[82] Schumpeter, Joseph A.: Schriften zur Ökonomie und Soziologie, Berlin 2016, S. 149

[83] A.a.O. S. 139

[84] A.a.O. S. 164

[85] A.a.O. S. 165

[86] Hamilton, Clive und Ohlberg, Mareike: Die lautlose Eroberung. Wie China westliche Demokratien unterwandert und die Welt neu ordnet, München 2020, S. 65

[87] A.a. O. S. 172

[88] A.a.O. S. 161ff.

[89] Schwab, Klaus und Malleret, Thierry: Covid-19 – Der große Umbruch, Weltwirtschaftsforum 2020, S. 85

[90] Fraser, Nancy: Vom Regen des progressiven Neoliberalismus in die Traufe des reaktionären Populismus, in: Die große Regression. Eine internationale Debatte über die geistige Situation der Zeit, hrsg. v. Heinrich Geiselberger, Berlin 2017, S. 78

[91] https://www.umweltrat.de/SharedDocs/Downloads/DE/02_ Sondergutachten/2016_2020/2019_06_SG_Legitimation_von_ Umweltpolitik_KF.pdf?   blob=publicationFile&v=8

[92] https://www.youtube.com/watch?v=XaTzTkyg05M

[93] Müller Heiner: Wolokolamsker Chaussee IV: Kentauren, in ders.: Werke 5, Frankfurt am Main 202, S. 235f.

[94] https://cms.gruene.de/uploads/documents/Wirtschaft-Zu-kunftsfaehig-wirtschaften-fuer-nachhaltigen-Wohlstand-Beschluss-BDK-11-2019.pdf, aufgerufen am 15.01.2021

[95] Schumpeter, Joseph A.: Schriften zur Ökonomie und Soziologie, Berlin 2016, S. 154

[96] Streeck, Wolfgang: Gekaufte Zeit. Die vertagte Krise des demokratischen Kapitalismus, Berlin 2015, S. 17

[97] A.a.O. S. 71

[98] Marx, Karl und Engels Friedrich: Manifest der Kommunistischen Partei, in: dieselben: Ausgewählte Werke, Band I., Berlin 1970, S. 416

[99] »Während in der Spätmoderne eine neue, hochqualifizierte Mittelklasse emporsteigt, rutschen große Teile der ehemaligen Mittelklasse in prekäre Verhältnisse ab.«

[100] https://taz.de/Soziologe-ueber-die-neue-Mittelklasse/!5523416/ aufgerufen am 08.11.2020

[101] https://www.faz.net/aktuell/feuilleton/debatten/toleranz-studie-ueber-meinungsfreiheit-an-hochschulen-17044294.html, aufgerufen am 10.11.2020

[102] https://taz.de/Soziologe-ueber-die-neue-Mittelklasse/!5523416/ aufgerufen am 08.11.2020

[103] https://www.tagesspiegel.de/politik/die-globale-klasse-eine-andere-welt-ist-moeglich-aber-als-drohung/14737914.html, aufgerufen am 15.01.2021

[104] Collier, Paul: Sozialer Kapitalismus. Mein Manifest gegen den Zerfall unserer Gesellschaft, München 2018, S. 27

[105] https://www.tagesspiegel.de/politik/die-globale-klasse-eine-andere-welt-ist-moeglich-aber-als-drohung/14737914.html, aufgerufen am 12.11.2020

[106] https://twitter.com/DoppelEinhorn, aufgerufen am 23.02.2018.

[107] Fraser, Nancy: Vom Regen des progressiven Neoliberalismus in die Traufe des reaktionären Populismus, in: Die große Regression. Eine internationale Debatte über die geistige Situation der Zeit, hrsg. v. Heinrich Geiselberger, Berlin 2017, S. 78f.

[108] A.a.O. S. 80

[109] https://www.inforadio.de/programm/schema/sendungen/vis_a_vis/202010/26/hannes-hofbauer-wirtschaft-kapitalismus-wandel-arbeitswelt-digitalisierung-kuenstlicheintelligenz-grundeinkommen-soziale-gerechtigkeit.html

[110] Ebenda

[111] Lenin, W.I.: Der Zusammenbruch der II. Internationale

[112] Piketty, Thomas: Das Kapital im 21. Jahrhundert, München 2014, S. 580

[113] A.a.O. S. 585

[114] https://www.deutschlandfunk.de/gruenen-chef-robert-habeck-zurueck-zur-alten-normalitaet.868.de.html?dram:article_id =487128, aufgerufen am 11.01.2021

[115] https://www.faz.net/aktuell/feuilleton/debatten/warum-sich-die-demokratie-in-der-pandemie-neu-finden-muss-17050921. html, aufgerufen am 11.01.2021

[116] Institut für Marxismus-Leninismus beim Zentralkomitee der SED: Geschichte der deutschen Arbeiterbewegung, Band 7, Von 1949 bis 1955. Berlin, S. 244

[117] Foucault, Michel: Die Ordnung des Diskurses, Frankfurt am Main, S. 10ff.

[118] Agamben, Giorgio: Signatura rerum – zur Methode, Frankfurt a. M. 2009, S. 13

[119] Kuhn, Thomas S.: Die Struktur wissenschaftlicher Revolutionen. Mit einem Postskriptum von 1969. 5. Auflage. Suhrkamp, Frankfurt am Main 1981, S. 186

[120] Novalis: Die Christenheit oder Europa, in: ders.: Werke, Tagebücher und Briefe, Band 2, München 2005, S. 733f.

[121] https://www.bundeskanzlerin.de/bkin-de/aktuelles/rede-von-bundeskanzlerin-merkel-zur-eroeffnung-des-zentrums-fuer-forschung-und-vorausentwicklung-der-robert-bosch-gmbh-am-14-oktober-2015-808650, aufgerufen am 11.01.2021

[122] Culianu, Ioan P.: Eros und Magie in der Renaissance, Frankfurt am Main und Leipzig 2001, S. 20

[123] Piketty, Thomas: Das Kapital im 21. Jahrhundert, München 2014, S. 587

[124] Ferguson, Niall: Der Niedergang des Westens. Wie Institutionen zerfallen und Ökonomien sterben, Berlin 2012, S. 114

[125] https://www.destatis.de/DE/Themen/Gesellschaft-Umwelt/ Einkommen-Konsum-Lebensbedingungen/Vermoegen-Schul den/Tabellen/durchschnittliche-schulden-privatpersonen. html;jsessionid=3B8B8E47C0CF0093F69645373B938D58.in ternet8732, aufgerufen am 12.01.2021

[126] https://www.deutschlandfunkkultur.de/klassiker-neu-gelesen-onkel-toms-huette-plaedoyer-gegen-die.1270.de.html?dram:ar ticle_id=486833, aufgerufen am 11.01.2021

[127] Strauß, Botho: Anschwellender Bocksgesang, in: Schacht, Ulrich und Schwilk, Heimo (Hg.): Die selbstbewusste Nation.

Anschwellender Bocksgesang und weitere Beiträge zu einer deutschen Debatte, 3. erweiterte Auflage Februar 1995, S. 25

[128] Strauß, Botho: Postscriptum 1994, in: ders.: Die Expedition zu den Wächtern und Sprengmeistern. Kritische Prosa, Hamburg 2020, S. 245

[129] Schacht, Ulrich und Schwilk, Heimo (Hg.): Die selbstbewusste Nation. Anschwellender Bocksgesang und weitere Beiträge zu einer deutschen Debatte, 3. erweiterte Auflage Februar 1995, S. 11

[130] https://www.cicero.de/innenpolitik/angela-merkel-die-mikadokanzlerin

[131] https://www.zeit.de/hamburg/2020-07/rassismus-fruehbildung-kita-vorschule-paedagogik-christiane-kassama, aufgerufen am 21.01.2021

[132] https://www.amadeu-antonio-stiftung.de/publikationen/enemene-muh-und-raus-bist-du/, aufgerufen am 11.01.2021

[133] https://www.deutschlandfunk.de/cdu-vize-julia-kloeckner-wir-sind-eins-als-union.694.de.html?dram:article_id=410268, aufgerufen am 11.01.2021

[134] Streeck, Wolfgang: Die Wiederkehr der Verdrängten als Anfang vom Ende des neoliberalen Kapitalismus, in: Die große Regression. Eine internationale Debatte über die geistige Situation der Zeit, hrsg. v. Heinrich Geiselberger, Berlin 2017, S. 253

[135] Reybrouck, David van: Lieber Präsident Juncker, in: Geiselberger, Heinrich (Hg.): Die große Regression. Eine internationale Debatte über die geistige Situation der Zeit, Berlin 2017, S. 277f.

[136] https://taz.de/Archiv-Suche/!458691&s=Buchautor%2BThilo%2BS%2Bden%2Bman%2Bund%2Bdas%2Bnur%2Bin%2BKlammern&SuchRahmen=Print/, aufgerufen am 12.01.2021

[137] https://taz.de/Kolumne-Geburtenschwund/!5114887/, aufgerufen am 12.01.2021

[138] https://www.welt.de/politik/deutschland/article135648416/Fuer-Luthers-Judenhass-kann-man-sich-nur-schaemen.html, aufgerufen am 12.01.2021

[139] https://www.faz.net/aktuell/politik/inland/fremde-federn-margot-kaessmann-die-dunkle-seite-der-reformation-12131764.html, aufgerufen am 12.01.2021

[140] https://www.faz.net/aktuell/feuilleton/debatten/naika-foroutan-ueber-stereotype-in-fluechtlingsfragen-13886917.html?printPagedArticle=true#pageIndex_2, aufgerufen am 12.01.2021

[141] https://www.tagesspiegel.de/politik/migrationsforscherin-naika-foroutan-es-ist-unser-land-verteidigen-wir-es-gemeinsam/22830476.html, aufgerufen am 12.01.2021

[142] Benz, Wolfgang: Die Feinde aus dem Morgenland. Wie die Angst vor den Muslimen unsere Demokratie gefährdet. Beck, München 2010

[143] https://www.spiegel.de/kultur/gesellschaft/der-islam-gehoert-natuerlich-zu-deutschland-sagt-ferda-ataman-a-1198617.html, aufgerufen am 12.01.2021

[144] https://www.neuemedienmacher.de/Glossar_Webversion.pdf

[145] https://www.neuemedienmacher.de/home/, aufgerufen am 12.01.2021

[146] Ebenda

[147] Zagrebelsky, Gustavo: Gegen die Diktatur des Jetzt. Mit einer Rede von Carl Schmitt, Berlin 2017, S. 42

[148] Ebenda

[149] Weber, Max: Wirtschaft und Gesellschaft. Soziologie Unvollendet 1919-1920, Studienausgabe der Max-Weber-Gesamtausgabe Band I/23, Tübingen 2015, S. 154

[150] A.a.O. S. 154

[151] Max Weber: Der Sinn der ›Wertfreiheit‹ der soziologischen und ökonomischen Wissenschaft, in: ders.: Gesammelte Aufsätze zur Wissenschaftslehre, Tübingen 1988, S. 513ff.

[152] Max Weber: Politik als Beruf, in: ders.: Gesammelte Politische Schriften, Tübingen 1988, S. 552

[153] Ebenda

[154] Vor dem BT 19.5.2010 https://www.bundestag.de/webarchiv/textarchiv/2010/29826227_kw20_de_stabilisierungsmechanismus-201760, aufgerufen am 12.01.2021

[155] Bobbio, Norberto: Die Zukunft der Demokratie, in: Prokla. Zeitschrift für politische Ökonomie und sozialistische Politik, Heft 65, Dezember 1985, S. 24

[156] https://www.welt.de/politik/deutschland/article205641483/Merkel-Thueringen-Wahl-unverzeihlich.html, aufgerufen am 12.01.2021

[157] Bobbio, Noberto: Die Zukunft der Demokratie, in: Prokla. Zeitschrift für politische Ökonomie und sozialistische Politik, Heft 65, Dezember 1985, S. 24

[158] https://www.welt.de/politik/deutschland/article224044124/Corona-und-Sicherheit-Markus-Soeder-warnt-vor-einer-Corona-RAF.html?cid=onsite.onsitesearch, aufgerufen am 12.01.2021

[159] https://www.aerzteblatt.de/nachrichten/119385/Merkel-betrach tet-Verschwoerungstheorien-als-Angriff-auf-die-Gesellschaft

[160] Bobbio, Noberto: Die Zukunft der Demokratie, in: Prokla. Zeitschrift für politische Ökonomie und sozialistische Politik, Heft 65, Dezember 1985, S. 27

[161] Ebenda

[162] A.a.O. S. 28

[163] Ebenda

[164] Bobbio, Norberto: Die Zukunft der Demokratie, in: Prokla. Zeitschrift für politische Ökonomie und sozialistische Politik, Heft 65, Dezember 1985, S. 31

[165] https://www.faz.net/aktuell/politik/inland/armin-laschet-will-rechtsruck-in-der-cdu-verhindern-15454236.html, aufgerufen am 15.08.2020

[166] Gramsci, Antonio: Gefängnishefte

[167] Brie, André: WAS TUN IN ZEITEN DER OHNMACHT? VON LENIN LERNEN UND ES ANDERS MACHEN, in: https://www.zeitschrift-luxemburg.de/was-tun-in-zeiten-der-ohnmacht/, aufgerufen am 01.03.2021

[168] Kurt Tucholsky: Gesammelte Werke in zehn Bänden. Band 3, Reinbek bei Hamburg 1975, S. 388f.

[169] Der Spiegel Nr. 13/1995 vom 27. März 1995, aufgerufen am 18.02.2018

[170] http://www.spiegel.de/kultur/gesellschaft/fluechtlinge-journalisten-duerfen-nicht-aufgeben-kolumne-a-1048185.html, aufgerufen am 15.02.2018

[171] https://de.wikipedia.org/wiki/RedaktionsNetzwerk_Deutsch land

[172] https://www.svz.de/5654406 ©2020, aufgerufen am 01.11.2020

[173] https://www.welt.de/debatte/kommentare/plus223677116/Corona-Hilfsfonds-Italien-im-Rausch-des-Geldausgebens.html?cid=onsite.onsitesearch

174 https://www.tichyseinblick.de/tichys-einblick/haushalt-macht-endlich-hoehere-schulden-viel-hoehere/

175 http://www.sueddeutsche.de/news/wirtschaft/waehrung-notenbank-chefs-fuer-umfassende-reform-der-waehrungsunion-dpa.urn-newsml- dpa-com-20090101-160208-99-560913, aufgerufen am 13.01.2021

176 https://de.wikiquote.org/wiki/Jean-Claude_Juncker

177 https://www.focus.de/finanzen/boerse/verfehlte-geldpolitik-finanzprofi-verschuldungslawine-die-nichts-als-hass-uebrig-lassen-wird_id_11846836.html, aufgerufen am 13.01.2021

178 https://www.diepresse.com/611374/wahrungsunion-das-ende-der-deutschen-atombombe, aufgerufen am 13.01.2021

179 https://www.flossbachvonstorch-researchinstitute.com/fileadmin/user_upload/RI/Studien/files/studie-180201-die-neue-deutsche-europapolitik-hat-keine-interessen.pdf, aufgerufen am 10.01.2021

180 Ebenda

181 Brunnenmeier, Markus, James, Harold und Landau, Jean-Pierre: EURO. Der Kampf der Wirtschaftskulturen, München 2018, S. 375

182 https://www.faz.net/aktuell/wirtschaft/wirtschaftspolitik/nationale-notenbanken-kaufen-staatsanleihen-13951395.html, aufgerufen am 10.01.2021

183 https://www.diw.de/documents/dokumentenarchiv/17/diw_01.c.575357.de/euro%20reformkonzept_short_deu_final.pdf

184 https://www.bundestag.de/resource/blob/562740/4f915f1927c44228230f373347419524/protokoll-data.pdf

185 https://www.diw.de/documents/dokumentenarchiv/17/diw_01.c.575357.de/euro%20reformkonzept_short_deu_final.pdf

186 https://www.welt.de/finanzen/article221630454/Corona-Krise-Halb-Europa-traeumt-vom-Tabubruch-Schuldenerlass.html, aufgerufen am 06.12.2020

187 Gibbon, Edward: Verfall und Untergang des Römischen Reiches, Nördlingen 1987, S. 558f.

188 https://www.nzz.ch/feuilleton/struktureller-rassismus-analyse-eines-gefaehrlichen-denkfehlers-ld.1589216, aufgerufen am 12.01.2021

[189] Aydemir, Fatma und Yaghoobifarah, Hengameh: Eure Heimat ist unser Alptraum, Berlin 2019, S. 28

[190] http://www.bundesregierung.de/Content/DE/Artikel/IB/Artikel /Allgemein/2015-09-21-eckpunkte.html;jsessionid=6FD6117874 DE64C1D232DC AD4B7AFD4A.s1t2, aufgerufen am 15.03.2016

[191] https://www.youtube.com/watch?v=YcEwoUKq_dY, http://www.focus.de/politik/videos/chancengleichheit-im-bildungssektor-de-maiziere-sagt-wegen-fluechtlingen-mu-essen-wir-die-bildungs-standards-in-deutschland-senken_ id_5067524.html, aufgerufen am 05.03.2016

[192] Piketty, Thomas: Das Kapital im 21. Jahrhundert, München 2014, S. 745

[193] http://www.sueddeutsche.de/bildung/fluechtlinge-wir-leben-in-einer-neuen-gesellschaft-1.2809459

[194] Ebenda

[195] https://www1.wdr.de/daserste/hartaberfair/videos/video-corona-im-schlachthof--sind-uns-mensch-und-tiere-wurst-102.html

[196] https://www.tichyseinblick.de/tichys-einblick/ist-die-cdu-noch-zu-retten-wie-merkel-mit-der-partei-neuen-typs-herrscht/, aufgerufen am 17.01.2021

[197] Ebenda

[198] Ebenda

[199] Fitzthum, Robert: China verstehen. Vom Aufstieg der Wirt-schaftsmacht und der Eindämmungspolitik der USA, Prome-dia Verlag 2018, S. 18

[200] Brown, Kerry: Die Welt des Xi Jinping. Alles, was man über das neue China wissen muss, Frankfurt am Main 2018, S. 148

[201] A.a.O. S. 144